广州城市发展中失地农民
城市化的问题研究

王蒙徽　著

中国建筑工业出版社

图书在版编目（CIP）数据

广州城市发展中失地农民城市化的问题研究/王蒙徽著.
北京：中国建筑工业出版社，2010.8
ISBN 978 – 7 – 112 – 12316 – 2

Ⅰ.①广… Ⅱ.①王… Ⅲ.①农民 – 城市化 – 研究 –
广州市 Ⅳ.①D422.64

中国版本图书馆 CIP 数据核字（2010）第 147646 号

责任编辑：滕云飞
责任设计：赵明霞
责任校对：张艳侠 陈晶晶

广州城市发展中失地农民城市化的问题研究

王蒙徽 著

＊

中国建筑工业出版社出版、发行（北京海淀三里河路9号）
各地新华书店、建筑书店经销
北京嘉泰利德公司制版
北京建筑工业印刷厂印刷

＊

开本：787×1092 毫米 1/16 印张：13 字数：313 千字
2011 年 8 月第一版 2017 年 7 月第二次印刷
定价：**36.00** 元
ISBN 978 – 7 – 112 – 12316 – 2
（19574）

序

　　城市化是人类社会重要的经济、社会和文化变迁过程，未来的世界被认为是一个城市化的世界。1993 年，联合国东京会议即宣称"21 世纪将是一个新的城市世纪"，可见城市化已经成为时代发展的主旋律。新中国成立 60 余年来，城市化经历了曲折的发展历程，改革开放后，伴随着国民经济高速增长和城市发展方针的调整，城市化水平稳步发展，从 1978 年的 17.92% 迅速提高到 2010 年 49.69%。

　　有专家曾经预言，21 世纪初期影响最大的世界性事件，除了美国的高科技外就是中国的城市化。要认识到，这里所谓的影响既有积极的一面，也有消极的一面，城市化的发展是一把双刃剑。一方面，几十年来，城市化的历程对我国的经济社会发展、人民生活水平提高以及现代化建设起到了巨大的推动作用。另一方面，城市与工业的快速发展也造成了环境污染、资源浪费、交通堵塞、社会分层等复杂交织的矛盾和问题。这之中有很多非常迫切和有价值的课题值得深入研究。例如：在城市化的过程中，理论上说每增加一个城市人口，城市建设就要责无旁贷地加多一份责任和义务，而现实中往往有欠账；又如：城乡是一个整体，城市化的过程中不能就城市谈城市，农村的问题同样重要，现在却缺乏整体的考虑。

　　王蒙徽同志早期从事教育工作，后转而从政，经过在广州、番禺、汕尾等地多年的工作实践，对城市发展和规划问题有了更深入的认识。2006 年，他以《广州城市发展中失地农民问题的研究》为题，完成博士论文，对城市化过程中所产生的失地农民这一重要课题进行了深入的思考和研究，特别是针对城乡统筹和制度建设这两个关键问题，提出了非常有价值的观点。在我国城市化的过程中，城乡矛盾长期存在，城乡之间的生态关系、人口移动、社会保障以及经济发展上的依存关系日趋复杂，在快速城市化的同时，三农问题也日益突出。因此，要实现城市化健康发展，必须树立城乡统筹的观念，其中最核心的是要通过城乡土地合理有序的转换和集中，推进城乡统筹发展，缩小城乡差距，实现差异发展。制度建设也是当今城市规划中的一项重要内容，现在城市规划已经逐渐从蓝图式的规划向公共政策转变，只有从单纯的物质规划发展到用制度去约束或激励城市化过程中的各方利益主体，才能实现较为均衡的发展和被征地农民的真正城市化。

　　如今，他以博士论文为基础出版此书，将有助于我们对城市化问题有更深入的认识和思考。同时，这一领域仍有许多尚待解决的问题，需要专业工作者戮力同心，进行更为广泛、深入的研究。人居环境科学是面向中国城乡发展的现实所产生的科学理论，其核心是以人为本，冀图实现美好人居环境与和谐社会的共同缔造，这也应是我们共同的理想和追求。

吴良镛

2011 年 7 月 15 日

目　录

第1章 前言

1.1 研究的缘起

1.1.1 问题的提出

改革开放以来，伴随着经济的迅猛发展，经济体制的转型，中国进入了快速城市化发展阶段，城市化水平由1978年的17.92%上升到2003年的40.53%，同时，中国城市规划学科的发展也出现了空前的繁荣，多学科的融合不断地推进城市规划理论与实践的发展。但由于我国现阶段处于由计划经济向市场经济转型时期，在城市化过程中出现了许多新问题，给城市规划学术界和实践者带来了不少的挑战：

问题一：城中村人居环境恶化，影响城市化的健康进程

伴随城市扩展过程，出现了城市建设用地包围原有农村聚落的"城中村"现象，在全国660个城市中，城中村人口大约占城市人口的10%，在市域内的农民约为3.2亿人（周干峙2005），由于我国现时的城市化制度不能够适应城市化进程的要求，使得城中村成为城市规划和城市管理中的一个盲区，出现了城中村管理问题"谁都不管，谁都管不了"的现象，从而导致城中村人居环境的恶化，这已经成为城市中的毒瘤，严重影响了城市的正常发展秩序，以及城市化和现代化的健康推进。城中村是城市发展过程中的一种形态过程，那么在城市发展过程中如何避免出现城中村人居环境的恶化，促使城中村融入城市的人居环境，是我国城市化过程中必须解决的问题。

图1.1 珠江新城中的"城中村"冼村、
猎德村卫影像图

图1.2 冼村的违章建筑

问题二：强制性失地农民问题的产生和加剧，影响城乡的协调发展

在经济高速增长的带动下，我国进入快速城市化时期，伴随着经济体制的转型和经济结构的调整，我国的城市空间结构，特别是大城市的空间结构也相应正在经历一个大的调整时

期。据统计，我国城市建成区用地年均扩展速度为 850 平方公里（谈明洪等，2003），以新城区为主体的城市发展模式是实现城市空间结构调整，使城市空间结构适应于城市经济社会发展的主要途径之一。由于我国城市用地的扩展占用农村耕地数量不断增加，致使失地农民的数量也随着城市化的进程而不断增多，目前失地农民的总量已超过 4000 万，预计到 2020 年，还会有 4000 余万人进入失地农民的行列①；由于城乡二元体制造成城乡之间存在文化的差异、教育水平的差异、生产方式的差异，社会保障的差异等等，这些差异并不可能在短时间内解决。同时由于在快速城市化过程中，缺乏城乡统筹机制，导致失地农民很难融入到城市人居环境中去，其在生活方式、工作方式上并没有能完全实现城市化，从而成为城市中的弱势群体，形成了失地农民问题，严重影响了和谐社会的建设和城乡统筹发展的实现，为此我国现阶段城市化过程如何协调城市与农村、城市市民与农村居民之间的关系，使失地农民完全实现城市化，同样也是我国城市化健康发展中必须解决的问题。

问题三：以城市为主体的城市规划研究和管理，影响城乡统筹的实践

新中国成立以来，我国一直实行以城市为主体的经济发展战略，以及与此相适应的城市化战略，使得城市规划的研究和管理也是围绕城市展开的。一是从城市的角度出发，把农村作为城市发展的基础，把农村附属于城市，以城市的方法去指导农村的实践，很少研究农业、农村、农民在城市化过程中的独特性，致使规划难以实施，管理几乎无效。二是把城市和农村割裂开来，在城市规划的研究和管理中忽略农业、农村、农民的存在，然而城市和农村的发展尽管有着明显的差异，但城市和农村是相辅相成的，互为存在的前提。这种片面的、孤立的城市规划研究和管理指导思想，必然影响其对实践指导和管理的有效性。为此要实现我国城市化的健康发展，就必须从城乡整体协调发展的角度，在实践中进行理论研究的创新和管理机制的创新。

党的十六届三中全会第一次正式提出了"统筹城乡发展"的思想，而且将它放在"五个统筹"之首，是党中央在正确把握我国新阶段经济社会发展的新趋势、新矛盾、新挑战和新机遇，并遵循经济社会发展规律的基础上提出的。统筹城乡发展，就是改变重城市，轻农村，"城乡分治"的传统观念和做法，通过体制改革和政策调整，打破城乡之间的樊篱，破除城乡"二元结构"的束缚，把工业与农业、城市与农村、城镇居民与农民作为一个整体，同等对待、通盘考虑、综合研究、统一筹划、全面推进、协调发展，更多地关注农村，关爱农民，关心农业，把解决好农业、农村、农民问题放在更加突出的位置。"统筹城乡发展"的提出，不仅对我国经济社会发展全面建设小康社会具有极为重要的战略意义，同时对我国城市化的健康发展也提出了明确的指导思想。

"统筹城乡发展"战略的提出，也引起了城市规划界的反思。吴良镛先生指出，城市是区域中心，城与乡相辅相成，互为存在的前提，在任何情况下，不能割裂城乡联系。我们过去工作的缺陷是孤立地仅试图从规划研究问题，并且还把城市规划与农村居民点规划割裂开来，整体研究很少。在经济发展过程中，农村不能衰落，不能因城市化而忽视了农业和农村的现代化发展和建设。为此，我们需要从城乡整体协调发展的角度，审视城市化道路，制定有关政策，进行制度改革，逐步向城乡整体协调发展的制度过渡（吴良镛，2005）。

---

① 中国社会科学院社会政策研究中心课题组. 失地农民"生计可持续"对策 [N]. 经济参考报，2004 - 12 - 22.

1990 年代以来，笔者一直在广州从事城市规划和城市管理工作。经历了广州经济社会和城市高速发展的时期，在实践中，深深感到如何解决经济社会和城市化快速发展过程中，城乡协调发展问题、失地农民的城市化问题、城乡整体规划和管理问题等等，始终是困扰我们工作的一些重要问题。

在广州市城市规划局工作时期，正面临着广州市经过几十年改革开放经济社会高速发展后，城市空间容量和环境容量已不堪重负，已经不能适应社会经济的发展要求，城市环境和面貌脏、乱、差，已经严重影响甚至阻碍了城市经济社会的进一步发展。需要通过城市结构的调整，为广州市的社会经济发展提供新的空间。为此，我们推进了广州城市战略的研究，提出了"南拓、北优、东进、西联"的城市空间发展的策略，通过发展和完善现代城市功能的重点项目如航空港、海港、大学园区、高新科技开发园区等加快城市新区的开发，通过快速轨道交通和道路交通的建设以推进城市功能的疏散和新区的建设，以此实现调整城市空间结构的目的，以使城市的空间结构与城市的社会经济发展相适应。几年的实践证明，广州市的城市空间结构调整是成功的，解决了当时城市发展中面临的主要问题。但在城市规划的实施过程中，城市规划部门遇到一个束手无策的问题，就是如何针对城中村以及农村地区实施有效的规划管理问题。一是管理无法。对农村地区的规划管理法律、法规及标准依据缺乏，大多数是套用城市地区规划管理的法律、法规及标准。二是管理无效。其一，以管理城市的方式去管理农村。在管理的指导思想上，我们认为只有按照城市地区规划管理的法律、法规及标准去管理农村地区，才能使这一地区尽快实现城市化，尽快与城市地区融为一体。为此，我们的一些地方和部门法规和规定也是按照这一指导思想来制定的。由于这些法律、法规及标准的制定既没有考虑农村地区规划管理的特殊性，也没有考虑城市化过程中农民的特殊需求，以致在实际管理中很难适用。其二，单纯的城市规划管理思想。由于导致农村地区特别是城中村人居环境逐步恶化的一个十分重要的原因是规划管理不到位，在这种情况下，我们一直努力从城市规划和管理的角度去解决这些问题，但收效甚微[①]。为了解决这些问题

---

① 关于冼村临时市场（珠江新城广场）违法建设及处理情况：

一、违法建设的基本情况

冼村村委会于 1998 年 4 月向广州市城市规划局天河区城市规划分局（简称区规划分局）申请在珠江新城 B2－3、B4－2该村留用地上建设 2 幢 3 层临时综合市场。区规划分局汇报广州市城市规划局（简称市规划局），市规划局根据《广州市城市规划条例》第四十三条规定："临时建（构）筑物不得超过两层，高度不超过 7m。"提出所报方案应由 3 层降为 2 层，建筑物高度不超过 7m。市规划局还对停车场设置等规划技术指标提出要求。区规划分局于 1998 年 6 月以穗规天建字［1998］16 号《审核意见书》批准冼村村委会兴建 2 幢 2 层临时综合市场，总建筑面积为 19626m²。1998 年 6 月，冼村村委会在未办理工程放线、验线手续和未领取《建设工程规划许可证》的情况下便擅自动工兴建，且未按原审批图纸施工，扩大基底面积并加建第 3、4 层及部分 5 层，总建筑面积 55865.8m²，其中违法建设面积 36603.8m²。

二、违法建设的处理情况

该项工程从 1998 年 6 月开始动工就存在违法建设。区规划分局于 1999 年 10 月 21 日依法对冼村村委会作出行政处罚决定：对加建的 3、4、5 层作拆除，其余第 1、第 2 层扩建部分罚款保留临时使用。

冼村村委会认为广州市政府的征地给该村留下了沉重的经济负担，政府对征地后遗留的社会问题像医疗、股份、治安、计生、学校、养老等都要村自行解决，市场建设是村经济的支柱，是村民生活福利的重要来源，是保持农村稳定的重要保证。要求免于处理。

市规划局处理意见：同意区规划分局的处理决定，3 层以上全部拆除，2 层以下扩建部分罚款保留临时使用。

经过多次反复协调，市规划局最终不得不接受违法建设的事实，处罚决定是对违法建设的冼村临建市场处以罚款保留使用。

我们开展了大量的规划研究①，可以说，作为城市规划部门，我们在职责范围内做了大量的工作。但事实上，对城市空间拓展过程中出现的农民、农村问题我们几乎束手无策，没有找到有效的解决途径，导致这些问题最后基本上是放任自流，使得"城中村"的人居环境日趋恶化，失地农民没有完全实现城市化。

2003 年初，笔者到广州番禺区政府工作，具体负责推进广州城市发展"南拓"战略的实施，诸如广州大学城、南沙新区，以及港口、高速公路等重点地区和项目的开发建设，由于角色的转换，使作者直接面对城市化过程中的失地农民问题。特别是广州大学城的建设，在短短的一年时间内就出现了近 15000 名农民失去土地，形成了 4 个城中村。如何解决好他们的生活与生产、生存与发展等问题，如何避免出现新的城中村人居环境恶化的情况等等，是政府的重要职责②，这些问题的解决与否不仅关系到城乡人居环境的建设，同时也关系到整个地区经济的持续、健康、快速发展以及社会的和谐稳定。对于这些问题，过去的理论与实践并没有给出一个很好的解决途径。因此，只有树立创新的观念，不断学习新的理论，在工作过程中探讨新的解决途径，尝试性地建立解决问题的新机制。这也正是本文的出发点和目标。

在实践和研究中，笔者逐步认识到解决失地农民的生存和发展问题，是解决上述问题的核心和关键。失地农民的出现是城市化过程中的必然现象，而失地农民问题（如城中村等）的产生和加剧，从根本上讲是我国城乡二元体制所造成的，是体制和制度问题。城市规划实际上是一种基于资源空间配置的制度安排，城市化过程就是一个制度结构的转化过程，城市化过程中出现的问题往往是制度供给与需求不匹配的结果。因此，本文应用制度分析的方法，分析和探讨城市化过程中失地农民问题的解决途径和方法。

城市化对农民而言，其结果是实现由从事农业生产向非农业生产的转变，由农村生活方式向城市生活方式的转变。从我国现有的农民城市化的现状来看，这种转变存在自愿转变和强制性转变两种基本的途径：

第一种途径是农村劳动力的自愿转变。这种自愿转变主要表现为两种形式，一是向城市和沿海经济发达地区异地流动。改革开放以后，随着农村家庭责任承包制的实施，农村生产力得到解放，农村出现大量剩余劳动力。特别是国家放松户籍管理的相关政策出台后，农民由于利益驱动，形成向存在大量就业机会和预期收益相对较高的大城市和沿海经济发达地区流动的趋势，在全国范围涌起民工潮，这种劳动力转移潮流是在农村推力和城市拉力作用下的结果。1984 年后流动人口大量增加，1985 年进入城镇的流动就业人员为1025 万人③，1993 年流动人口为 7000 万，2000 年约有 14000 万人④，以此实现非农产业

---

① 广州市城市规划局一直致力加强对农村地区（包括城中村）的规划管理和相关问题调查及研究。开展了"广州市集体土地使用管理与政策研究"（1998～2002）、"城中村综合整治调查"（2000）、"广州市城中村改造案例研究"（2001）、"广州市城中村整治建设试点村规划方案"（2002）、"广州市城中村改制过渡期规划指引"（2003）等等。并起草了由广州市政府颁布实施的地方性规定，如《广州市村镇建设管理规定》（市政府令 2001 年第 1 号）、《广州市农村村民住宅建设用地管理规定》（市政府令 2001 年第 5 号）、《广州市村庄规划管理规定》（市政府令 2001 年第 10号）、《关于加快我市农村中心村镇建设的意见》（穗府〔2002〕43 号）等等。

② 2003 年番禺区政府与中央党校三农问题研究中心合作完成了"快速城市化地区'三农'问题的研究"。

③ 王小鲁. 中国经济增长的可持续性［M］. 北京：经济科学出版社，2000：264.

④ 中国网. 迁移、城市化和贫困［J/OL］.［2002 - 12］. http：//www. china. com. cn/chinese/zhuanti/255364. htm

生产的转化。这种由农村向经济相对较发达城市地区的流动是当今中国农民实现城市化自愿性转变的主要形式。第二种形式是就地城市化，即农村城市化。农村城市化是改革开放以后我国农村出现的一种新型的城市化现象。在离土不离乡政策的引导下，在乡镇企业发展和外商直接投资的驱动下，农民通过进入乡镇企业和外资企业务工实现非农产业的转化，在沿海开发地区，这种城市化形式不仅解决了沿海地区大量农村人口就地城市化的问题，也解决了全国大量剩余劳动力的就业问题。这种形式不仅避免了大量农村剩余劳动力涌入大城市可能带来的城市问题，而且促进了农村地区小城镇的发展，加速了我国城市化的进程。

据测算，在城市化的过程中，农村劳动力转移到非农产业，农民工正成为产业工人的主体。第二产业中，农民工占从业人数总数的 57.6%，其中在加工制造业中占到 68%，在建筑业中占到近 80%。第三产业的批发、零售、餐饮业，农民工占从业人员人数的52% 以上[①]。

在我国城乡二元结构下，农村劳动力的自愿转化进城仍然存在大量的问题，首先是农村人口无法享有和城市人口一样的社会保障，不能够真正地融入到城市的生活中去，农民进城行为受到劳动力市场供给和需求的调节，处于一种不稳定的状态；同时农村城市化也没有完全实现农民的城市化，农民仍然滞留在农村的土地上，农地的大量流失和环境污染，非农业发展的集聚效应没有形成。

第二种途径是农民的强制性转变。即是在城市化过程中，由于非农用地需求的增加，不断征用农业用地，造成被征农用地上原农民强制性城市化的过程。征地是城市用地不断向农村地区蔓延的主要表现。据统计，目前我国因强制性转变造成的失地农民的总量已超过 4000 万；预计到 2020 年，还会有 4000 余万人进入失地农民的行列[②]。失地农民在他们失去作为生产资料的土地以后，不得不向非农产业发展，进入城市化的进程。

农民强制性的城市化过程与农村剩余劳动力自愿转化的根本不同点在于，前者的转变是强制性的。由于农民完全脱离了他们原来赖以生存的土地，但又缺乏非农生产的技能，在相当的一段时间内出现了对补偿不满，生活难以为继，再就业难，失地又失业，社会保障缺位，抗风险能力差，社会控制弱化等问题。据统计，我国目前上访的人数中，失地农民上访数量逐年增长，2004 年广东省群众因农村征地问题越级到省集体上访的批次和人次分别占总量的 1/4 和 1/5。这些失地农民上访反映的问题主要集中在征地补偿标准、补偿款的使用分配、就业安置以及干部腐败等问题。

从两种农民城市化的途径和产生的问题来看，农民自愿性转化带来的问题是城市化过程中必须解决的长期问题，因为城市化是一个过程，西方发达国家大都经历百年的历史才从一个以农业人口为主的社会逐渐转变为以城市人口为主的工业社会，如英国在 1750 年的城市人口比例为 25%，到 1911 年达到 78%[③]；而农民强制性转化带来的问题则是当前城市化过程中必须解决的急迫问题，因为我国正处在城市化快速发展时期和经济转型时

① 中国社会科学院社会政策研究中心课题组. 失地农民"生计可持续"对策［N］. 经济参考报，2004 – 12 – 22.
② 中国社会科学院社会政策研究中心课题组. 失地农民"生计可持续"对策［N］. 经济参考报，2004 – 12 – 22.
③ 王章辉等. 欧美农村劳动力的转移与城市化［M］. 北京：社会科学文献出版社，1999：21.

期，在相关政策不配套的情况下，强制性失地农民数量和问题还会增加，矛盾还会加剧，如果这个问题不能及时妥善地解决，将会影响到科学发展观的落实以及和谐社会的建设，影响到经济的持续发展以及社会的和谐稳定，也就势必影响我国城市化的进程①。

解决城市化过程中的强制性转变的失地农民问题是本文研究的核心问题。该问题可以纳入到城市化过程中城乡关系的研究范畴，但从现阶段的城乡关系来看，现有的理论并不能很好地解决失地农民问题。因此，在研究的过程中需要从多学科的角度进行新的理论探讨和实践。

本文正是从这一点出发，尝试应用制度分析的方法，结合大学城的案例分析与实践，从农民的视角研究失地农民城市化的问题，探讨解决城市化过程中出现的强制性失地农民问题的途径，通过制度创新，处理好政府作用与农民意愿之间的转化问题，协调城市化过程之中的制度差距，达到使失地农民完全实现城市化的目的。

1.1.2 研究思路

改革开放以前，我国是以计划经济为主体的经济发展模式，城市化的过程是从属于经济发展模式的。改革开放以后，我国进入由计划经济向市场经济转变的转型阶段，转型实际上是制度变迁与制度创新的过程，计划经济时期遗留下来的体制和按市场经济逐步发展形成的体制并存。在这种情况下，城市化过程必然受到这两种体制的影响，使城市化成为一种混合式的制度安排，即城市化制度表现出由计划主导和由市场主导的两种制度安排。由于目前我国这两种城市化制度安排存在不匹配的状态，使我国城市化制度处于转型阶段，因此，我国城市化过程也可以说是一种制度变迁与制度创新的过程。

本文从广州城市发展过程中对失地农民安置的政策变迁着手，应用制度分析的方法，探讨失地农民城市化制度安排的变迁，分析制度变迁与失地农民城市化之间不协调的问题，在国内外案例分析的基础上，通过广州大学城失地农民城市化制度创新的具体实践，寻求促使失地农民完全实现城市化的路径。

1.2 研究方法

1.2.1 制度分析的方法

本文在对现有城市化过程中的城乡关系理论、我国城市过程与机制研究以及"三农"问题研究进行回顾的基础上，认为我国失地农民问题的产生与我国城市化的制度有关。本文运用制度分析的方法，构建失地农民城市化的分析框架。社会学、法学、政治学和经济学等都对制度有较深的研究，而1950～1960年代兴起的以产权和制度为主要研究对象的西方经济学流派——新制度经济学，强调制度分析或结构分析方法，认为制度因素对经济与社会的发展具有极其重要的影响力，经济增长和社会发展是人们在新的制度安排的激励下实现的，以科斯、诺思为代表的新制度经济学利用经济学理论分析制度的构成和运行，

① 中国社会科学院社会政策研究中心课题组. 失地农民"生计可持续"对策［N］. 经济参考报，2004 – 12 – 22。

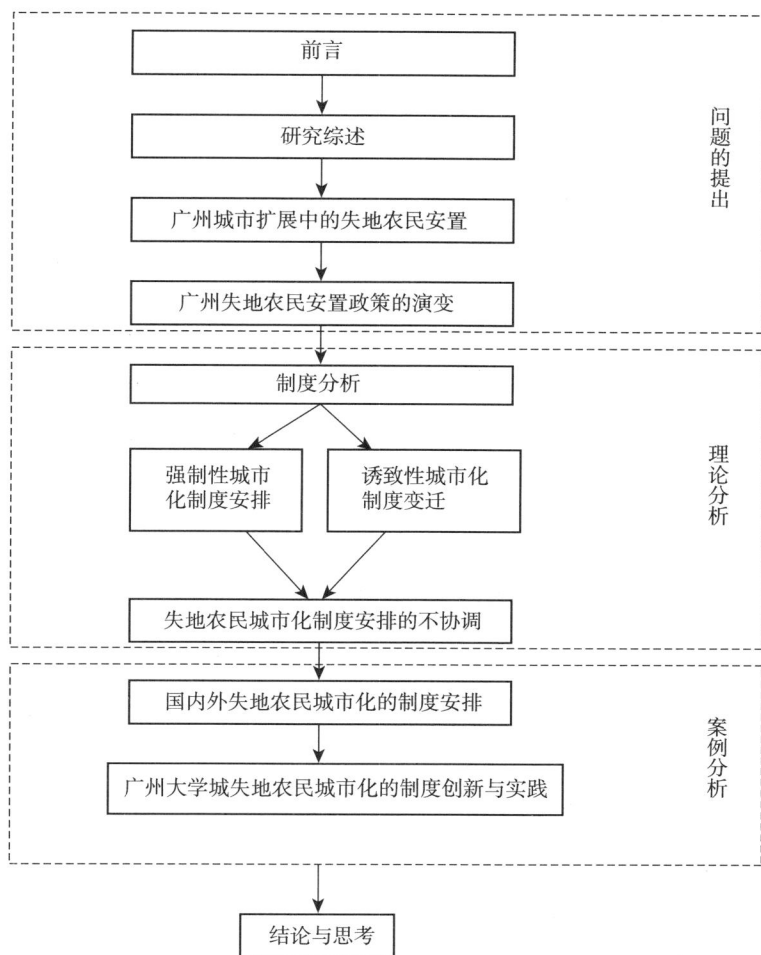

图 1.3 论文研究框架图

并发现制度在经济体系中的作用。新制度经济学在分析制度在经济增长中的作用时，提出在缺乏有效制度的领域或地区，或者一国处在新旧体制转轨时期，此时此地制度效率是最高的。同时，在制度创新过程中经济增长率也较高。新制度经济学关于制度变迁和制度创新等方面的分析，有利于帮助人们掌握转型中一些规律性的东西，有利于决策者在改革方案的设计上更科学，从而降低制度变迁的成本。本文从制度的供给与需求、制度变迁以及制度绩效的角度对农民与城市化问题进行研究。

1.2.2 问卷调查和访谈

为了说明快速城市化地区失地农民存在的问题，本文对广州市城市建设重点地区番禺区大岗、大石、南村、石楼四个镇的失地农民进行随机抽样调查，共发问卷 1600 份，得到有效问卷 1011 份，其中大岗镇占 23%，大石镇占 39%，南村镇占 20%，石楼镇占18%。问卷主要内容分为 6 个部分，被征地农民的基本情况，征地前后的生活、收入变化，就业情况，征地款使用情况，社会保障和征地安置的意见。本文采用实地访谈的方法对大学城（首期）失地农民城市化的制度安排进行评估。

1.2.3 案例分析

本文对英国、法国、日本、韩国的失地农民问题与城市化制度安排进行案例分析，对近些年来以上海、苏州等地为代表的大城市地区和以南海、顺德等地为代表的珠江三角洲农村地区在城市化过程中处理失地农民与城市化的制度安排的经验和教训进行了分析和总结。形成解决失地农民问题的借鉴经验，在此基础上，形成广州大学城失地农民城市化的制度安排，并对近3年的实践的绩效进行评估，进一步总结失地农民城市化制度安排的特点。

1.3 主要概念界定

1.3.1 失地农民

正确认知失地农民的含义，才有可能解决失地农民问题，促进城市化的发展。理解失地农民的含义，可以从理解农民与市民这两个概念入手。湖南省社会科学院社会学法学所杨盛海认为农民应是指身份为农村户口，长期或固定居住在农村，以农业劳动为主要职业，日常生活方式表现为与农村社区相符的一类群体；市民则是指身份为城市户口，长期或固定居住在城市，不从事农业劳动，日常生活方式与城市社区相符的一类群体。

根据《宪法》、《民法通则》、《土地管理法》以及《农业法》，我国土地实行社会主义公有制，包括全民所有制和农民集体所有制两种形式。国家为了社会公共利益的需要，按照法律规定的批准权限和程序批准，并给农民集体和个人补偿后，可以将农民集体所有土地转变为国家所有。集体土地征用由《宪法》和《土地管理法》来调整，土地征用意味着农民集体土地所有权的丧失，意味着农民对土地的使用收益权能的丧失。

本文提出的"失地农民"是指国家依法对土地实行征用等原因造成的无地可种的农民。失地农民的产生是城市化过程中的必然现象，然而，我国出现的失地农民问题则是目前在推进城市化健康发展的过程中必须解决的紧迫问题。

1.3.2 完全实现城市化

城市化是国家或区域的地域空间系统的一种复杂的社会过程。为了进一步地对这种复杂的过程进行分析，著名学者弗里德曼（J. Friedmann）把城市化分解为城市化Ⅰ和城市化Ⅱ两个过程。

城市化Ⅰ包括两个内涵：（1）人口和非农业活动在规模不同的城市环境中的空间集中过程；（2）非城市景观逐渐转化为城市景观的空间。城市化Ⅱ则是指城市文化、城市生活方式和价值观在农村的地域空间扩散过程。

弗里德曼把城市化从时间和空间上分成了两个过程，同时在城市化的内容上，也把城市化分成物质形态或实体的城市化过程和人的城市化两个过程，其中，人的城市化包括价值观、生活方式和文化的现代化。一个完全的城市化是物质形态城市化和人的城市化的结合。如果只有物质形态的城市化而没有人的城市化，只能是不完全的城市化。

物质形态的城市化和人的城市化之间存在着相互促进和相互依存的关系，城市化过程中的失地农民城市化，不仅涉及物质形态的城市化过程，更重要的是涉及人的城市化过程。

1.3.3 城市化的强制性制度安排

新制度经济学认为制度是一种行为规范，是为决定人们相互关系而人为设定的一些约束。制度构成了人们在政治、社会或经济方面发生交换的激励结构，制度变迁则决定了社会演进的方式。在人能力的有限性和资源的稀缺性、环境的不确定性和复杂性的情况下，制度成为资源有效配置和实现经济增长的重要手段。

城市化强制性制度安排是新制度经济学中的概念，是指为实现国家目标，政府通过法律规定等强制性手段建立起来的各种制度的总和。城市化的强制性制度安排则是国家制定的影响城市化模式及进程的方方面面的相关制度安排的总和，其中，通过对农民土地的强制性征用，而使农民城市化就是城市化的强制性制度安排中的一种形式。

1.3.4 城市化的诱致性制度变迁

城市化诱致性制度变迁是新制度经济学中的概念，是指个人或某个集体，在原有制度不均衡状态下，为响应获利机会自发倡导、组织和实行的对现行制度的变更、替代或创新。农村城市化的诱致性制度变迁则是指农民在市场导向的改革中，在传统体制外围自发地进行城市化的创新。

1.4 论文的主要内容

全文共分十章和一个附录

第一章：前言

第二章：相关研究综述。在对相关的城市化理论进行回顾的基础上，对中国城市化过程及机制的相关研究、"三农"问题和失地农民的研究进行了综述，发现我国现有的城市化问题的研究存在农民视角的缺失，并进一步把本文的研究置于我国处于经济体制转型时期的背景之下，通过制度分析框架，对我国失地农民和城市化问题进行研究。

第三章：广州城市扩展过程中失地农民安置政策的演变。该章首先对广州城市扩展过程进行了分析，发现 1990 年代后出现了用地的快速拓展，相应的失地农民安置的办法出现了政策的创新，留用地政策的出现是经济转型时期制度变迁的结果，但由于制度创新和变迁有自身的规律性，留用地仍然存在利弊的两个方面，因此，制度需要系统和整体的创新。

第四章：制度、制度变迁与城市化。该章是对制度分析的框架进行简要的阐述，并把城市化纳入到制度变迁的范畴。在人的有限理性、非财富最大化动机以及具有机会主义倾向的假设下，制度成为人们行为的规范，构成了人们在政治、社会和经济活动中的激励结构；当制度供给和需求出现不均衡的时候，就会导致制度变迁的出现，强制性制度变迁和诱致性制度变迁是不同主体的行为结果；城市化作为经济增长过程中出现的一种结构变化，同样可视为是一个制度变迁的过程。

第五章：制度安排与变迁和中国城市化路径。该章是运用制度分析的方法对我国城市化路径进行分析，认为我国的城市化存在着两种路径，即在计划经济体制下的强制性制度安排和在市场条件下的诱致性制度变迁。在计划经济体制下，国家在实施优先发展工业的战略意识主导下，以国家为主体，强制性通过对农村剩余劳动力低价获取的制度安排、户籍制度的安排和集体所有制的制度安排实现城市化，是城市化的强制性制度安排路径；改革开放以后，市场经济的出现和经济体制的一系列改革，农民在集体所有制土地剩余和自身劳动力剩余的激励下，出现城市化的诱致性变迁的路径，农民成为诱致性变迁的主体。

第六章：我国城市化制度安排的缺陷与失地农民问题。该章是从理论上和番禺的调查两个方面分析两种城市化路径的缺陷，以及失地农民问题产生的原因。改革开放以后，我国经济体制改革进入一个转型阶段，城市化的强制性制度安排和农村城市化的诱致性制度变迁同时存在，但两种城市化都存在着缺陷而且不匹配，从而产生了强制性失地农民问题，主要表现为国家无法为城市化过程中的农民提供长期的就业保障和社会保障，农民也无法自身完全实现城市化。其产生的主要原因是两种城市化路径的制度安排的供给者、需求者不同，导致了城市化过程中的受益者、目标与制度的刚性程度的不一致。笔者认为要解决城市化过程中的强制性失地农民问题就必须进行制度创新。

第七章：国外城市化过程中的失地农民问题与城市化制度安排：案例分析。该章主要是对英国、法国、日本和韩国在解决城市化过程中出现的失地农民问题而采取的政策和制度安排进行分析，总结出在城市化过程中必须注重社会保障、产业发展和加强农民教育等等制度安排的有益经验。

第八章：我国城市化过程中失地农民问题的制度安排的改革与创新：案例分析。该章主要是对改革开放后，以上海、苏州等地为代表的大城市地区和以南海、顺德等地为代表的珠江三角洲农村地区为解决城市化过程中的失地农民问题而进行的制度创新，包括土地股权固化、集体土地流转、留用地制度等等，并进一步认为这些制度供给还不能完全适应失地农民城市化的制度需求，需要建立起完善的保障制度、教育培训制度、经济发展制度促进失地农民实现真正的城市化。

第九章：广州大学城（首期）失地农民城市化制度安排的实践。该章是应用以上理论分析和案例分析的结论，解决广州大学城（首期）出现的失地农民问题的具体实践，即通过城市化制度的创新，弥补城市化强制性制度安排和农村诱致性制度变迁的缺陷，尽可能地实现制度供给与需求的均衡。具体包括拆迁安置和补偿方案的选择、社会保障体系的建立、教育与就业制度的安排以及解决农村基层组织建设和经济发展过程中的政府缺位问题。从实施的评估来看，这些制度创新在较大程度上有利于失地农民问题的解决。

第十章：结束语。中国城市化制度安排的思考。该章在全文的基础上，进一步对失地农民城市化的制度安排进行了思考，认为城市化制度安排需要从国家层面统筹制定和协调，促进城乡的协调发展；城市化制度与城乡空间存在密切的关系，不同的城市化制度会导致城乡空间及人居环境产生差异；同时，城市规划的研究内容和方法需要注重制度的研究和分析。

第2章 研究综述

2.1 城市化理论综述

2.1.1 城市化定义

城市化，是人类历史发展的一个不可逆的过程，是经济发展过程中的伴随现象（H. 钱纳里，1977），经济学家、地理学家、社会学家、人类学家对城市化都有许多定义，不同学科的理解有所不同。

人类学研究城市以社会规范为中心，城市化意味着人类生活方式的转变过程，即由乡村生活方式转为城市生活方式，包括教育水平的提高，城市生活方式的转变和减少对传统乡土生活方式的依赖[1]。

人口学所说的城市化是指人口城市化，即农村人口逐渐转变为城市人口的现象和过程。"人口城市化即指居住在城市地区的人口比重上升的现象。"[2] 人口由分散的乡村向城市的集中，一般有两种方式：一是人口集中场所即城市数量的增加；二是城市人口数量的增加。就每一个城市而言，人口城市化过程无非取决于两个途径，即乡村人口迁移和人口自然增长。

经济学认为，城市化是各种非农产业发展的经济要素向城市集聚的过程，它不仅包括农村劳动力向城市第二、三产业的转移，还强调各种生产要素在城乡之间的流动。认为城市化是经济结构的一种变化，是生产要素的空间集聚。

地理学认为，城市化是居民聚落和经济布局的空间区位再分布，并呈现出日益集中化的过程。更具体地说，第二、三产业在具备特定地理条件的地域空间集聚，并在此基础上形成消费地域，其他经济、生活用地也相应建立，多种经济用地和生活空间用地集聚的过程就是城市化过程[3]。

社会学认为，城市化是一个城市生活方式的发展过程，它意味着人们不断被吸引到城市中，并被纳入城市的生活组织中去，而且还意味着随城市的发展，城市生活方式不断强化的过程。城市生活方式，不仅指有别于农村的日常生活习俗、习惯等，还包含制度、规划和方法等结构方面的内容。

美国学者弗里德曼把城市化过程区分为城市化Ⅰ和城市化Ⅱ，前者包括人口和非农业活动在规模不同城市环境中的地域集中过程，非城市景观向城市景观的地域推进过程；后者包括城市文化、城市生活方式和价值观在农村的地域扩散过程[4]。

---

① 许学强. 城市规划原理 [M]. 北京：中国建筑工业出版社，1998：36.

② Christopher Wilson. Urbanization in Christopher Wilson（ed）. The Dictionary of Demography [Z]. Oxford：Basil Blackwell Ltd.，1986：225.

③ 崔功豪，王本炎. 城市地理学 [M]. 南京：江苏教育出版社，1992：69.

④ 许学强，朱剑如. 现代城市地理学 [M]. 北京：中国建筑工业出版社，1988：46–80.

上述观点，尽管各不相同，但存在一个比较明显的共同点：都是基于某个视角的较具体的认识。关于城市化的本质也有不同的认识和概括，主要有以下几种：

第一种观点认为，简单地说，城市化的本质、内涵、动力和目标，实际上都是围绕现阶段的经济发展，服务于经济发展的。城市化的动力是效益，城市化的主要对象是农民。城市化是人们的生产方式、生活方式、交换方式转化升级过程中经济、政治、文化等社会活动为节约时间向特定空间集聚的过程。城市化的关键在一个"化"字上，化农民为市民。城市化的核心是一个"市"字。

第二种观点认为，作为一种经济社会现象，城市化的本质是乡村城市化。它包括同时发生的两个过程：一个是农业人口向非农产业转移，向城镇集中，城镇人口和城镇数量逐渐增加；另一个是农村生产、生活质量的逐步城市化。也就是说，城市化不仅是农业人口转变为城镇人口，城镇在空间数量上增多、规模上扩大、功能和设施方面逐步完善，而且是城市的经济关系、生活方式和价值观念广泛渗透到农村的过程。

第三种观点认为，城市化的本质是由传统落后的乡村社会转变为现代先进的城市社会的历史过程，城市化的核心问题是人口的城市化，也就是农村人口的城市化。

第四种观点认为，城市化最本质的内涵，是城市自身实现向更高层次的发展，是伴随着人口向城市区域的集中和城市区域的扩大，各种生产要素组合而成的生产函数向更高层次的变革，这种变革突出表现在经济结构和就业结构向第二产业和第三产业转移，城市第一经济效率即城市人均 GDP 不断增长等方面，是经济社会的进一步集约化、社会化、现代化发展。因此，发展城市化，既要关注城镇人口比重这一数量指标，更要重视反映城市现代化内涵的城市质量和功能指标，全面推进城市现代化。

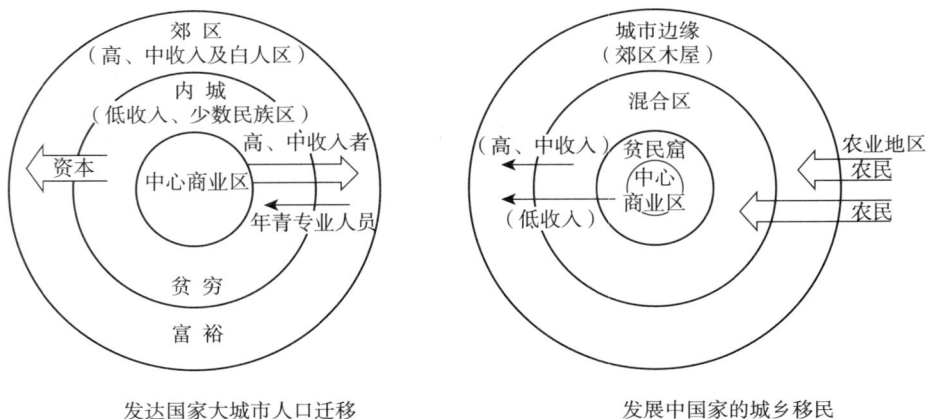

图 2.1　发达国家大城市人口迁移与发展中国家的城乡移民

对城市化的这种多视野、多层次涵义的界定其实是互相补充的，更有助于人们去理解、考察和研究城市化现象和过程。按照《中华人民共和国国家标准城市规划术语》，城市化是"人类生产与生活方式由农村型向城市型转化的历史过程，主要表现为农村人口转化为城市人口及城市不断发展完善的过程"。综上所述，城市化是指伴随着经济增长，由产业结构非农化而引发的生产要素由农村向城市流动和集中，在城市体系不断升级的同时，农村的生产方式、生活方式逐渐与城市接轨，最终实现城乡一体化的过程。即人们生产和生活方式由农村型向城市型转化的历史过程，包括两个不同层次的转化：即农村城市化和城市的再城市化（城市的进一步发展与完善）的历史过程。

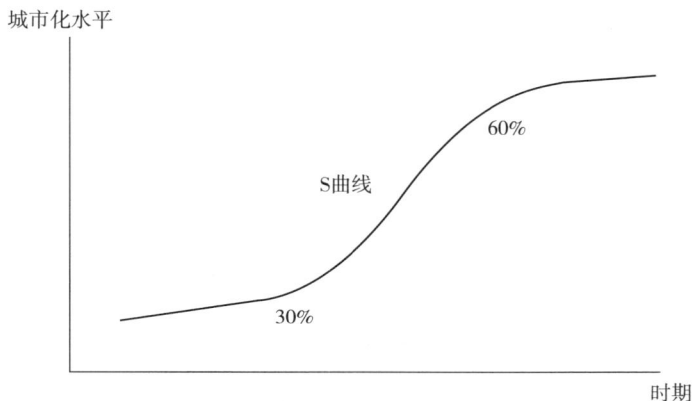

图 2.2　城市化发展的 S 形曲线
资料来源：吴良镛．城市规划理论方法实践．北京：地震出版社，1992

另外，每个国家、每个地区的城市化过程在阶段上也存在时间上的差别。纵观中国城市化进程，由于地区发展的不平衡，东部沿海地区、中部地区和西部地区城市化水平差异较大，城市化阶段也不一致。

2.1.2　城市化过程中的城乡关系理论

2.1.2.1　社会学对城乡转化的认识

社会学把农村视为传统社会、城市视为现代社会，城市化的过程就是传统社会向现代社会转变的过程，传统社会是一个以家庭为单位，以族群为群体的社会，具有简单的社会关系和紧密的内部联系，他作为一种生活方式对土地有强烈的依赖；城市是一种现代社会，以个人为单位，以社区为群体，具有明显的科层结构（韦伯定义的城市社会中的等级制度），人与人的关系不稳定，作为一种生活方式享有民主、教育和社会保障等。

社会学把传统社会向现代社会的转化不仅视为一种城市化的过程，更作为现代化的过程。以亨廷顿、伊斯顿、阿尔蒙德等为代表的现代化研究的政治学方向，强调的是政治民主化、自由化、分权化和秩序化的建立和对传统社会的冲击；以帕森斯、勒纳、穆尔等为代表的现代化研究的社会学方向，以社会进化论思想为指导，以研究社会结构与功能的转换和变迁为着力点，认为工业化是现代化的始发原因，现代化是工业化的最终必然结果，现代化是一个从传统社会的传统性向现代社会的现代性的转变过程，现代社会与传统社会的根本区别是社会结构的层次化与精细化、社会功能的专门化与多样化、社会运行机制的市场化与法制化、社会阶层的流动化与平权化、国家制度的理性化与权威化、政府能力的综合化与集约化。

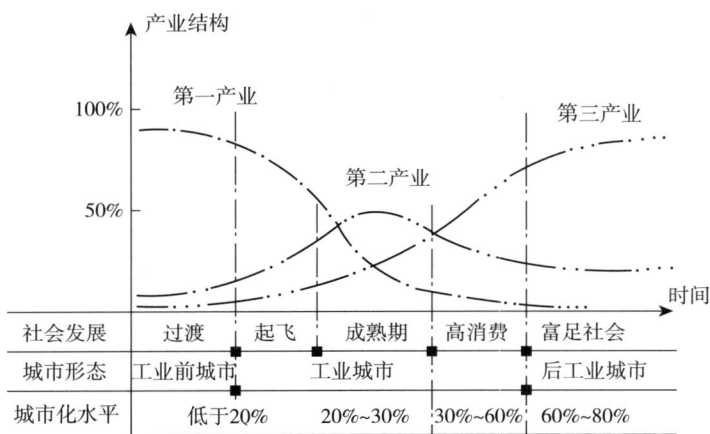

图 2.3 产业结构变化与城市发展阶段示意图

资料来源：吴良镛. 城市规划理论方法实践. 北京：地震出版社，1992

　　城乡协调发展是一个现代化的过程，是现代化社会对农村社会的冲击，包括对社会结构、文化与生活习惯以及生存方式等等。但在我国农民被固定在土地上，这时的农村具有超稳定的社会结构和生活方式。同时我国对农村教育、基础设施等投入的长期滞后，农村的生活方式和社会结构，并没有随着经济增长而发生大的变化，因此，我国城乡协调发展的"门槛"很高。

　　新马克思主义对城市化进行过论述，戴维·哈维把城市视为人造的环境，他的扩张是资本主义资本积累过渡和解决资本主义危机的一种方式。实际上，我国的城市发展也可以视为不断解决城市内部矛盾的一种结果，也是牺牲农村利益进行城市资本积累的过程。

　　我国社会学家也把城乡二元结构视为一种社会结构，户籍制度是这种结构的分离条件，集体所有制和城市保障制度是稳定条件，统购统销制度是交换条件，在改革开放后，交换条件发生了变化，户籍制度开始了松动，出现了人口流动，同时城市的就业制度也发生了变化，因此存在着许多结构上的矛盾。

2.1.2.2 经济学对城乡转化的理论

　　发展经济学中刘易斯的经济发展二元结构是解释城乡发展关系的经典，刘易斯认为发展中国家经济部门是由现代部门和传统部门组成，现代部门企业追求利润最大化，受短期内劳动力和资本边际收益递减规律的制约，利润大部分用于再投资；传统部门以农业为代表，是一个维持自身需求的部门，生产技术落后，生产的大部分产品用于内部消费。传统部门为现代部门提供劳动力，只要有农村剩余劳动力存在，经济发展就不会出现均衡，工业从剩余劳动中获得超额利润进行资本积累，发展以工业为核心的城市地区，城乡二元结构是在剩余劳动力消失后将向一元结构转化[①]。发展经济学在强调工业发展的同时，强调

---

① Lewis，W. A. Economic Development with Unlimited Supply of Labour. The Manchester School，1954（5）.

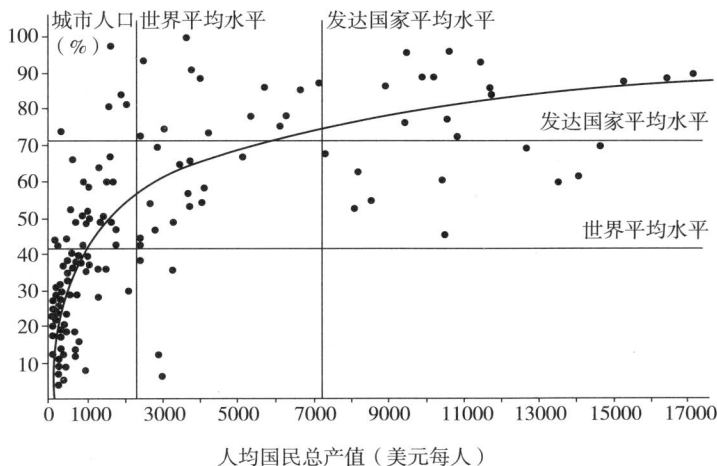

图2.4 世界各国城市人口比重与国民生产总值的关系

农业发展，在打破传统的农业生产方式的基础上，通过提高农业生产水平和农民的收入促进城乡的协调①。

我国的城乡关系是典型的二元结构，我国学者进一步从产权的角度对于城乡二元结构的影响进行了分析，林毅夫、蔡昉等认为城乡二元结构是"重工业的发展政策"的结果，强调在资源稀缺的情况下，农民始终是弱势的群体，同时户籍制度是这种政策的一种安排。对集体所有制土地，周其仁认为集体所有制土地的价值没有真正的体现。但集体所有制土地在分权的情况下，具有对财产的保护作用（钱颖一），尽管他还存在不可资本化的危险（周其仁）。

经济学家把城市化视为资源配置结构变化的过程，我国通过"剪刀差"、"存贷差"和农业税收向城市工业发展转移了大量的资金，在配置过程中，农村所获得的资源更加稀少。经济学一般认为只有在生产要素充分流动、市场和产权制度足够完善的前提下，资源的配置才能达到最优，城市与乡村的发展才能达到均衡。

2.1.2.3 吴良镛先生人居环境的城乡关系理论

吴良镛先生提出人居环境的研究体系，人居环境是人类聚居生活的地方，是人类生存活动密切相关的地表空间，是人类在大自然中赖以生存的基地，是人类利用自然和改造自然的场所。

人居环境存在5个研究基本前提：

（1）人居环境的核心是"人"，人居环境研究以满足"人类居住"需要为目的；

（2）大自然是人居环境的基础，人的生产生活以及具体的人居环境建设活动都离不开广阔的自然背景；

（3）人居环境是人类与自然之间发生联系的中介；

（4）人居环境内容复杂，人在人居环境中结成社会，进行各种各样的社会活动，并进

---

① 谭崇台．发展经济学［M］．山西：山西经济出版社，2000：197－200．

一步形成更为复杂的支撑网络；

（5）人创造人居环境，人居环境又对人的行为产生影响。

城市化是一个结构转换的过程，是农村人口向城市人口转换的过程，是农村产业向非农产业转换的过程，是农村生活方式和非城市景观向城市生活方式和城市景观转换的过程。在吴良镛先生的人居环境系统中，可以认为城市化是"五大要素"（自然、人、社会、居住、支撑网络）在"五大层次"（全球、区域、城市、社区、建筑）上的相互作用过程，如果以"五大原则"（生态观、经济观、科技观、社会观、文化观）为基础的城市化将会促进经济社会的协调发展，而所有这一切的实现需要"五大统筹"（城乡发展、区域发展、经济社会发展、人与自然和谐发展、国内发展和对外开放），见图 2.5。

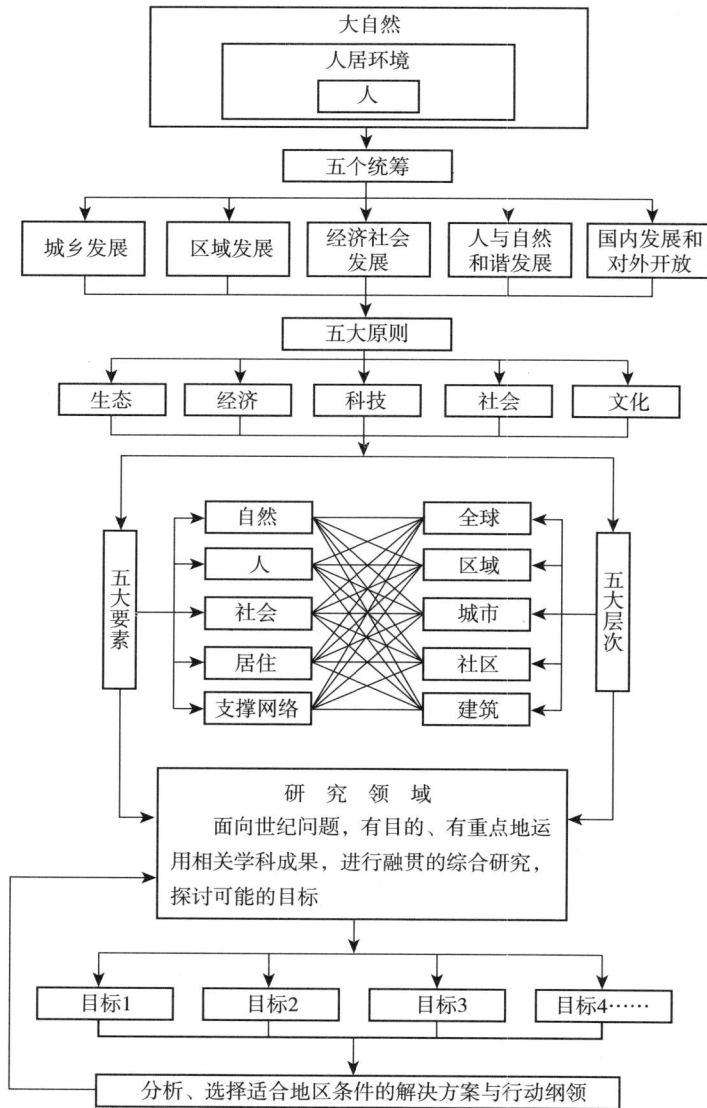

图 2.5 "五大要素"在"五大层次"上的相互作用过程关系

因此，人居环境给出的是对城市化的整体和综合的思考。

对城市化的系统和综合的考虑，就是实现城乡关系的统筹，而我国城市化过程中出现的城乡关系问题，就是在人居环境建设过程中缺乏整体观念，人居环境中的有机的关系网络被破坏的结果。吴良镛先生认为城市是区域中心，城与乡相辅相成，互为存在的前提，在经济发展过程中，农村不能衰落，不能因城市化而忽视了农业和农村的现代化发展和建设（吴良镛，2005）。1996 年，联合国"人居二"会议《伊斯坦布尔宣言》指出，"城市和乡村的发展是相互联系的。除改善城市生活环境外，我们还应努力为农村地区增加适当的基础设施、公共服务设施和就业机会，以增强它们的吸引力"；联合国秘书长安南在世界人居日致辞中"提请所有各级发展决策者，不要将'城市'和'农村'作为单独的实体，而是作为经济、社会整体的组成部分"。

从人居环境的观念看，城市化过程中的城乡关系问题不仅仅是城市或农村本身的问题，还需要通过审视城市化道路，制定有关政策，进行制度改革，逐步向城乡整体发展的制度过渡，实现协调发展的城市化①。

因此，吴良镛先生的人居环境理论为本文对城市化与失地农民问题的研究提供了坚实的理论基础。

2.2 中国城市化过程、政策与机制的研究综述

1949 年新中国成立以来，城市已经成为我国经济增长和财富积累的核心，与此同时，我国的城市化特点和我国城市发展方针也成为学界广泛探讨的问题。本文仅从中国城市化的过程与机制着手，对我国城市化的政策与绩效进行综述。

从现有的研究来看，学者大都把我国城市化阶段划分为两个时期，一是 1949～1978 年在计划经济体制下的城市化，二是改革开放以后，在经济体制转型过程中的城市化。

2.2.1 计划经济体制下的城市化过程与机制

2.2.1.1 短暂健康发展时期（1949～1957 年）

城市化水平由 1949 年的 9.1% 上升到 1957 年的 13.1%，同时期总人口的年均增长率仅为 2.24%。城市人口增长速度大大高于人口增长速度。在这个时期，国民经济处于恢复阶段。在第一个五年计划期间，国家在前苏联的援助下，实施了大规模的工业化建设和城市化建设，围绕着 694 项重点建设项目，采取了"重点建设、稳步前进"的城市发展方针，新建了 6 个城市，大规模扩建了 20 个城市，一般扩建了 74 个城市（周一星，1999）。在国家的投资下，城市得以迅速的恢复和发展，为了支援重点项目的建设，国家从东部沿海地区调集了大量的技术工程人员，向重点项目城市转移。同时，并没有实施限制人口流动的政策，高珮义认为如果按照这种政策，我国城市化会形成较好的城乡对流状态②。

① 吴良镛. 新发展观与人居环境科学 [J]. 小城镇建设，2004（9）：10－11.
② 高珮义. 中外城市化比较研究 [M]. 天津：南开大学出版社，2004：69.

在这个阶段，城市发展方针注重对城市规模和区位选择，国家认为大城市容易受到战争的威胁，以及生产力应该在全国均衡布局，实施了分散的城市布局，1955 年国家建委给中央的报告指出"新建的工厂应该分散，不宜集中"，"今后新建城市以中小城市为主，没有特殊原因，不搞大城市"[①]，这一政策导致了当时我国沿海城市的衰退。

2.2.1.2 过度城市化阶段（1958～1960 年）

在第一个五年计划提前一年完成以后，中国经济出现了以冒进为特点的"大跃进"。国家提出"赶英超美"的发展口号，全民大力炼钢铁，大办工业，这期间中国城市化上升了近 4 个百分点，但人均收入几乎没有增加。在大跃进时期，重工业产值以年均增长49%、轻工业以年均增长 14% 的高速度上升。国民经济比例失调、工业发展遍地开花，人均国民收入增长极微。全国职工猛增 2860 万人，新增城市 26 座，在农村人口涌入城市的疏导方面出现了严重失控的局面。当时过高的城乡人口迁移率和城镇过高的自然增长率使城镇人口剧增，再加上连续三年自然灾害，使正在快速发展的城市化进程也半途夭折，开始了长达 16 年的倒退时期。

这个时期的城市过度城市化的现象，出现对"城市病"的恐慌，引起了政府对城市发展规模的重视，为了尽量减少当时城市政府的压力，国家开始通过户籍制度限制农村人口向城市的移动，农民开始由各种政策形式被固定在土地上。

2.2.1.3 城市化停滞阶段（1961～1978 年）

这一时期，由于社会的动荡不安，国民经济停滞不前，城市工业发展迟缓，城市劳动生产率下降，购买力的增加与商品供应无法平衡，造成市场物资供应的压力。城市已经不能吸收大量新增的劳动力就业，为了保证城镇居民的基本生活，政府不得不精简职工，动员 1958 年 1 月以来·从农村进城的新职工及其家属回乡。仅到 1963 年 6 月，全国共减少职工 1887 万，同时，国家号召知识青年到农村去接受贫下中农的再教育，以此缓解城市的就业压力，共减少城镇人口 2600 万人，形成中国城镇人口第一次大规模倒流。城镇人口下降的趋势到 1965 年才停住。1962 年又提高了设市的标准[②]，撤销了 39个城市；减少了城市郊区面积，相应的城市人口也减少。这十年城镇迁出人口多于迁入人口，城镇化水平由初期的 18% 下降到期末的 17.4%，出现了政策引导的逆城市化。

这个时期基本上稳定了我国以户籍管理为核心的城市化模式，户籍制度不仅限制了农村人口向城市的迁移，也妨碍了城市之间的人口迁移。

---

① 赵燕菁．中国城市化道路评述．见：叶维钧等，编．中国城市化道路初探［M］．北京：中国展望出版社，1988：398－410．

② 1964 年的"关于当前城市工作的若干规定"中决定：今后凡是人口在 10 万以下的城镇，即使是重要的林区、工矿基地，都应撤销市的建制；对于设镇标准规定：工商业和手工业相当集中、聚居人口在 3000 人以上，其中非农业人口占 70% 以上，或者聚居人口在 2500 人以上不足 3000 人，其中非农业人口占 85% 以上，确有必要由县级国家机关领导的地方，可以设置镇的建制。

2.2.1.4 该时期城市化的评述

普遍认为1978年以前，中国城市化实施的是计划体制下，国家通过投资和户籍管理实现的城市化机制。

建国以后，面对一穷二白的经济发展条件和资本主义国家对新中国的封锁，我国经济发展选择了以重工业和高积累为主的发展模式，国家必须用强有力的财力首先建立起完整的国民经济体系①，由于工业化是以非农产业为核心内容，依托于城市基础设施，因此，我国工业化的过程从一开始，也和世界各国的城市化路径一样，与城市建设与发展联系在一起。我国为了加速工业化的过程，城市化过程并没有实现其完整的含义，其实际上是仅以实现工业化为最终目标，以实现工业产值持续增长为直接目标，以重工业为重点，以低消费、高积累的外延扩大再生产为手段的城市化过程②。

为快速实现工业化，国家采用中国传统体制下的高度集中的计划方式，垄断了国家资源配置的权力和机会，全部国民都只能在国家的安排下参与相应的经济活动，没有任何寻求新的发展空间的权利和机会③。国家为了快速地实现资本积累，农业成为工业资本积累的重要源泉之一，毛泽东明确指出"为了完成国家工业化所需要的大量资金，其中有一个相当大的部分是要从农业方面积累起来的"④。国家选择了通过统购统销、剪刀差和户籍制度三大措施，快速实现了工业化。

近几年来，刘传江、叶裕民、邹兵等大量学者从制度经济学的角度认为1978年以前，我国城市化是"自上而下"的城市化道路，并认为是实现国家目标的制度安排，即指在计划经济这一制度背景下影响城市化模式及进程的方方面面的相关制度安排的总和。其主要内容包括：城市化依存产业发展制度、经济要素流动制度和城市建设投资制度三方面制度安排的总和⑤。统购统销、剪刀差和户籍制度是三大具体措施。我国在当时的条件下不得不选择优先发展重工业和实行进口替代的发展战略，为了解决重工业本身资本高度密集的特点与当时的经济发展水平以及资源禀赋特点产生直接的矛盾，国家做出了适当的制度安排，即建立一套以扭曲价格的宏观政策环境、集中的资源计划配置制度和毫无自主权的微观经营机制为特征的传统经济体制，对经济资源实行集中的计划配置和管理，从而降低重工业资本形成的门槛。这样的经济体制从根本上决定了中国城市化道路也必然是自上而下的"政府发动型"城市化路径⑥。

实际上，从制度经济学的角度对城市化路径的探讨，主要集中在我国户籍制度方面，户籍制度在1951年就开始实施，但当时不过是一种登记制度，到1956年才开始实施限制农民流入城市的制度⑦。户籍制度是为支持工业化体系的建立，实现以农补工，压缩农民

---

① 陈雯. 试论我的城市发展方针 [J]. 地理研究, 1996 (3): 16 - 22.
② 路遇, 赵锋. 论中国城市化战略与经济发展 [J]. 人口与经济, 1994 (4): 3 - 12.
③ 叶裕民. 中国城市化之路 [M]. 上海: 商务印书馆, 2002: 111.
④ 毛泽东. 关于农业合作化问题. 毛泽东选集第5卷 [M]. 北京: 人民出版社, 1977: 138.
⑤ 刘传江. 中国城市化的制度安排与创新 [M]. 武汉: 武汉大学出版社, 1999.
⑥ 王琼. 我国城市化道路的新制度经济学分析 [J]. 经济体制改革, 2003 (2): 9 - 13.
⑦ 刘应杰. 中国城乡关系演变的历史分析 [J]. 当代中国史研究, 1996 (3): 2.

消费资料，实行剪刀差，而由我国工业化内生的一种制度[①]。户籍制度构成我国城乡二元结构制度的基础，通过对人口移动的限制，农村向城市的迁移是以城市为中心，仅仅为满足工业化所需人口为前提，形成生产性人口，最终导致 1978 年以前城市化严重滞后于工业化。

对自上而下的城市化路径，学界存在着诸多批判，最主要的观点有，一是城市化从整体上来讲是受抑制的和严格管制的。与快速的工业化相比，城市化步伐缓慢，拉大了与世界发达国家城市化水平的差距；二是城市发展主要受计划经济体制和行政级别的影响。计划经济体制下的投资与城市的行政级别相关。行政级别越高，得到的投资和发展的机会越大。相反，中小企业与小城镇得到的投资较少，计划体制又束缚了它们自身发展的活力[②]；三是高度集中的计划经济体制决定了中央政府垄断了国家资源配置的所有权和机会，全部国民都只能在国家的安排下参与相应的经济活动，没有任何寻求新的发展空间的权利和机会[③]；四是农民在城市化过程中所能够得到的利益非常低，甚至仅仅只能够维持自身的简单再生产。这样，高度集中的发展模式剥夺了农民积累财富的权力，决定了城市化之舟只能在狭窄的航道中艰难地航行，即便是幸运地被安排乘上城市化之舟的城镇居民们，也由于缺乏激励而失去持久的热情，进而从根本上决定了工业化和城市化的低效率[④]。

综上所述，"自上而下"的城市化就是以城市为中心的城市化过程，导致了城乡二元结构的形成，把农民排除在城市化的成果之外，把国家的绝大部分财富集中在城市之中，而城市规划成为实现国家集中发展城市的手段。

2.2.2　经济体制转型过程中的城市化过程与机制

改革开放以来，我国的经济得到迅速的发展，城市化也同步进入了一个辉煌的发展时期。我国经济发展逐步从计划经济向市场经济转型，出现了以广大小城镇为载体的中国农村城市化，并在全国城市化进程中，日益显示其重要性[⑤]，从 1978 年到 1995 年，城市由 191 个增长到 640 个，镇由 2850 个增长到 16992 个。

按崔功豪对于这个时期的三个阶段城市化划分[⑥]，分别综述城市化的机制。

2.2.2.1　农村城市化的启动阶段（1970 年代末～1983 年）

1970 年代末，国民经济提出了"调整、整顿、改革、提高"的方针，加强农业和轻工业生产，压缩重工业和基建规模，对农业实行的生产家庭责任制，使粮食生产大幅度提高，集市贸易恢复，乡镇企业借助了国家政策支持，在地方政府推动下，主要依靠地方资金财力和农民资金，逐步发展起来。据统计，1978 年～1983 年，乡镇企业就业人数由 2826.56 万人增至 3234.64 万人，乡镇企业就业人数已占农村总劳力 9.3%；乡镇企业总

---

① 葛笑如. 中国二元户籍制度的宏观分析 [J]. 湖北社会科学，2003（9）：67 - 69.
② 王延中. 关于中国城市化的政策检讨 [N]. 中国经济时报，2001 - 09 - 19（5）.
③ 刘传江. 中国城市化的制度安排与创新 [M]. 武汉：武汉大学出版社，1999.
④ 王琼. 我国城市化道路的新制度经济学分析 [J]. 经济体制改革，2003（2）：9 - 13.
⑤ 崔功豪，马润潮. 中国自下而上城市化的发展及其机制 [J]. 地理学报，1999（2）：106 - 115.
⑥ 同上

产值增长 1 倍多，镇的平均规模也由每镇平均 1186 人增至 2124 人。

2.2.2.2 农村城市化快速起飞阶段 (1984 年～1988 年)

这是农村城市化发展极为重要的阶段，无论在城市化速度上还是在发展的规模上都有很大的提高。1984 年两个文件对农村城市化推动起了革命性的作用，一是中央 1984

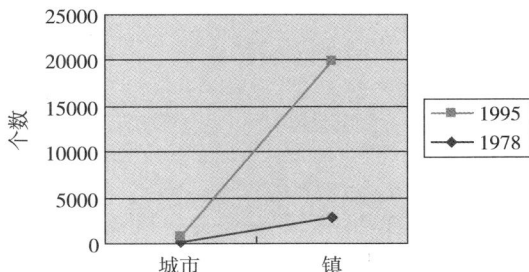

图 2.6　1978～1995 年的城市发展

年 1 号、4 号关于进一步积极发展乡镇企业的系列政策，二是国务院关于允许农民进城务工经商和在集镇落户（自理口粮）的通告，在前者的推动下，出现了全国乡镇企业发展的高潮。在短短的 1 年间，乡镇企业吸收农村劳力 1973 万多人，使农村劳力非农化水平提高了近 4 个百分点；而后者实际上是开放了农村人口的流动管理，使长期以来受人为压制的农村剩余劳动力可以在不依赖国家支出的情况下，进行较为自由地流动，加速了剩余劳动人口的非农化过程。农村剩余劳动力的就地转移，形成了"乡镇企业－小城镇"的农村城市化模式①，其直接结果是小城镇建设进入一个高潮时期，县辖镇在 5 年时间内共增加 5833 个，平均每年增加 1166 个，非农业人口增加 1660 多万人。

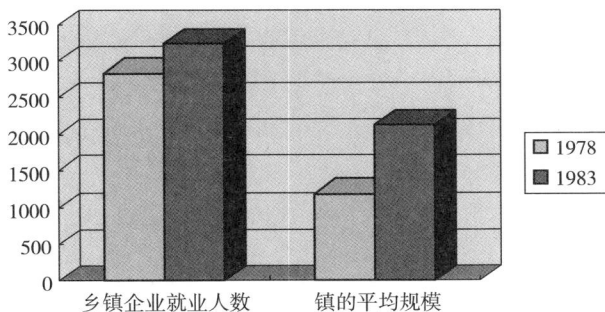

图 2.7　1978～1983 年乡镇企业与小城镇的发展

2.2.2.3 农村城市化的提高和扩展阶段（1990 年代）

以 1992 年邓小平南巡讲话为标志，我国进入深化改革和扩大开放的阶段，经济增长持续快速，1995 年～2000 年间，城镇人口平均每年递增 5.3%，乡村人口的绝对数量连续下降，六年减少 6384 万人，年平均递减 1.3%，城市化率上升到 37.7%。在这个阶段，乡镇企业发展已由量的增加转为质的提高，在沿海开放地区的外商直接投资增加，加速了农村经济和人口向非农产业的转化，从而提高农村城市化水平及在全国城市化中的地位。

农村城市化在空间上看，出现了与改革开放前不同的分散化的现象，"村村冒烟、户

---

① 阎小培，林初升，许学强 . 地理、区域、城市［M］. 广州：广东高等教育出版社，1994：156.

户点火"成为农村工业化的典型景观，小城镇的快速崛起被视为我国解决"大城市病"的有效途径，是实现城乡协调发展的城市化道路。

2.2.2.4 转型时期，我国城市化政策的演变

1978 年，中共十一届三中全会及时作出了全党工作重心转移到社会主义现代化建设上来的战略决策。随着农村改革的逐步推进，城市改革也开始起步。1978 年在第三次全国城市工作会议的《关于加强城市建设工作的意见》中，明确提出了"控制大城市规模，多搞小城镇"的方针。1980 年 12 月，国务院批转《全国城市规划工作会议纪要》，进一步分析了城市发展的形势和地区发展差异，指出"控制大城市规模，合理发展中等城市，积极发展小城市，是我国城市发展的基本方针"。1984 年 1 月，国务院颁布的《城市规划条例》确认了这一方针。1989 年 12 月《中华人民共和国城市规划法》出台，对 1980 年确定的城市发展方针做了修改。《城市规划法》第四条规定："国家实行严格控制大城市规模、合理发展中等城市和小城市的方针，促进生产力和人口的合理布局。"

1984 年，小城镇发展问题第一次受到中央政策的肯定与支持，其标志是同年 1 月的《中共中央关于 1984 年农村工作的通知》和 10 月的《国务院关于农民进集镇落户的通知》，至此，与乡镇企业发展相匹配的城镇化战略渐次走进人们的视野。从 1984 年中共十二届三中全会以后，到 1992 年中共十四大召开以前，以城市改革为重点的经济体制改革推动着城市化的发展。1998 年 10 月，中共中央在《关于农业和农村工作若干重大问题的决定》中，第一次提出了"小城镇大战略"问题。2000 年 6 月，"小城镇大战略"，被《中共中央国务院关于促进小城镇健康发展的通知》进一步具体化，2000 年 10 月，党的十五届五中全会通过的《关于制定国民经济和社会发展第十个五年计划的建议》明确提出，提高城镇化水平，转移农村人口，可以为经济发展提供广阔的市场和持久的动力，是优化城乡经济结构，促进国民经济良性循环和社会协调发展的重大措施。在 2001 年 3 月九届人大四次会议批准的《我国国民经济和社会发展第十个五年计划纲要》，在中央《建议》的基础上对我国城市发展和城镇化问题做了进一步阐述。《纲要》指出，走符合我国国情、大中小城市和小城镇协调发展的多样化城镇化道路，逐步形成合理的城镇体系。有重点地发展小城镇，积极发展中小城市，完善区域性中心城市功能，发挥大城市的辐射带动作用，引导城镇密集区有序发展。《纲要》要求消除城镇化的体制和政策障碍，要打破城乡分割体制，逐步建立市场经济体制下的新型城乡关系。2002 年 11 月，党的"十六大"报告将"城镇人口的比重较大幅度提高"作为我国全面建设小康社会的奋斗目标之一。《报告》明确提出，农村富余劳动力向非农产业和城镇转移，是工业化和现代化的必然趋势。要逐步提高城镇化水平，坚持大中小城市和小城镇协调发展，走中国特色的城镇化道路。2005 年党的十六大报告提出统筹城乡发展，工业反哺农业、城市支持农村的方针，推进社会主义新农村建设，促进城乡协调发展。

2.2.2.5 该时期城市化的评述

农村城市化是以小城镇为载体的城市化，为我国人多地少国情下的一种特有形式，也

是我国城市化进程的一个特殊阶段①。总体来说，农村城市化存在以下特点：第一，农村城市化是我国特有的，并且是我国城市化进程中的一个阶段；第二，城市化的主体是农村，是在农村发生的城市化，而不是城市；第三，这是一个动态的过程，是农村地域上一系列农村型要素朝着城市型要素靠拢的过程，包括人口、产业、社会、经济等。

农村城市化的出现被视为与自上而下城市化完全不同的一种形式，是"自下而上"的城市化②③④，这种城市化形式的出现是受我国经济体制改革影响的结果，是制度变迁的产物⑤。主要包括对外开放制度、农村土地承包制、促进乡镇企业发展的政策、"离土不离乡"的农村人口流动政策以及土地使用制度的改革。

改革开放以后，沿海开放地区成为外商直接投资的集中地，外资成为推动农村城市化的动力之一⑥，外资改变了农村地区的经济结构、社会结构和土地景观结构，促进了一批小城镇的发展。如珠江三角洲地区的城市化就是建立在以大量"三来一补"企业为主体的农村工业化的基础上的，而这些"三来一补"企业与香港联系密切，企业的资金、原料、样品大多由港商提供，加工出来的产品又经由香港进入国际市场。这种模式强调的是地缘条件、敢冒风险、追求变革的地方精神以及中央政府给予的先行一步的开放政策。这种城市化模式形成了不同于一般工业化和城市化的社会结果：农村人口的非农化或城镇化，不一定以农业人口向城市的迁移和集中为模式，甚至不一定使农村居民和外来人口向建制小城镇迁移，而是可以将村庄变成一个工业和非农人口的新的聚集地⑦；另外，来自外省的农村剩余劳动力也可参与到这个城市化过程中，实现农村剩余劳动力的异地转化。

促进乡镇企业发展的政策和离土不离乡的政策，解放了农村剩余劳动力，在不依赖大城市空间的基础上，农村劳动力就地转化，形成乡镇企业推动城市化的模式⑧。苏南的农村城市化的主体早期就是乡镇集体企业，后来逐步为私营、民营和三资企业所代替。其首先同周边大城市的国营企业建立生产协作关系，产品面向国内消费市场，后来与港台、欧美加强联系，产品打入海外市场。这种模式发生的基础是农村土地集体所有制，富足的乡村经济和勤劳进取的人文传统。其动力是集体资金的积累和地方政府强有力地介入，可以说是"自内"、"自下"的。这种城市化模式，使得农民就近转化，初期，他们成为白天进镇务工，晚上返村居住的通勤人口，呈现出"离土不离乡"的特征；到了后期，通勤人口逐步在小城镇定居，表现为"离土又离乡"的特征。

当然，农村城市化的动力紧紧依靠农村本身是无法完成的，有学者认为是政府、企业、个人三种合力的结果⑨。

无疑，农村城市化在我国城市化过程中占有重要的地位，但农村城市化是不是真正意

---

① 张敏，顾朝林. 农村城市化："苏南模式"与"珠江模式"比较研究 [J]. 经济地理，2002 (4)：483.
② 张庭伟. 对城市化发展动力的探讨 [J]. 城市规划，1983 (5)：47，59－62.
③ 马润潮，范明. 自下而上城市化：中国江苏小城镇的成长 [J]. 城市研究，1994 (10)：162－1645.
④ 谢晋宇，于静. 中国计划城市化与自发城市化人口对比研究 [J]. 中国人口科学，1992 (3)：6－12.
⑤ 邹兵. 小城镇的制度变迁政策分析 [M]. 北京：中国建筑工业出版社，2003：12－19.
⑥ 薛凤旋，杨春. 外资：发展中国家城市化的新动力 [J]. 地理学报，1997 (3)：193－2006.
⑦ 桑东升. 珠江三角洲地区农村——城市转型研究 [J]. 城市规划汇刊，2003 (4)：20.
⑧ 崔功豪，马润潮. 中国自下而上城市化的发展及其机制 [J]. 地理学报，1999 (2)：106－115.
⑨ 宁越敏. 新城市化进程——1990 年代中国城市化动力机制和特点探讨 [J]. 地理学报，1998 (5)：470－477.

义上的城市化呢？城市化一词有两个含义：一方面是指变农村人口为城市人口、变农村地域为城市地域的过程，即城市化的数量过程；另一方面是指城市文化、城市生活方式和价值观等城市文明在农村的地域扩散过程，即城市化的质量过程①。传统的城市化定义，强调以城市为主，是立足于城市的扩张基础上的，也即城市的不断蔓延，逐步将其各种要素加诸农村地域上，通过城市的扩散来同化农村地域，使其成为城市的一部分；同时城市化的过程也包括城市自身不断完善的过程，即城市内涵的不断充实和提高②。

农村城市化的整个过程是指农村剩余劳动力和人口在乡村完成其职业的非农业转化，而不需要进入城市，即"在乡村完成的城市化"过程③。农村城市化强调的是在农村完成其城市化，即农村剩余劳动力和人口，其职业、思想、观念、文化等，在不往城市迁移的前提下，完成向城市转变的过程。但是，不管农村城市化的地点在哪里，其内容都是农村人口和农村地域向城市的转化过程，属于传统城市化的重要组成部分，所揭示的仅是城市化的一个层面，是城市化在尚未实现阶段所经历的一个主要过程④。因此，有学者把农村城市化视为"半城市化"过程⑤。

农村城市化使区域地域结构发生深刻的变化，但农村城市化同样带来大量的问题，如外资尤其是香港资金在珠江三角洲的大量投入，刺激房地产发展，导致农田的快速流失和分散的城市发展⑥。在一些政府管理、规划和环境保护等控制较为薄弱的城镇，农田正在以惊人的速度流失，农田的流失和分散的城镇发展威胁着三角洲的可持续发展⑦。普遍认为珠江三角洲城市化必须高度珍惜资源，走人口、经济、社会、环境与资源相互协调的发展道路。

事实上，农村城市化是很合乎我国城市化指导思想的，国家从八十年代初期提出"控制大城市发展规模，合理发展中等城市，积极发展小城镇"的方针至今没有发生变化，农村城市化带动了大量小城镇的兴起，是农村在市场导向的基础上实现的自我城市化，并没有减少政府对大中城市的投入，也没有出现 20 世纪 50 年代末期的城市问题。农村城市化的出现，使大多数学者认为可以通过小城镇的发展来解决我国长期以来形成的城乡二元结构⑧。

但农村城市化同样存在自身的问题，因为农村城市化形成的制度并不是为农村城市化设计的，而是为农村产业发展而设计的，家庭承包责任制和自理口粮政策，使农民获得了自己劳动的支配权，从计划体制中解放出来，但农民并没有获得和城市居民一样的权利。土地制度的改革，土地的三权分离——土地的所有权、经营权、承包权的分离，促进了农

① 仲小敏. 世纪之交中国城市化道路与对策构思 [J]. 经济地理, 2000 (3)：55.

② 薛德升, 郑莘. 中国乡村城市化研究：起源、概念、进展与展望 [J]. 人文地理, 2001 (5)：24 - 28.

③ 周加来. 城市化·城镇化·农村城市化·城乡一体化——城市化概念辨析 [J]. 城市, 2002 (1)：51 - 53.

④ 傅晨. 农村城市化的评价——以珠江三角洲为例 [J]. 广东社会科学, 1995 (4)：33 - 37.

⑤ 郑艳婷, 刘盛和, 陈田. 试论半城市化现象及其特征——以广东省东莞市为例 [J]. 地理研究, 2003 (6)：760 - 770.

⑥ 林先扬, 陈忠暖. 珠江三角洲城市群经济整合模式及策略研究 [J]. 经济前沿, 2003 (1)：32 - 34.

⑦ 叶嘉安, 黎夏. 珠江三角洲经济发展、城市扩张与农田流失研究——以东莞市为例 [J]. 经济地理, 1999 (1)：67 - 72.

⑧ 陈阿江. 中国城市化道路的检讨与战略选择 [J]. 南京师大学报, 1997 (3)：10 - 14.

村土地非农化，但并不是一个土地市场化的过程，乡镇企业更是引导农民就地向非农产业转化，虽然这一切都促进了小城镇的发展，但仍然无法改变传统的城乡二元结构。有学者认为促进农村城市化的发展，实质就是将农村剩余劳动力滞留在农村，以减轻农村人口对城市就业压力，实际上就是传统计划经济时代歧视农村和农民的城乡隔离发展的老思路，仍然是以牺牲农民利益来保证城市居民既得利益①。

综上所述，改革开放以后，农村城市化一方面促进了农民收入的增长，另一方面带来了大量小城镇的发展。虽然我国从新中国成立以后就提倡发展小城镇，当真正发展起来是在农村经济体制改革以后，由农村自发的形成，被称为"自下而上"的城市化。但"自下而上"的城市化仍然是把农民滞留在广大的农村地区和小城镇中，与城市为中心的城市化割裂开来，既无法实现非农人口的集聚，也无法实现真正的城市化。当前我国已进入加速城市化阶段，伴随经济的高速增长，我国城市在原有基础上获得巨大发展，出现"自下而上"的城市化机制与"自上而下"的城市化机制并存的状况。

2.3 城乡统筹和失地农民研究综述

2.3.1 城乡统筹研究述评

研究城市化问题，仅仅集中在城市本身是不够的，从而不可避免地陷入了以城市发展论城市化道路的窠臼，这有悖于城市化的本源意义，应该从城乡统筹角度进行分析。

从人类发展史的视角看，城市化作为人类文明演进的一个过程，是指传统的农村文明向现代的城市文明的变迁过程。这意味着，在城市化进程中，社会的生产方式和人们的生活方式发生了质的变化，人类社会的文明形态也实现了"惊险的一跃"。城市化作为人类社会发展的客观趋势，任何国家和地区都必然要经历这个向着人类高级文明形态演进的历史过程；同时，城市化作为人类社会发展的共同规律，在人类文明的发展史上发挥着举足轻重的作用，许多国家和地区都不失时机地把城市化作为一种有力的杠杆，推动经济的迅速发展和社会的全面进步。

必须认识到，在不同的发展阶段，城市化的侧重点是不同的。在城市化启动和快速发展时期，城市对人口、产业的吸引和集聚作用处于主导地位；之后，是以城市对乡村的扩散和辐射作用为主；而在城市化的平稳发展阶段，人口和产业在城市与乡村之间的转移则处于一种均衡状态。这是世界城市化进程中所表现出的一种客观规律。所以，在充分认识这一客观规律的基础上，动态地把握好城市与乡村的关系，把城市和乡村一起纳入城市化的范畴，把两者的统筹发展作为城市化的一条主线，才符合本源意义上的城市化含义，才能推进人类社会的全面进步。

陈锡文②认为，长期以来，中国一直重视三农问题，为什么没有解决？过去三农问题的解决，可能更多地注重于农村内部，考虑农业、农村和农民问题。党的十六大报告提出"统筹城乡经济社会发展，建设现代农业，发展农村经济，增加农民收入，是全面建设小

---

① 王琼. 我国城市化道路的新制度经济学分析［J］. 经济体制改革，2003（2）：9－13.
② 陈锡文. 城乡统筹破解三农问题. 光明日报［N］，2003－3－31.

康社会的重大任务"，十六届三中全会审议通过的《中共中央关于完善社会主义市场经济体制若干问题的决定》，提出"五个统筹"的要求，其中第一个就是要"统筹城乡发展。"这是党中央根据新世纪我国经济社会发展的时代特征和主要矛盾，致力于突破城乡二元结构，破解"三农"难题，全面建设小康社会所作出的重大战略决策。党的十六大提出要用城乡统筹的眼光解决中国的农业、农村和农民问题，而这些问题的解决，不可能封闭在农村内部，要和城市结合起来，包括加快推进中国的城镇化①，使更多的农业人口转移到城市中去，从事非农产业，形成一个城乡统筹的格局，逐渐为解决中国的农业、农村、农民问题找一个新的途径。

　　目前，理论界对城乡统筹的认识还存在较大的偏差，在实践中也容易陷入城乡一体化、城乡均衡发展和资源分散配置的误区。针对不少地区出现的城市极化效应远大于扩散效应，城市的过度集聚和乡村的相对不景气，城市发展以牺牲乡村发展为代价等不协调现象，有人提出，搞城乡统筹就是城市和乡村要一视同仁，推行齐头并进的城乡均衡发展政策。这实际上违反了城市化发展的客观规律。城市化是一个社会经济因素的聚集过程，其本质是一种集聚发展模式。正是城市化过程中资源和要素集聚配置所带来的高效率，推动人类社会迅速向前发展。即便是城市化进入了高级发展阶段，却仍然受资源集中、集约配置这一客观规律的支配。人为强制性地分散或均衡地配置资源是违反客观规律的。

　　城乡统筹也是城市化发展的目标，是城市化进程中城乡"经济－社会－文化－生态"复合系统发展到一种理想状态，也就是城乡之间形成了一种相互依托、协调发展和共同繁荣的新型城乡关系。有人认为城乡统筹就是要消除城乡差别，最终达到城乡的绝对融合。这实际上把城乡统筹引向了城乡一样化。城市化的实质是乡村和城市居民共同创造、平等分享人类共有的物质文明、精神文明和生态文明，并非使所有的乡村变为城市。进入城乡一体化阶段，乡村的小农生产方式已向社会化大生产转变，已实现农业生产工业化、农场经营企业化，农村的基础设施非常完善，城乡居民收入差距不大，农村居民能够平等地享受城市文明。但是，城市和乡村作为一种非均质的地域经济空间，在发展过程中受各自特定的自然、经济、社会、历史等条件制约，其产业发展、功能形态以及生活习俗都有各自不同的特色，从这一层面看，城市和乡村仍然是两个异质性系统，而不是一种城市性和农村性均匀分布的"灰色区域"，更不是一种"城中有村、村中有城"的空间聚落形式。

　　城乡统筹发展，是指城乡虽处于不同空间但总体上基于同一基本经济社会体制的发展。城乡统筹就是谋求一种城乡基于社会主义市场经济"一体"的发展体制，探求一种权益平等的组织结构，在遵循城乡经济发展差别性和互补性的基础上，促进城乡要素的优化配置，提高城乡发展的协同度、融合度。要实现这一理想目标，必须赋予城市和乡村两大空间经济主体以平等的地位，使城乡之间通过资源和要素的自由流动，相互协作，优势互补，实现城乡经济、社会、文化的可持续发展。

　　统筹城乡发展的内涵不仅仅指经济范畴，它还包括城乡经济与社会发展中的物质文明、政治文明和精神文明建设三个方面都要实现城乡统筹。在经济上应把农民致富与转移农民、减少农民结合起来，长富于民，藏富于民，实现农民"有其利"；在政治上应把善

---

① 王建兵. 城镇化建设是统筹城乡关系的有效途径［J］. 甘肃社会科学，2004（3）.

待农民与尊重农民、组织农民结合起来，给农民国民待遇，让农民当家做主，实现农民"有其权"；在思想文化上应把教育农民与转变农民观念、提高农民素质结合起来，弘扬勤劳、善良、讲修养的传统美德，增强民主、科学、讲公德的现代文明意识，实现农民"有其教"。具体说来，统筹城乡发展的内容主要包括以下四个方面：

一是统筹城乡规划建设。即改变目前城乡规划分割、建设分治的状况，把城乡经济社会发展统一纳入政府宏观规划，协调城乡发展，促进城乡联动，实现共同繁荣。根据经济社会发展趋势，统一编制城乡规划，促进城镇有序发展，农民梯度转移。主要包括：统筹城乡产业发展规划，科学确定产业发展布局；统筹城乡用地规划，合理布局建设、住宅、农业与生态用地；统筹城乡基础设施建设规划，构建完善的基础设施网络体系。尤其要在农村地区缺乏基础设施建设资金的情况下，政府要调动和引导各方面的力量着力加强对农村道路、交通运输、电力、电信、商业网点设施等基础设施的投入，使乡村联系城市的硬件设施得到尽快改善。优先发展社会共享型基础设施，扩大基础设施的服务范围、服务领域和受益对象，让农民也能分享城市基础设施。

二是统筹城乡产业发展。以工业化支撑城市化，以城市化提升工业化，加快工业化和城市化进程，促进农村劳动力向二三产业转移，农村人口向城镇集聚。建立以城带乡、以工促农的发展机制，加快现代农业和现代农村建设，促进农村工业向城镇工业园区集中，促进农村人口向城镇集中，促进土地向规模农户集中，促进城市基础设施向农村延伸，促进城市社会服务事业向农村覆盖，促进城市文明向农村辐射，提升农村经济社会发展的水平。

三是统筹城乡管理制度。突破城乡二元经济社会结构，纠正体制上和政策上的城市偏向，消除计划经济体制的残留影响，保护农民利益，建立城乡一体的劳动力就业制度、户籍管理制度、教育制度、土地征用制度、社会保障制度等，给农村居民平等的发展机会、完整的财产权利和自由的发展空间，遵循市场经济规律和社会发展规律，促进城乡要素自由流动和资源优化配置。

四是统筹城乡收入分配。根据经济社会发展阶段的变化，调整国民收入分配结构，改变国民收入分配中的城市偏向，进一步完善农村税费改革，降低农业税负，创造条件尽快取消农业税，加大对"三农"的财政支持力度，加快农村公益事业建设，建立城乡一体的财政支出体制，将农村交通、环保、生态等公益性基础设施建设都列入政府财政支出范围[1]。

2.3.2　城市化与失地农民研究述评

工业化和城市化将带来土地利用形式的改变，大量农村用地将会随着经济发展转变为城市建设用地。部分农民失地不仅是历史发展的必然，也是时代进步的需要。就本质而言，城市化是一个户籍身份由农民向市民转变，产业结构由一二三向二三一甚至三二一转变，土地使用形式由农村用地向城市用地转变、城市空间不断扩大的过程。城市化在社会学意义上还意味着农村生活方式向城市生活方式的转变，城市完备的基础设施和公共设施

---

① 刘文俭，陈玉光．关于统筹城乡发展的战略思考［J］．中国城市化，2004（4）：17.

使居民的生活质量不断提高。而在空间地理意义上，城市化无疑意味着城市地域的扩展，意味着农村用地向城市用地转变。有数据表明，城市化水平每提高 1.5 个百分点，城市用地规模将扩大 1 个百分点。

快速城市化的推进，农地流转和土地大量被征用是不可避免的。因此，也可以说城市化必然推动和促进"三农"形态的转变，推动和促进"三农"形态的转变是提高我国城市化水平的基础。实现农民、农业与农地的转移是中国城市化的必由之路。同时城市化也是解决"三农"问题的根本出路。

但在工业化、城市化过程中，大量本地农民因土地被征用而脱离农业生产形成的"失地农民"也带来了一系列问题。由于户籍制度的障碍、城市管理上的障碍、农村居民教育水平上的障碍①，这些失地农民在生活方式、工作方式上并没有出现城市化。而且由于国有土地所有制和集体土地所有制在城市化地区并存的原因，在许多地区出现了"城中村"现象，严重影响了城市化的进程。目前，对于因城市扩张而造成的失地农民社会问题，存在着有见物（耕地）不见人（失地农民）的偏向。现行的诸多政策法规乃至整个社会几乎没有为失地农民的出现作好相应的准备。集中表现为：（1）产权制度不明晰，导致失地农民的补偿标准过低，直接损害其既得利益；（2）社会保障制度的不健全，导致失地农民游离于社保之外，生存现状和前景堪忧；（3）失地农民长期务农导致个体知识和技能水平偏低，不能充分就业，职业教育与培训又跟不上，相当于失掉了现实生计；（4）拆迁安置中的不合理，不到位，使失地农民的实际生活环境恶化，生活水准降低；（5）现行社区管理服务体系中还没有建立起适应失地农民向城市市民转变的有效机制，转变缺乏助推力。加之失地农民在思想意识、生活生产方式、行为方式等方面与城市市民还存在着一定差异，需要较长期的磨合与适应等等。

据国土资源部统计，从 1987 年到 2001 年，全国非农建设占用了 3300 多万亩耕地，近七成是政府用行政方式征占土地。目前，全国失地农民总数在 4000 万人左右，每年还要新增 200 多万人（张喆，2004）。对 4000 余万农民失地这个数据，有人认为这还是一个保守的说法。20 世纪 90 年代至今全国大搞开发区，最高峰时开发区多达 8000 多个，当时全国每年流失的耕地数量为 1000 万亩以上，人为征占为 500 万亩，按人均 2 亩地计算，13 年间全国失地农民数量起码达 6500 万人。东部一些发达地区，人均耕地只有几分，失地农民的系数就更高。因此，由此可以推断，从 1990 年至今制造的失地农民已经超过 4000 万人次（杨盛海、曹金波，2004）。其二，我国有近十三亿人口，其中有八亿农民，在城市化进程中，我国将有近六亿农民必须逐渐从农民转变为市民（陆福兴、杨盛海，2004）。另外，按照《全国土地利用总体规划纲要》，2000 年至 2030 年的 30 年间占用耕地将超过 5450 万亩。届时，我国的失地农民将超过 1 亿人，而将有一半以上的农民既失地又失业。

关于农民失地的原因曲天娥（2004）分析说，城市化和工业化的快速发展，扩大了非农用地；各类开发园区过多过滥，侵吞了大量农民土地；土地流转中行政管理缺位与执法不严流失了一部分土地；工商企业和专业大户直接进入农业生产领域，导致农民间接失

---

① 姜作培. 城市化进程中农民市民化推进方略构想 [J]. 深圳大学学报，2003（20）：24－29.

地；"圈地之风"盛行，"征而不用"，造成耕地资源闲置浪费。孔祥利、王君萍、李志建（2004）认为：地权主体的缺失，这是造成农民失地的根本原因；现行补偿制度不合理导致的征地的成本——收益不对称刺激了圈地行为；利益集团的寻租行为助长了土地的征占；信息不对称下农民的劣势地位必然导致在和政府的博弈下失地的结果；政府对土地征占监管不力，以及圈地带来的暴利，致使占用农地的利益主体有恃无恐。

关于失地途径白呈明（2003）指出，农民稳定的土地经营承包权构成了农民安身立命的根基。然而农民的这种权利却在一定的范围内，沿着一定的路径萎缩、失却，并渐呈扩张之势。在排除农民自主性的抛荒弃地后，在强大的外力作用下，农民正沿着以转让、转包、租赁、拍卖、入股、抵押、互换、返租倒包等形式为主体的农地流转和以国家征用农地、农村城市化用地、农村兴办各类企业用地为主要表现形式的农地非农化的途径失去他们的土地。而农地非农化是构成农地锐减的重要原因之一，农地非农化的过程也是农民失地的过程。孔祥利、王君萍、李志建（2004）指出农民失地的路径有三条：其一，利益集团（包括某些违规批地的地方政府、名目繁多的开发区以及各类娱乐项目投资商）非对称性的强占乱建失地，其特征是：为了本部门和集团利益，把土地作为生财、敛钱之道，借助公共权力开展商业行为，违法违规甚至强征强占农民的承包地，占补严重失衡。其二，政府政策诱致的组织性失地。为了经济社会的协调、持续发展，政府政策诱致的组织性失地是允许的；其三，农业比较经济效益倾斜的自愿性失地。由于土地耕作的生产经营成本高，种田的收益低甚至赔本，农民不愿从事农业生产，主动离开土地，造成土地搁荒，这实际上是一种自愿性失地——通过此途径，农民"失去土地"的数量也不在少数。

在城市化过程中，被征用土地的农民不能够真正实现城市化，而被游离在城市和农村之外，这些失地农民成为社会经济发展中的最不稳定的成分。这几年，不少学者开展了对失地农民的产生和如何解决失地农民问题的研究，研究的重点集中在我国传统的二元结构的影响和制度安排上。

二元结构的视角集中在我国已经建立起来的土地制度、保障制度等方面。周其仁[①]认为在城镇向农村扩展过程中，城镇往往具有通过行政规划的权力获得低价土地的激励，其结果是导致农村土地被大量征用，吸纳农民劳动力实现城市化的"预期"无法实现，以致出现失地农民问题，因而将对农民土地产权的保护和私有化视为解决问题的根本途径。

卢海元[②]认为我国城镇化机制和制度安排中存在城市化保障制度，特别是农村保障制度的缺失，要解决失地农民问题，需要从制度创新着手，重点加快建立农村社会养老保险制度，将农民逐步纳入社会保障体系，解除农民的后顾之忧，化解农民城镇化的市场风险，提高农民的城镇化能力。建立起适合农民城市化特点的社会养老保险制度是失地农民彻底完成城镇化最重要的制度保障和政策选择。根据现有社会养老保险制度历史起点的差异和存在"双重经济保障"的现实，建议实施以土地换保障为主的多种形式的"实物换保障"机制，并通过建立多元化的筹资机制，完善农民在城市化过程中的保障机制。

———————————

① 周其仁. 城市化、农地转让权和征地制度改革［J/N］. 北京大学中国经济研究中心有关"中国征地制度改革"国际研讨会主题报告. CCER 政策性研究简报，2004（4）：9－11.

② 卢海元. 实物换保障：完善城镇化机制的政策选择［M］. 北京：经济管理出版社，2002：46.

在加速城市化的同时，建立失地农民的保障机制是近来被广泛接受的观点，农民行为、土地制度和城市化是不能分割的三个方面①，农民仅仅依靠自身的行为很难实现真正的城市化。面对我国现阶段出现的大量失地农民问题，陶然、徐志刚②把城市化与人口流动、农地制度、社会保障以及农用地非农化问题结合在一起考虑，认为在我国现有背景下的城市化带来的农民问题是在一个大国转轨与发展过程的特殊问题。可以通过改革现行农地制度，建立起一个以土地为基础的农民保障基础，给予农民在土地和城镇社会保障之间的自由选择权，建立起一种良性的城市化机制，解决城市化过程中失地农民问题。

2.3.3　研究评述

总结起来，"三农"问题成因主要是我国实施优先发展重工业的政策，农村紧张的人地关系，其表现就是户籍制度、农村集体所有制等制度把农民固定在农业土地上。以往对农村问题的研究，大多数是从农业发展本身来探讨，即使对城乡二元关系的研究，也只是简单地认为取消户籍制度，给予农村更多的补贴来缩小城乡差距，但这种方法提出已经很长时间了，却一直没有得到真正的实施，因此有必要探讨这些制度产生的内生根源。

面对近几年来三农问题中的突出的失地农民问题，不少学者注意到了我国在现有的城市化机制和农村土地制度下，由于存在城市和农村保障制度，而不仅仅是户籍制度上的制度差异，农民不可能实现真正的城市化。这些研究给本文提供了一个很好的启示，要解决失地农民问题，就必须抓住城市和农村的不同制度安排的冲突，建立通过城市化解决三农问题的制度机制。

2.4　本文研究的切入点

从现有的研究来看，无论是自上而下的城市化还是自下而上的城市化，强调的都是以城市为核心，自上而下的城市化强调的是以城市为中心的工业化，基本上是把工业化与大中城市的发展结合在一起，实行城乡分割，实现农民就地的自然转换和计划转换的城市化，农民是一个被动的角色，是被有计划地城市化；而在自下而上的城市化中，农民得到非农产业化的好处，但仍然游离在城市核心之外，是一种在农村体制改革下的自我解放，自下而上的城市化过程还是农民以及农村集体单位的自发过程，农民在农村城市化过程中没有实现向市民的转化不具有真正的城市化的含义。

即使在以农民为核心的"三农"问题研究中，也更多是强调农业本身和工业导向的城市化对农村的伤害。以往这类研究中仍然把农民的城市化看成以城市为中心的城市化的附属结果。

可见，现有的城市化问题的研究存在着一个从农民视角的缺失的现象，事实上，进入21世纪城市化与农村的"三农"之间的矛盾更加突出，"三农"问题的出现，农民收入增长缓慢，城乡收入差距持续扩大。在这些问题中，不完全的城市化、不完善的社会保障体

---

① 楼培敏. 中国城市化：农民、土地与城市化 [M]. 北京：中国经济出版社，2004：78.
② 陶然，徐志刚. 城市化. 农地制度与迁移人口社会保障 [J]. 经济研究，2005（12）：69 – 71.

制以及不稳定的农地制度三个问题特别突出①，其中城市化过程中的失地农民问题又是当前"三农"问题中的突出问题。因此，对失地农民的研究可以为城市化研究提供一个新的研究视角。

卢海元、楼培敏和陶然等人的研究提出了一个制度的视角。

为此，要解决失地农民城市化的问题，就必须解决我国转型阶段存在的城市化制度安排缺陷的问题，从农民的视角，建立一个协调的城市化制度便成为本文研究的切入点。

现有的研究认为，城市化是为我国经济发展和社会发展所服务的，从 1950 年代中期开始，城市化是在计划体制下由国家安排有计划地实现，在改革开放之后，农村城市化的推动是在各种体制改革下实现的。从现阶段我国经济发展阶段来看，我国正在进行经济转型，尽管转型的内容是多方面的，但其核心还是体制的转轨过程，是从传统的计划经济体制向市场经济体制转型的转变，而体制转轨则是属于制度变迁的范畴②。从我国现在的城市化的过程来看，由于我国处于转型阶段，自上而下的城市化机制和自下而上的城市化机制同时存在，不可避免地会出现两种城市化机制的冲突。近期的研究把城市化视为一种制度的安排，这也就为本文提供了一个研究的方法，即在新制度经济学的框架下，对农民和城市化问题进行研究。

新制度经济学派产生于 20 世纪中后期，是以科斯和诺思为代表。新制度经济学派不同于 19 世纪与 20 世纪的交替时期，由美国经济学家托尔斯坦·凡勃伦创立的制度经济学派，在制度经济学派中，制度是外生给定的，或者假定制度不影响经济绩效③，但在新制度经济学中则把制度的形成和演变视为一个复杂的过程，并对经济增长绩效有着重要的影响。新制度经济学的理论的内核，可以归结为三个大类：一是契约经济学和公共选择理论；二是交易成本经济学；三是制度变迁理论④。其中制度变迁实际上就是指新旧制度之间转换、替代的过程，而我国正在经历经济体制的变革，因此，以制度为中心的研究范式适合于由于经济制度环境变化导致制度安排变化的城市化研究。

农民城市化主要包括就地城市化和异地城市化两种形式，在珠江三角洲经济发展过程中，大量的外来人口为经济发展提供了廉价的劳动力。从 1978 年开始就有外来人口来珠江三角洲打工，大多属于离土不离乡的类型。1986 年珠江三角洲的外来人口为 185 万人，到 1988 年增加到 320 人，90 年代外来人口急剧增加。到 2000 年第五次人口普查，珠江三角洲的外来人口已经达到约 1500 万人⑤。关于农民外出打工等异地城市化的问题，许多学者从不同角度进行了研究。本文研究重点不是这些外来工和农民异地城市化问题，而是就地城市化形式中本地失地农民的城市化问题。

本文以新制度经济学的分析方法，把城市化过程中失地农民问题的出现视为城市化制度安排和制度变迁的一种结果，是制度供给与需求的非均衡状态。要解决失地农民问题，需要从城市化的制度安排创新着手，扶持农民实现真正意义上的城市化。并以广州地区为

---

① 陶然，徐志刚. 城市化. 农地制度与迁移人口社会保障 [J]. 经济研究，2005（12）：69–71.
② 孙良. 中国制度变迁理论研究述评 [J]. 经济学动态，2002（2）：50–52.
③ 周业安. 关于当前中国新制度经济学研究的反思 [J]. 经济研究，2001（7）：19–27.
④ [美] 罗纳德·哈里·科斯. 论生产的制度结构 [M]. 上海：上海三联书店，1994：352.
⑤ 周大鸣. 外来工与"二元社区"——珠江三角洲的考察 [J]. 中山大学学报，2000（2）：107–112.

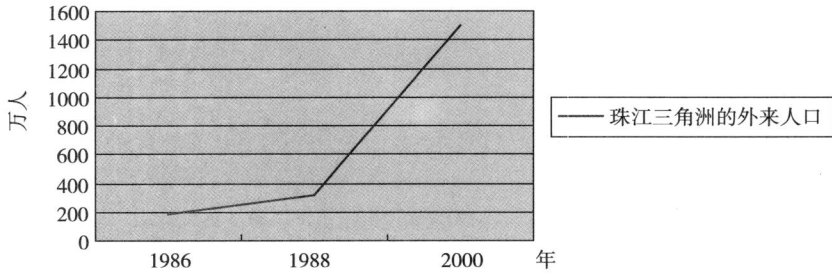

图 2.8 珠江三角洲的外来人口变化图

例，对快速城市化地区的失地农民与城市化问题进行研究。

当然，对城市化的研究存在各种方法和视角，本文从新制度经济学的制度变迁着手，不失为一种有益的尝试，试图在寻求城市化过程中产生失地农民问题根源的基础上，探讨解决失地农民的途径。

第3章 广州城市扩展过程中的失地农民安置政策的演变

3.1 广州城市扩展的过程

3.1.1 建国至改革开放前（1949～1977年）：以旧城为基础的缓慢扩展

1949年中华人民共和国成立，广州城市百废待兴，拉开了现代化建设的序幕。新中国成立初期，城市发展主要是战后重建、恢复生产和稳定居民生活。经过国民经济的三年恢复，国家进入第一个五年计划时期，这一时期国家建设的基本思想是"将消费型的城市变为成生产性城市"，在这个大背景下，广州市也提出了"在相当长的时期内，逐步使广州由消费型城市基本上改变为社会主义的生产城市"的城市建设目标。

在前苏联城市规划思想的影响下，广州在1952～1956年间先后制定了九个城市总体规划方案，尽管反复调整，但基本确定了广州市的总体格局。在空间布局上，保留原有市中心为将来城市的中心，并在芳村、河南、黄埔等地建设新的区中心。城市建设用地向东发展到黄埔的文冲，向南发展到沥滘以南及石榴岗；城市道路系统规划为棋盘式，东西向道路大致与珠江走向平行，南北向道路与珠江垂直。规划建设3座过江大桥（西南、天河、员村）；在工业布局上，城建委提出控制市区，发展郊区，把旧城区内有污染的工厂逐步迁移到新辟的工业区。规划建设的工业区有南石头、东朗、麦村、西村、新州、黄村、员村等。

1958年中共中央提出"多、快、好、省地建设社会主义"的方针，全国上下掀起"大跃进"和人民公社化浪潮。1959年，编制第十方案，其空间特点是：扩大城市人口规模及城市建设用地，尤其是工业、港仓等生产用地。规划15年内城市人口发展至250万人，城市建设用地为201km²，其中工业用地为32.55km²，比前方案增加55%；在规划布局上，开始提出组团式的空间结构。城市建设用地主要向东发展，建立员村、黄埔（包括吉山）、庙头等三个以工业为主的新区。河南地区沿南石头及赤岗两个方向发展，并考虑珠江大桥通车后，向西发展的趋势，发展芳村东朗为钢铁基地。

1961年，按照中共中央提出"调整、巩固、充实、提高"的方针（简称"八字方针"）精神，重新修订第十一方案。该方案纠正贪大求全、脱离实际的思想，规划区用地从201km²压缩到117km²，城市人口压缩到200万人。根据同年8月中共中央中南局提出把广州"建设成一个具有一定重工业基础、轻工业为主的生产城市"的建设方针。在规划布局方面，进一步确定为"分散集团式"布局，空间结构呈"四团二线"形态。即将城市规划区划分为旧城区（包括"河北"、"河南"两部分）、员村地区（包括石牌、黄村、车陂）、黄埔地区（包括吉山）、芳村四大集团和三元里至江村、沙河至榕树头，即沿广

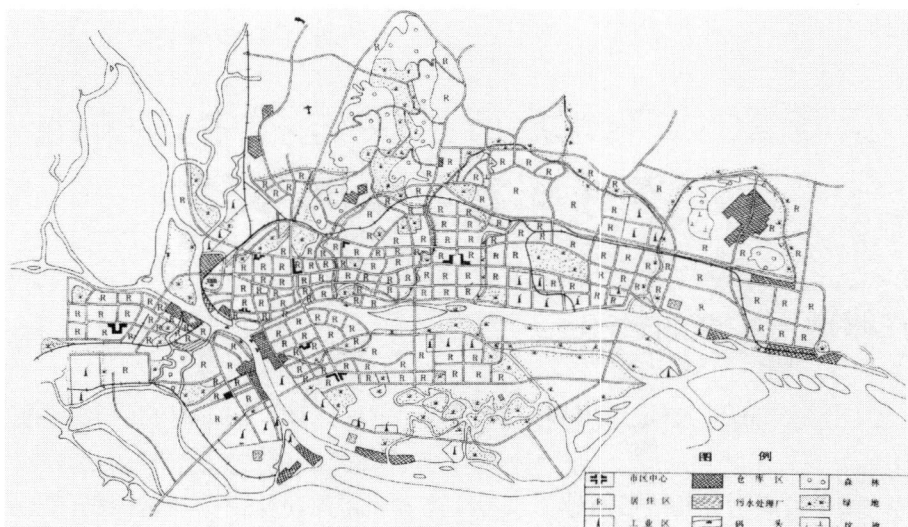

图 3.1 广州市城市总体规划图（第九方案 1957 年 4 月）

花公路、广从公路两线规划，各集团之间要保留一定绿化隔离，并有方便的道路联系，使旧城与新区、新区与新区之间，既是有机的整体，又是分散的独立集团。

在计划时期，城市规划是落实国民经济计划的空间安排，城市拓展是按照城市总体规划严格实施的，1950 年代末至 1960 年代，分别在西部的芳村鹤洞，北部的江村建立了钢铁厂铁合金厂，形成广州的建设工业基地；在东部员村建了两间棉纺厂，初步形成了纺织工业小区；在车陂建了氮肥厂和化工厂，形成化工工业基地；在河南海珠区的赤岗和鹭江建立了机械厂；在黄埔区的大沙地建立了造船、造纸、钢铁、机械、轻纺等大中型企业。除此之外，还建成了天河区石牌—五山一带由暨南大学、华南师范学院、华南农学院、华

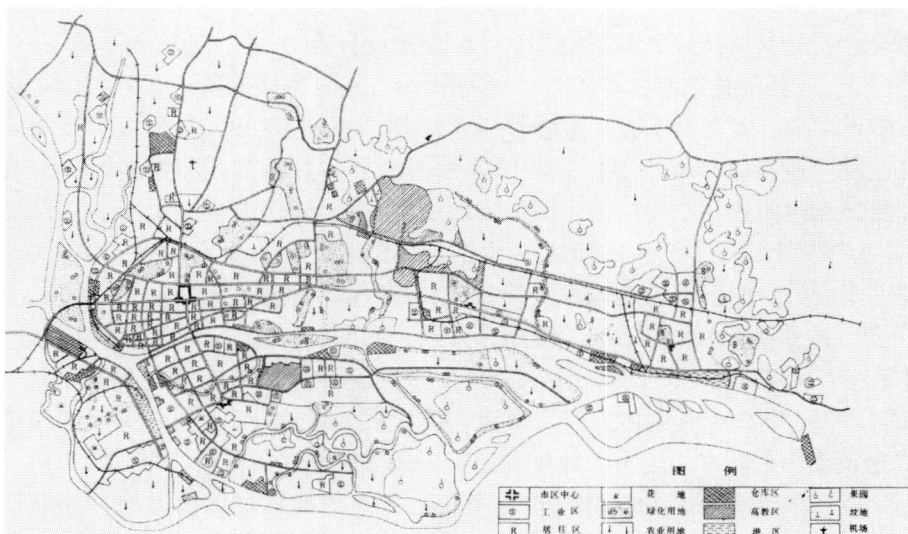

图 3.2 广州市城市总体规划图（第十一方案 1961 年）

南工学院等一起组成的高教文化区；海珠区沿新港路的高、中等专业技术学校及应用科研机构，与中山大学一起形成另一个文教区。建成区从 1949 年的 36.2km² 增加到 1979 年的 71.8km²，增长 98.34%。其中，工业用地占新增用地的 56.18%。

3.1.2　改革开放至 1990 年（1978～1990 年）：以旧城为核心外延式扩展

中共十一届三中全的召开，标志着我国社会的发展全面进入一个以经济建设为核心的崭新时期。广东实行特殊政策，采用灵活措施，率先进入改革开放进程。广州作为改革开放的中心城市，城市建设工作也随之发生深刻变化，城市建设规模迅速扩大，建设速度大大加快。

广州对城市建设和发展的认识逐步发生了转变，形成了新形势下对城市功能、发展战略、城市规划性质和意义的新认识。在对城市功能的认识上，开始突破了早几个时期偏重于工业建设的"生产性城市"的概念，上升为"城市多功能的地域社会经济活动的中心"的新认识，在改革开放搞活的新形势下如何发挥城市的多功能和中心作用成为城市政府工作的中心问题之一。并逐步明确了城市规划是城市政府为确立和实现城市经济、社会发展的战略和目标，指导城市土地利用、空间布局和各项建设的综合部署。这些思想意识上的转变都为这一时期的城市发展打下了良好的基础。

1982 年编制了广州市总体规划第十四方案。在规划布局上，确定未来城市主要是沿珠江北岸向东至黄埔发展，规划采用带状组团式的空间结构，即沿珠江呈三个组团；旧城区为第一组团，是城市中心区，该区的改造和建设要充分体现城市的政治、经济、文化与对外交往中心的功能和作用，并严格限制增加工业用地；第二组团为天河地区（包括五山、石牌、员村），将发展成为广州市的科研文教区，以设置文教、体育、科研单位为主，在建设天河体育中心综合区的同时，兴建科学技术开发区，搞好区内生活服务设施的配套建设；第三组团为黄埔地区，将结合广州经济技术开发区的建设，大力发展工业、港口、仓库等设施，在黄埔新港建设深水泊位，以适应广州对外贸易及远洋运输的发展需要。组团之间以农田和蔬菜地分隔，避免连成一片。确定番禺的市桥镇、花县的新华镇为卫星城，大力发展郊县城镇和农村集镇，形成多层次的城镇网络体系。

进入 20 世纪 80 年代后，随着改革开放的推进，我国经济体制出现转型，即社会经济运行体制由完全的社会主义公有制和高度集中的计划经济向以公有制为主体、多种经济成分并存的所有制形式和社会主义市场经济转化。

作为改革开放的前沿，广州的社会经济机制发生了重大的变化，这一变化成为影响城市发展的主要因素。首先，城市建设从以前由单一的国家计划内项目所左右的格局转化为包括由计划内项目、计划外资凑资金、集体经济、个体经济以及外资、合资企业等多元化的局面；其次，城市土地逐渐实行有偿使用，地价成为调整城市布局的商品经济杠杆；再次，建筑成为商品，与房地产相结合，成为城市经济发展中一项重要开发经营项目，这些都为这一时期城市的发展提供了全新的课题。

这一时期广州城市建设规模大，速度快，成绩令世人瞩目。从 1970 年代末加快城市住宅建设和大力发展城市市政建设开始到 1980 年代前期，城市商业服务、金融财贸、文化娱乐、旅游服务等设施相继得到蓬勃发展。到了 1980 年代中期，广州积极引进外资和国外先进技术，重点发展金融、商业、贸易、旅游服务和交通运输等第三产业及外向型产业，城市区域不断扩大。

1979 年至 1990 年间，广州市城市建设用地的发展仍是围绕市中心北部和东部边缘地带，向东、向南扩展为主，城市呈圈层式质密状水平扩大。这一时期广州城市建设范围急剧扩大，形成了带状组团式的城市结构。形成了环市东路、东风东路高层建筑群以及流花、淘金和水荫路等居住区。

期间，城市扩展的最大特点是通过"六运会"场馆建设和广州经济技术开发区的建设带动城市东扩。占地 54 万 m^2 的天河体育中心的建设，改善了天河地区的基础设施，带动了天河区的土地开发，逐步促使天河成为新的城市中心；1984 年 4 月，国务院批准广州兴办经济技术开发区，广州经济技术开发区位于黄埔区东缘，开发区的面积为 9.6 km^2，距广州市中心 35 km，是广州城市首次在远离中心城区的地方发展新功能区。

城市拓展带动了行政区划的调整，促进了城市范围的扩大，1985 年，广州市新设天河区、芳村区，海珠区扩大到赤岗。1987 年远郊区改称为白云区，1988 年天河扩大。

1977 年的广州市城市建成区面积仅为 76 km^2，到 1989 年建成区面积达到 182.23 km^2，1990 年城市建成区为 187.4 km^2。

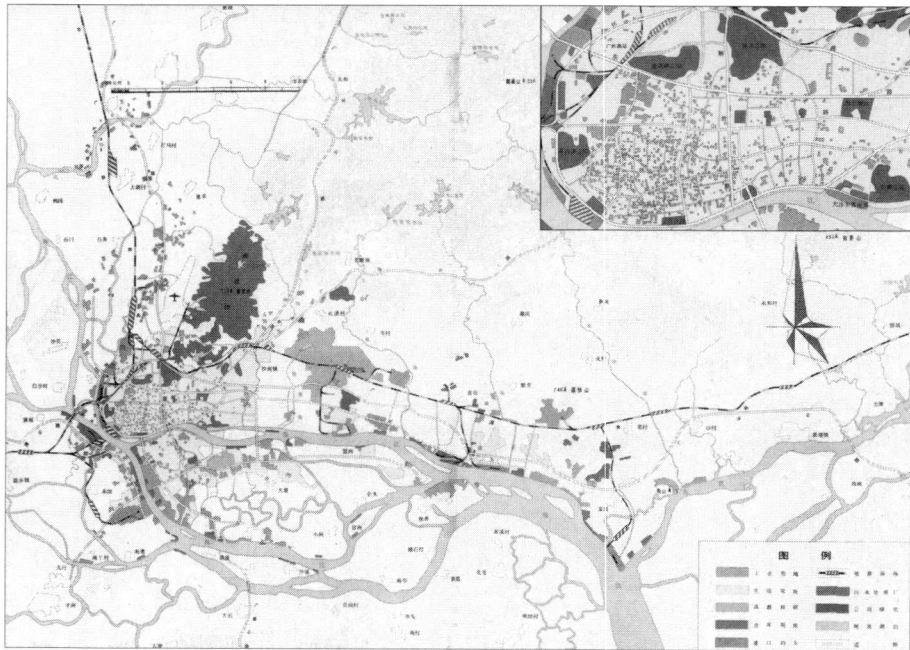

图 3.3　广州市 1982 年现状图

3.1.3　邓小平南巡至 2000 年（1990~2000 年）：多方向的快速扩展

1992 年邓小平南巡，掀起了改革开放的新一轮发展高潮，城市出现快速扩展的现象。1995 年广州市政府编制了新的总体规划（1996~2010），即第十五方案，进一步确定广州是华南中心城市的地位，规划城市建设用地向东、南方向发展，远期向北适当发展，严格限制城市建设用地向西北方向发展。

城市人口发展规模：据预测，规划至2010年，广州市八区人口460万人，建成区人口控制在408万人左右；市中心区人口控制在260万左右；广州市八区暂住人口控制在120万左右。

城市建设用地发展规模：到2010年规划期末，城市人口人均城市建设用地的规划指标为73m²，城市建成区面积385km²，远景控制规模为555km²左右。

城市空间结构：以城市旧城区为依托，以珠江河道和城市干道为轴线，建立多组团、半网络式的城市空间结构体系。整个城市由三大组团构成。城市中心区大组团：包括旧城区（越秀、东山、荔湾三个区）、天河地区、海珠地区、芳村地区四个小组团。具有以城市政治、经济、文化、体育和对外交往中心为主，兼有工业、港口、生活等多种综合功能。城市东翼大组团：范围包括黄埔区及白云区的一部分，分为三个相互联系的小组团，该大组团将结合广州经济技术开发区的建设，大力发展工业、港口、仓库等设施。城市北翼大组团：范围包括流溪河东南侧的新市镇、石井镇、同和镇、龙归镇、太和镇等广花平原地带。该大组团的开发建设必须在严格保护水源地的前提下，主要发展居住和无污染的工业项目①。

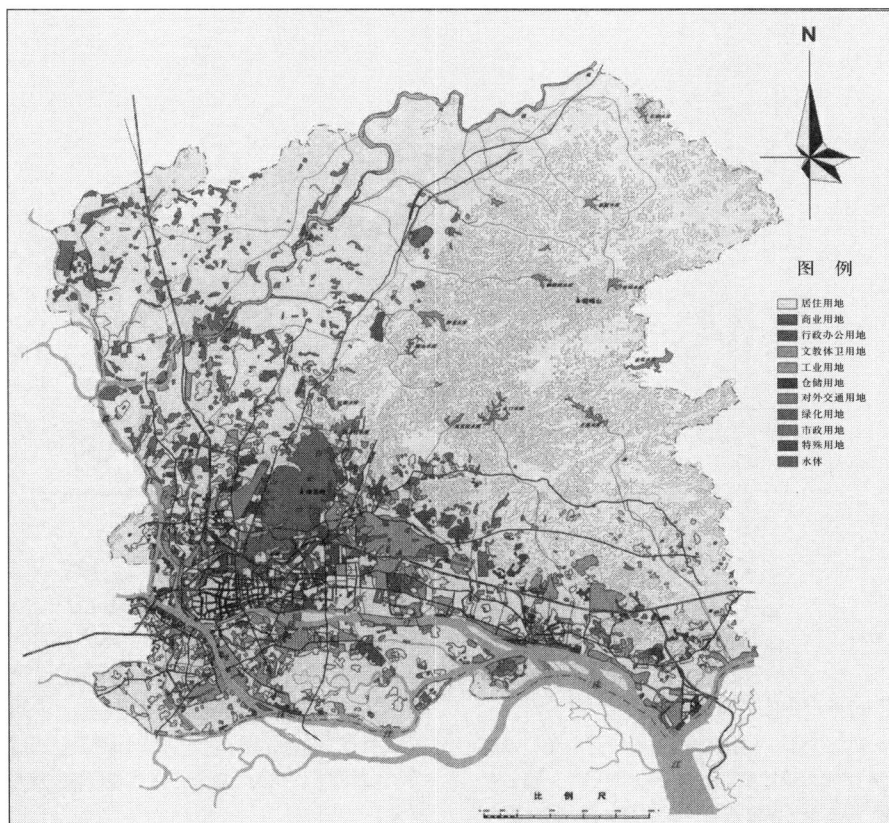

图3.4 广州市1995年用地现状图

---

① 广州市城市总体规划（1996~2010）.

1990年代以来，城市发展迅猛，土地有偿使用和房地产业的发展，促使了城市用地扩展速度加快。1990~1995年城市用地增加71.7km²，建成区得到很大扩展；1996~1997年，由于房地产过热，国家开始宏观调控城市土地的过量批租，建设用地受到一定控制，用地扩展速度开始下降；1998年以后，市政府为改善城市面貌，开始有意识加快道路交通、市政和绿化设施建设，城市用地扩展逐步走向正轨。总体来看，1990~2000年，城市建设用地扩展速度较快，城市用地得到了很大拓展，一定程度上弥补了以往的用地缺口，建成区人口密度下降，人均建设用地增加，用地紧张的局面有所缓解。

该时期城市扩展呈现出放射状蔓延和旧城区圈层式质密状发展相结合的态势。一是沿珠江上游向北发展，二是沿珠江前航道两侧向黄埔方向发展，三是沿珠江后航道向洛溪方向发展，四是沿京广线、广三线、广九线三个方向延伸。

1995年城市建成区面积已增至259.1km²，至2000年城市建成区面积已经达297.5km²。

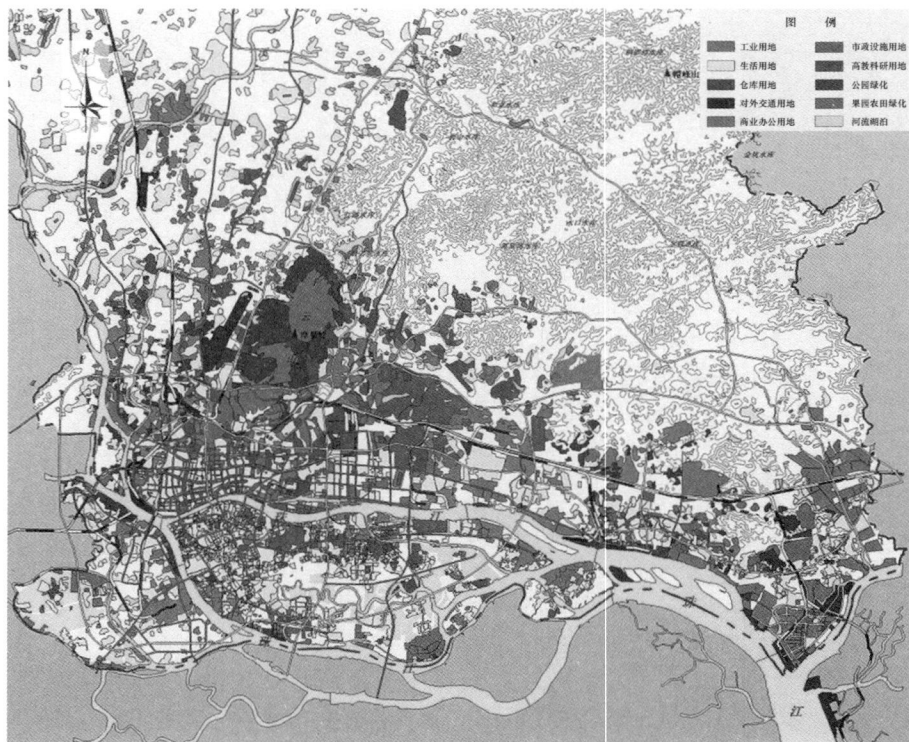

图3.5 广州市2001现状图

3.1.4 2000年以后：跳跃式拓展

由于历史的原因，广州老城区普遍面积较小，如越秀区8.9km²，荔湾区11.8km²，东山区17.2km²，老城区面积总共只有54.4km²。特别是城市中心区的高速发展致使对土地、交通运输设施等方面的需求急剧增加，但是长期以来广州市中心城区发展受到"云山珠水"的自然格局、单一中心的城市结构和行政区划等三个方面的制约，老城区发展空间狭小，城市空间布局难以拉开，导致城市中心区超负荷开发，城市发展方向不明确，资源得不到充分利用，城市水源地、生态林得不到有效保护，城市产业结构和产业布局因缺乏发展空间而得不到合理调整，城市交通网络得不到合理衔接，城市结构难以优化，导致土地资源、基础设施与生态环境均无法支持城市的可持续发展。同时，在城市规划建设方面，规模过小的老城区难以按标准配置区级公共服务设施（如区级体育馆、文化馆等），以及因缺乏"腾挪"发展空间而影响道路基础设施修缮、疏解旧城等改善旧城人居环境的举措的有效推进，对旧城区的持续发展造成了一定的影响。

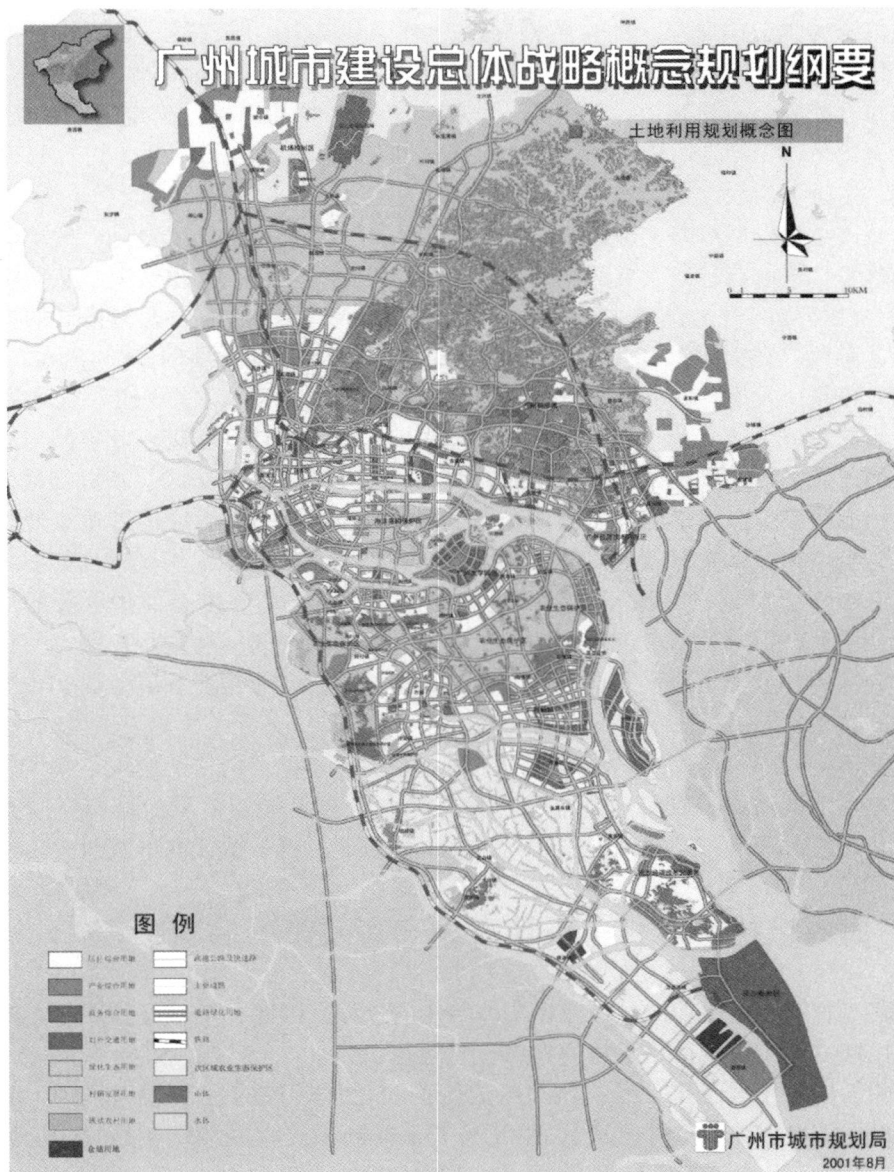

图 3.6 广州市城市建设总体战略概念规划图（2001 年 9 月）

2000年6月，经国务院批准，番禺、花都撤市设区后，大大地拓展了广州的城市发展空间，使市区面积由原来的1443.6km² 扩大到3718.5km²。行政区划调整及时解决了城市发展的空间束缚问题，广州市及时调整了未来城市发展战略，于2000年6月开展了广州城市总体发展战略规划工作，形成广州市长远发展战略与政策框架，从物质形态的角度为实现城市发展目标提供一个比较稳定的城市结构框架和可持续的生态发展模式。从此，广州走出了多年来在老城区打转的圈子，城市空间结构得以走向改善和优化。

传统的城市格局使城市空间发展捉襟见肘，环境、交通、土地存量等方面存在的问题严重制约了城市未来的发展潜力。行政区划调整降低了城市向南发展的政策门槛，使广州有可能从传统的"云山珠水"的自然格局跃升为具有"山、城、田、海"特色的大山大海格局。根据城市生态学理论和建设可持续发展城市的需要，及时调整了城市规划理念。采取了"拉开建设、有机疏散、新区先行、带动老区"的新思路，确定了优化城市结构，保护历史文化名城，塑造具有岭南特色的城市空间形态与形象的方针，同时明确了"南拓、北优、东进、西联"的城市空间发展策略。

广州城市总体发展战略实施以来，"拉开建设、有机疏散、新区先行、带动老区"的思路得到落实，采取跨越式发展的模式，跳出旧城，建设新城，广州实现了从传统的"云山珠水"自然格局跃升为具有"山、水、城、田、海"特色的大山大海格局的城市空间结构演变，避免"摊大饼"式扩展，初步形成了以沿珠江水系发展的多中心组团式网络型城市结构。跨越式发展使广州摆脱了"摊大饼"的发展模式，以"双快"交通系统（高快速路、快速轨道交通）为支持，以城市重点功能区建设为依托实现产业空间与居住生活空间的协同发展，形成广州大学城、广州新城、南沙新区、萝岗新区、新机场地区、国际会展中心地区等多个分片集中发展的综合城区（城市组团），有力地促进重点地区的开发和培育新的重点地区，并有效地疏解了旧城人口和职能，完善了现代城市功能。另外，通过自然生态屏障（河流、山脉等）以及生态廊道、交通走廊、生态保护区等的划定，科学、理性地约束和引导各城市组团的发展，积极对城市的空间结构进行控制，使得广州可以在既定的环境容量与土地空间资源下，容纳更多的社会产业经济发展，以实现现代化国际大都市的战略发展目标。

实施城市空间的跨越发展，通过快速交通体系引导和重点项目的建设，集中发展建设有综合城市功能的新城，以实现调整和建立与经济社会发展相适应的城市空间布局和形态。具有代表性的新城市功能区有番州新区、南沙新城、科学城、汽车城和大学城。

3.2 广州城市扩展过程中失地农民安置政策的演变

城市化过程是农业用地向城市建设用地转化的过程，因此，与城市扩展相对应的就是城郊农业用地的征用及被征用土地的农民安置问题。

从广州的城市用地变化来看，城市建成区面积增加最快的是在20世纪90年代（表3.1），1980~1990年，广州建成区面积由135.96km²扩大到187.4km²，10年间净增51.44平方公里，平均每年净增5.14平方公里；1990~2000年间，建成区向外扩展更是迅速，2000年达到297.50km²，是1990年的1.59倍，10年净增110.1km²，年均增加

11.01km²，年均增长速度 4.43%。到 2000 年，建成区范围北起白云山脚，南至海珠区沥窖，南北宽约 13km，东起黄埔南岗，西至芳村东教，东西长约 32km①。

广州市历年建成区面积变化表　　　　　　　　　　　表 3.1

	1980	1985	1990	1995	2000	1980～1985 增长	1985～1990 增长	1990～1995 增长	1995～2000 增长
建成区面积（km²）	135.96	162.92	187.4	259.1	297.5	26.96	24.48	71.7	38.40
建成区增长率%						3.68	2.84	6.69	3.99

数据来源：广州统计年鉴

　　同时，20 世纪 90 年代也是农用地大量被征用的时期，从广州市 1987～1996 年划拨的农田数上来看，在 1992 年邓小平南巡后广州市出现了巨大数量的农田划拨，城市建成区扩展迅速。

　　随着广州近郊农村用地的大量征用，失地农民的安置问题也随之出现。因为，在计划时期，失地农民的安置是按计划安置的，而到 20 世纪 90 年代初期，经济体制的转型，传统的计划安置已经不能适应经济发展的需

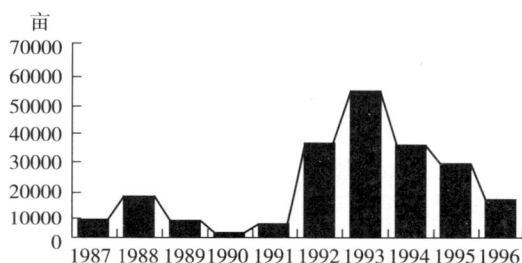

图 3.7　1987～1996 年广州农用地划拨情况
数据来源：张建民《广州城中村研究》，
广东人民出版社

求，由政府和市场同时解决失地农民的安置问题成为广州市政府的一种有益探索，预留地政策也就应运而生。

3.2.1　计划安置（1953～1992 年）

　　新中国成立以后，国家对被征用土地的农民补偿和安置问题十分重视，从 1953 年开始就出台了《国家建设征用土地办法》，并于 1958 年修订。其中明确规定了补偿办法和安置的方法。

　　第三条规定：国家建设征用土地，既应该根据国家建设的实际需要，保证国家建设所必需的土地，又应该照顾当地人民的切身利益，必须对被征用土地者的生产和生活有妥善的安置。如果对被征用土地者一时无法安置，应该等待安置妥善后再行征用，或者另行择地征用。第五条规定：如果征用大量土地，迁移大量居民甚至迁移整个村庄的，应该先在当地群众中切实做好准备工作，然后把有关征用土地的问题，提交当地人民代表大会讨论解决。

　　第十三条规定：对因土地被征用而需要安置的农民，当地乡、镇或者县级人民委员会应该负责尽量就地在农业上予以安置；对在农业上确实无法安置的，当地县级以上人民委

---

　　① 阎小培，周素红.高密度开发城市的交通系统与土地利用［M］.北京：科学出版社，2006.

员会劳动、民政等部门应该会同用地单位设法就地在其他方面予以安置；对就地在农业上和在其他方面都无法安置的，可以组织移民。组织移民应该由迁出和迁入地区的县级以上人民委员会共同负责。移民经费由用地单位负责支付。

改革开放初期，面对新的经济发展需求，国家于1982年重新制定了《国家建设征用土地条例》，进一步明确了被征地农民的补偿和安置办法。

第十条明确规定征用土地应当由用地单位支付土地补偿费、青苗补偿费、附着物补偿费、安置补助费。

第十二条规定，因征地造成的农业剩余劳动力由县、市土地管理机关组织被征地单位、用地单位和有关单位分别负责安置。安置的主要途径有：一、发展农业生产。改良土壤，兴修水利，改善耕作条件；在可能和合理的条件下，经县、市土地管理机关批准，适当开荒，扩大耕地面积；也可以由用地单位结合工程施工帮助造地，但要按造地数量相应扣除安置补助费。二、发展社队工副业生产。在符合国家有关规定的条件下，因地制宜，兴办对国计民生有利的工副业和服务性事业。三、迁队或并队。土地已被征完或基本征完的生产队，在有条件的地方，可以组织迁队；也可以按照自愿互利的原则，与附近生产队合并。按照上述途径确实安置不了的剩余劳动力，经省、自治区、直辖市人民政府批准，在劳动计划范围内，符合条件的可以安排到集体所有制单位就业，并将相应的安置补助费转拨给吸收劳动力的单位；用地单位如有招工指标，经省、自治区、直辖市人民政府同意，也可以选招其中符合条件的当工人，并相应核减被征地单位的安置补助费。生产队的土地已被征完，又不具备迁队、并队条件的，本队原有的农业户口，经省、自治区、直辖市人民政府审查批准，可转为非农业户口或城镇户口。原有的集体所有的财产和所得的补偿费、安置补助费，由县、市以上人民政府与有关社队商定处理，用于组织生产和不能就业人员的生活补助，不准私分。

第十三条规定，经批准安排被征地单位人员就业的，农业户口转为非农业户口或城镇户口的，相应的粮食供应指标以及不能就业人员的生活安置工作，分别由当地劳动、公安、粮食、民政部门负责办理。

广东省和广州市也分别于1983年和1982年出台《广东省国家建设征用土地实施办法》、《广州市基本建设征地拆迁安置补偿暂行办法》，进一步贯彻国家关于征地补偿和安置的相关规定。

由于在这段时期，城市用地的扩展是在计划经济指导下实施的，城市用地的主体绝大部分以国家企业和事业单位为主，企事业单位的用人制度以计划模式为主体，征地补偿费用由国家出资，因此，被征地农民的安置也相应能够较好地实现，也就是说，在这段时期，不存在失地农民的问题。

3.2.2 留用地安置政策（1992年至现在）

1992年邓小平南巡以后，广东进入了改革开放的新一轮发展高潮，经济发展、城市建设和社会发展对城市用地的需求激增，相应的，国家经济体制改革不断深入，城市化的动力出现了一些新的现象：

首先，城市化的主体出现多元化的现象，摆脱了传统的以国家为主体的状况，政府、企业、外商和个人的经济行为都推动了城市化的进程。

其次，从 20 世纪 90 年代开始国家全面实施城市建设土地有偿使用制度，城市土地价值凸显，出现城市化主体对土地价值的最大化的追求。

在这种情况下，一方面城市对农用地的需求量增加，另一方面，农民也认识到土地的价值，千方百计想从征地中获得更多的利益。

广州 1991 年的机场路征地就出现了这种情况。当时，广州市政府为扩建机场路需征用三元里村 10.4hm² 的土地，但三元里村以妥善解决征地后多余劳动力的就业和生活出路为理由，要求"划回" 1hm² 的土地用于发展商业和工业，后经过市长和规划局领导与村干部召开现场办公会议，同意了村里的要求，并上报规划局按商业和工业集体建设用地的性质申请征地。该问题解决后，机场路扩展得以顺利进行，极大地改善了广州市北部的交通①。至此以后，留用地政策成为政府解决这一矛盾的重要政策。

给村划定了一部分村经济发展用地后，政府不再计划安置失地农民就业，农村可以在留用的集体建设用地上发展非农产业，解决失地农民的安置问题。实际上就是政府给政策，失地农民依靠市场解决自身的发展和生存问题。

失地农民安置的留用地政策得到农民、村委会和城市政府的共同认同，并在 1992 年 8 月《广州市政府关于预征土地问题的通知》（穗府［1992］91 号）首次按政策出台。文件规定：预征土地时，县（市）可以按预征面积的 10% 给村留用地，市区可以按预征面积 5%～8% 给村留用地，用于发展第二或第三产业，安置剩余劳动力的生产和生活。

留用地政策在 1993 年 2 月《广州市国家建设征用土地和房屋拆迁管理若干补充规定》（穗府［1993］16 号）中被正式确定。文件第十一条："为解决征地后农村居民生产及生活需要，征用土地应按照所征土地总面积 5%～8% 的比例，留地给村发展第二、第三产业，安置剩余劳动力。如征用土地是以村为单位一次性大面积征完土地时，应按所征土地总面积的 8% 至 10% 的比例作为村的留用土地"；第十三条："村使用留用土地，土地有偿使用除应按国家规定缴纳有关税费外，可以免交市人民政府规定的地价款、农田垦复基金、菜地建设费、蔗田转移费"；第十四条："农村集体经济组织可以以留用土地的使用权为股份与中外客商合作、合资、兴办第二、第三产业，并应按有关规定办理各种手续，但留用土地的使用权不得出让、转让"。确定了留用地的地位、作用和权利。

其后，在 1995 年的《广州市土地管理规定》中进一步确定了留用地政策的法律地位②。

3.2.3 珠江新城案例的分析

珠江新城位于广州东部新中轴线上，总用地面积约 6.68km²。北接黄埔大道，南达珠

---

① 该案例由广州市规划局提供。

② 到 21 世纪初，由于广州城中村问题越来越严重，提出了取消预留地的政策，但在实施过程中遇到了较大的阻力，特别是白云区、番禺区、花都区和天河的部分地区，在征地过程的谈判中，政府与村委会经常处于胶着状态中。

江北岸，西临广州大道中，东抵华南大道。核心地区约 1km²，商建面积约 450 万 m²。规划为广州"新城市中心区"。1992 年初，广州市政府决定由政府主导开发珠江新城，并逐渐形成以市土地开发中心为主体的珠江新城建设开发指挥部。

珠江新城建设面临的首要问题是征地问题，当时广州市房地产业发展迅速，楼价处于上升阶段，经过农民和政府的反复谈判，双方达成关于珠江新城征地补偿问题的解决办法，1993 年，市政府在《关于广州大道东侧规划控制区征地若干问题的批复》（穗府办函[1993] 79 号）中同意保留珠江新城范围内冼村、猎德、谭村三个自然村，征地补偿（含土地补偿、劳动力安置、青苗补偿等）按照《广州市征用农地补偿标准的控制额度》（穗国房字[1993] 11 号）规定，按每亩 15 万元标准执行；关于村留用地问题，按征用各村土地总面积的 8% 留地给村，按照总体规划用于发展第二、第三产业、安置劳动力，村庄的改造建设发展和生活用地，按征用各村土地总面积的 4% 执行。经市土地开发中心核算，按 12% 留地计共 827.58 亩，约 55.17hm²，而 1993 年前原红线保留计 453.86 亩，约 30.26hm²，两者合计 1281.44 亩，约 85.43hm²。建筑面积近 700 万 m²。为发展区、镇的集体经济 1997 年市长办公会议又同意按征地总面积的 5% 作为区、镇（街）开发用地，由天河区招商、开发、建设。

图 3.8 珠江新城规划图

这个对失地农民的补偿是一个现金补偿和实物补偿相结合的方案，通过现金补偿照顾到了失地农民在失地初期完成原始的积累，同时考虑到了农民对土地的依赖性，即农民独自进入城市就业市场具有很大的风险，但可以利用城市发展的外部性，发展集体经济，形成农民的长期收入，以提供收入的保障。

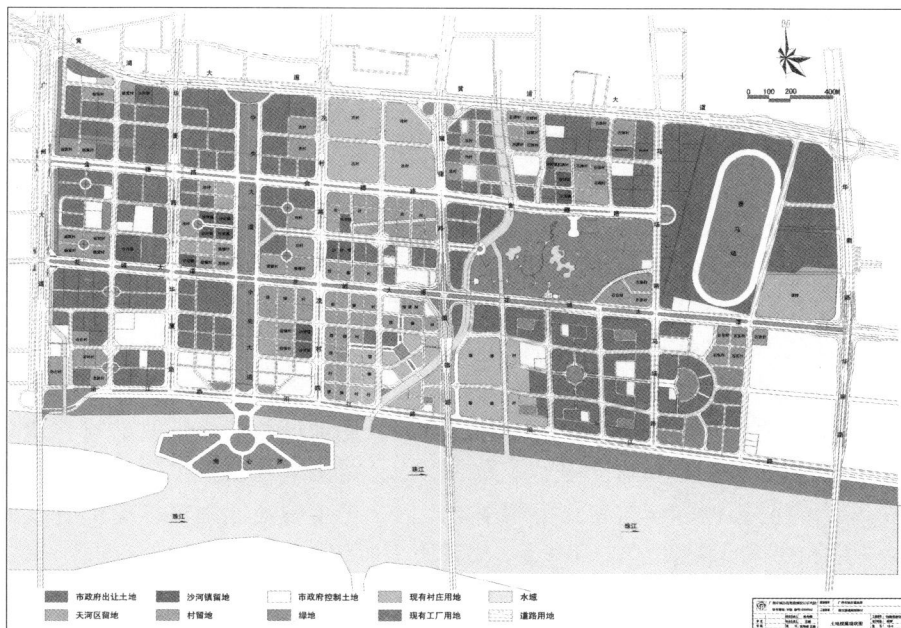

图 3.9　珠江新城规划中的土地权属图

3.3　经济转型、城市化与制度创新

从广州城市扩展中失地农民安置政策的演变来看，随着经济体制的转型，在城市化过程中，政府对失地农民安置的办法也在不断地适应新的经济发展需求，留用地政策就是广州市政府面对大量城市用地需求，同时政府又无法按计划经济体制执行的政策要求安置失地农民的一种创新，它是政府政策与市场力量共同解决失地农民安置问题的一个重要途径，政府和企业获得了城市发展和经济发展所需要的土地，失地农民获得了在城市建设区内的部分建设用地的使用权，失地农民仍然可以依赖土地获得生产和生活的资源。

3.3.1　留用地是失地农民安置办法的制度创新

经济体制转型是我国改革开放以来经济发展的重要特点，也是经济高速增长的重要源泉。我国的改革开放并没有先例可循，需要在实践中进行摸索，在实践中不断创新[①]。在经济转型过程中，我国的经济发展不仅是面临资源配置的优化问题，还面临如何建立市场制度的问题[②]。

失地农民安置问题是城市扩展过程中的重要问题，国家是通过各种法律规章制度强制性地规定了征地主体在失地农民安置中的各种行为。安置方法的演变是改革开放以后，政

[①]　从一开始，我国的改革开放就没有先例可寻，邓小平把改革开放的探索形象地比喻为"不管白猫、黑猫，抓到老鼠就是好猫"，"摸着石头过河"，在改革开放过程中的各项实践，是我国经济体制转型的重要特点。

[②]　景维民. 从计划到市场的过渡——转型经济学前言专题［M］. 天津：南开大学出版社，2003.8.

府、农民面对实际问题的有益探索。由于广州处在改革开放的前沿，"先行一步"的预留地政策是在实践中摸索出来，并用政策、规定确定下来的一项失地农民安置的有效办法。事实上，到21世纪初，预留地政策已经成为其他城市解决失地农民安置的重要手段[①]。从实施的效果来看，它有益于快速推进城市化进程，也有益于农民在城市化过程中的利益保障。

如珠江新城实施预留地政策以后，政府和失地农民都从中获得了收益：

对政府而言：村留用地政策在当时市财政紧缺的情况下，较好地处理了征地与农民要求问题，不仅使政府在珠江新城开发的前期工作中少花约10亿的征地补偿，而且在这段时间内促进了珠江新城快速进入开发阶段。

就失地农民而言，珠江新城内近一半的开发用地作为留用地给了农民，使珠江新城征地范围内农村集体组织获得巨大的经济收益，估计留用地产生的土地收益可达200亿，为失地农民就业和生活水平的提高发挥了重要的作用；留用地的收益主要来源于土地和地上物的出租，以石牌村为例，该村在获得留用地以后，把留用地作为集体资产分成集体积累股（占60%）和个人分配股（占40%），2002年一个三口之家的年均分红收入在10万元左右，其他的收入主要来自于保留村中宅基地房屋的出租，每个月出租收入在2000~5000元之间。留用地为失地农民带来了大量的收入，成为集体经济和失地农民收入的主要来源。

3.3.2　失地农民的安置需要系统的制度创新

留用地政策的出台是针对城市扩展中的问题，特别是为了解决征用农用地过程中失地农民的安置问题而出现的实践和创新，并通过法律规定而制度化。但城市扩展中的失地农民城市化问题是一个复杂的系统，单一方面的措施是不可能解决失地农民城市化问题的。

首先，留用地政策是针对我国传统经济体制下城乡二元结构体制的具体政策调整，留用地实际上是城市把农村用地征收以后，把失地农民的城市化交给了预留下来的集体建设用地，在留用地的范围内，由农民自身去解决生存、发展和保障的问题。也就是说，留用地政策不仅没有摆脱"二元结构"的束缚，而且在延续这种结构。

其次，预留发展用地只是短期地解决了城市发展和失地农民之间的矛盾，长期来看实际上是加剧了城乡矛盾。在短期的发展中，城市获得了低成本的快速扩展，同时失地农民通过留用地发展非农产业获得较以前高的收入。但由于留用地按农民的要求仍然保留了农村集体用地的性质[②]，在实际操作中与国有土地存在差异，当土地产出下降，或其认为收益不合理、扶持力度不够时，失地农民仍然会向城市政府提出更多的补偿要求[③]，或成为

---

① 2002年，宁波建立村发展留用地制度，2004年杭州出台《杭州市市区留用地管理暂行意见》，2005年上海市政府发布关于本市实施农村集体征地留用地制度的暂行意见（沪府发〔2005〕35号），等等。

② 根据广州市的规定，预留地不能够转让，因此也就不能像城市用地一样进入土地市场。

③ 珠江新城预留地协议是1993年达成的，但到2001年珠江新城中的六个城中村的村委会以有利于稳定、有利于增加农民收入等为理由，联名提出"请求真正落实珠江新城各村留用地调整"的报告，其中有一条是"（留用地）与合作方开发和自留部分地价应降低16%"。

实际投资者不合理甚至不合法要求的代表①。

第三，预留用发展用地是城中村出现的重要原因之一。随着城市建设用地的不断扩展，大量的村预留地和村居民点用地被城市建设用地包围，在城乡二元结构体制的作用下，形成城市化过程中一个新现象"城中村"。以广州市为例，根据广州市国土资源和房管局的 2000 年的调查数据，广州市建成区（老八区②）共有 139 个城中村。

城中村带来了大量的社会问题。因此，留用地政策虽然是城市政府在经济体制转型背景下的一种有益的制度创新和尝试，但要实现失地农民的城市化需要进行系统的制度创新。失地农民基本上靠土地租金提供最基本的收入来源，从原来的"耕地"行为变成了"耕屋"行为，失地农民的生活没有完全融入城市生活，成为城市生活中的特殊群体，影响了失地农民的城市化进程③。

图 3.10 广州市城中村分布图
资料来源：李立勋，广州城中村研究，中山大学博士论文（2000）

3.3.3 制度变迁有其自身的规律性

预留发展地用政策在广州城市拓展中起了重要作用，是因为它是一种制度的创新。实践证明，制度在社会整体进步过程中起着重要的作用。社会学、法学、政治学和经济

---

① 由于留用地属农村集体建设用地，其使用权不得出让，同时从长期收益考虑，在留用地的开发经营中，农民大多采取出租、部分出让等形式经营，最终造成农民为自身的利益而成为投资者的利益代表。

② 是指东山、荔湾、越秀、天河、白云、黄埔、芳村、海珠八个区。

③ 城中村问题是近几年学术界关注的热点，具体问题见李立勋（2000）、魏立华（2005）等人的文章，本文并不详述。

学等都对制度有较深入的研究①，其中新制度经济学认为制度创新是经济增长的动力之一②。

新制度经济学的研究成果之一，就是制度创新是有其自身的规律性。经济转型实际上是制度变迁和制度创新的过程。制度分析实质上是人的行为分析、利益矛盾分析、人与人关系分析的总和。中国经济转型的路径与定位必须充分考虑和扎根于中国社会的历史、文化、习俗和政治等制度因素的决定作用，因此，对制度的分析是考察中国社会，实现社会、经济快速发展的有益尝试。中国的经济转型是渐进式的改革，它涉及到了企业的制度、市场的制度和财产的制度，这些制度的变迁不仅存在着一个市场化的目标，更主要的是它涉及到中国已有的经济体制的变化和经济传统的习俗，如何设计这些制度创新的路径，使改革的成本最小化，涉及到改革利益在社会每个成员之间的分配，这正是制度分析的主要内容。

城市化是经济增长的伴随现象，我国城市化过程的制度创新与制度变迁不仅与我国已有的城市化路径有关，而且与经济体制转型密切相关。本文以广州城市发展过程中失地农民城市化的实践为基础，利用制度分析的方法，对城市化过程中失地农民城市化的制度安排与制度变迁进行解析，探讨失地农民城市化制度安排的规律性，以实现失地农民完全的城市化。

---

① 曾小华. 文化、制度与社会变革 [M]. 北京：中国经济出版社，2002：112～117.

② 自 20 世纪 70 年代以来，以诺斯、科斯为代表的新制度经济学就在西方兴起，他们从崭新的角度来研究经济增长问题。长期以来，在主流经济学的有关经济增长模型中，制度因素总是被排除在外，即将制度视为已知的、既定的或将制度因素作为"外生变量"，主要从纯经济技术的角度，通过各种生产要素的变化来说明生产率的变化和经济增长与否。而诺斯和科斯等人把制度因素作为决定和影响经济增长的一个重要内生变量，考察了制度与经济增长的相关关系。

科斯首先在经济学中引进交易成本的分析工具，将交易成本作为解释和比较不同制度或体制效率的重要因素，认为制度的运行与交易存在密切的联系，制度有利于规制人与人之间的相互关系，减少信息成本和不确定性，把阻碍的因素降到最低限度，从而削弱个人收益和社会效益之间的差距，达到降低交易成本的目的。在此基础上，科斯建立的产权理论则着重研究经济制度对人们经济行为的决定作用。后来，诺斯成功地将这一理论运用于经济史研究。诺斯从制度安排的演进角度，提出了经济增长由制度"启动"的命题。他指出：欧洲长距离贸易的发展对经济增长的促进，就是由更为复杂的组织形式的内部联系发展所启动的。荷兰和英国经济的先行增长，也主要是依靠国家制度变迁、法律的制定、意识形态的变化以及由此而形成的有效率的经济组织，如私有产权的界定与保护、专利制度的确立等对企业家的创新和财富的聚集及增长有极大的激励，而制度变迁，即一项新制度的安排，只有在创新的预期净收益大于预期成本时才会发生。制度创新和变迁是人们经济行为选择的结果。

实际上，经济增长暗含着一个具有激励结构的制度的驱动，在一个高效率的制度下，可以刺激劳动者创造出更多的财富，但在一个缺乏法律和制度化约束的社会里，经济发展将长期停滞不前。

第4章 制度、制度分析与城市化

4.1 制度分析的主要内容

4.1.1 制度的内涵与制度的功能

4.1.1.1 制度的内涵

自人类社会产生以来，人们的社会经济活动就一直受到各种"制度"的约束，社会学、法学和政治学、经济学都从不同的角度对"制度"的内涵进行过解释①。

社会学家认为制度是稳定地组合在一起的一套价值标准、规范、地位、角色和群体，是围绕一种基本的社会需要而形成的，并通过提供一种固定的思想和行为范型，提出解决反复出现的问题和满足社会生活需要的方法②。社会学把制度作为基本的研究对象，强调制度在社会结构中的紧密联系，并认为各种制度的变化不是孤立的，任何主要制度的变化，都会引起其他制度的变化。

法学和政治学认为，制度通常被用来表示种种内在联系的社会规则，给人们的相互作用以一定的方向性并使之定型化③。在法学上，较为普遍的把制度视为"规则"或"规范"，而在政治学上，则把制度视为共同利益在行为上的一致表现。

经济学家对制度的定义也有大量的论述，凡勃伦指出，制度实质上就是个人或社会对有关的某些关系或某些作用的一般思想习惯，而生活方式所构成的是在某一时期或社会发展的某一阶段通行的制度的总和。

康芒斯所说的制度是对约束个人行动的集体行动而言，而在集体行动中，最重要的是法律制度。

格鲁奇认为，各种类型的制度都具有规则性、系统性或规律性的共同点，在最一般的意义上，制度是构成统一整体的各个项目相互依存或相互影响的综合体④。

诺思认为制度是一种社会博弈规则，是人们所创造的用以限制人们和相互交往的行为的框架。他把博弈规则分为两大类：正式规则（宪法、产权制度和合同）和非正式规则（规范和习俗）。

---

① 曾小华. 文化、制度与社会变革 [M]. 北京：中国经济出版社，2004：112.
② 伊恩·罗伯逊. 社会学 [M]. 北京：商务印书馆，1990：107.
③ 棚濑孝雄. 纠纷的解决与审判制度 [M]. 北京：中国政法大学出版社，2004：55.
④ 凡勃伦、康芒斯和格鲁奇被视为近代制度经济学的代表人物。主要著作有康芒斯的《制度经济学》（1962），凡勃伦的《有闲阶级论》（1964）等。近代制度经济学主要是关于制度及其性质的论述，与新制度经济学的理论体系是不一致的，而新制度经济学是以古典经济理论去分析制度与现实问题。但近代制度经济学在制度、交易等问题的分析对新制度经济学产生过重要的影响。

青木昌彦归纳了博弈论视野下的三种制度观。通过将经济过程类比于博弈过程，不同的经济学家分别将制度看作是博弈的参与人、博弈规则和博弈过程中参与人的均衡策略。将制度定义为："制度是关于博弈如何进行的共有信念的一个自我维系系统。制度的本质是对均衡博弈路径显著和固定特征的一种浓缩性表征。"

舒尔茨把制度定义为一种行为规则，这些规则涉及社会、政治及经济行为。例如管制结婚和离婚的规则、支配政治权利的配置与使用的宪法中所含的规则，以及确立由市场或政府来分配资源与收入的规则①。

舒尔茨的制度定义被研究现代制度的学者广泛接受，本文也沿用该定义展开分析。根据该定义，制度的内涵具有以下三个方面的含义：

（1）制度与人的动机、行为有着内在的联系。从深层次看，历史上的任何制度，都是人的利益及其选择的结果。新制度经济学的研究视角不仅是从经济组织出发，而且从现实中的人出发，因为，实际的人是在由现实制度赋予的制度约束下活动的，如果没有这些制度的约束，人人追求效益最大化的结果，只能是社会经济的混乱和低效率。

（2）制度是一种"公共品"。公共品是指一个个人消费这些物品或服务不会损害其他任何人的消费。制度不是针对某一个人来制定的，而是一种公共规则，是人的观念的体现和在既定利益下的公共选择，同时还是根据少数人服从多数人的原则形成的，具有一定的排他性。

（3）制度和组织是不相同的。制度是社会的游戏规则，是人们创造的，用以约束人们相互行为大的框架。组织则是指群体内人们交流的复杂模式和其他关系。制度是维持组织存在的基础。

4.1.1.2 制度的功能

制度之所以在经济增长发展中十分重要，是因为制度是实现资源配置的重要手段，是通过降低交易成本、为实现合作创造条件、提供激励机制和把外部效应内部化等功能来实现的②。

---

① 诺斯、舒尔茨和青木昌彦是新制度经济学的代表人物，诺斯的代表著作有《经济史中的结构与变迁》（1991），舒尔茨《制度与人的经济价值的不断提高》，青木昌彦《比较制度分析》，科斯也是新制度经济学的代表人物，代表著作《社会成本问题》（1960）。

② 制度的四大功能与新制度经济学对人的假设密切相关，新制度经济学对人的假设有两个方面的含义：

（1）人的有限理性

新制度经济学认为，人类行为表现出经济人和有限理性的特征。经纪人是指任何人都是利己的，无一例外的追求自身利益的最大化，无论是生产者还是消费者，甚至政府和政治利益集团；另一方面，人不可能无所不知，因为每个人面临的都是复杂的环境。包括资源稀缺，环境的不确定性等内容。资源的稀缺性即任何社会的人力资源和非人力资源的数量都是有限的，社会必须对资源的使用建立一套约束个人行为的规则，资源使用效率的差异是导致制度变迁的关键因素；环境的不确定性和复杂性与人的有限理性高度相关，在非个人交换中，由于参加者众多，人们都面临着信息不完全和不确定性，人很难做出正确的判断。因此，人们在面临决策时需要进行思考和计算，而不是盲目冲动地行事，同时在不确定的世界中，人的理性决策是有成本的。正是环境的不确定性和复杂性导致了人们决策的困难，因此必须通过一系列的具有激励性的规则促进技术的创新，以减少不确定下的成本；

（2）人具有机会主义的倾向

人具有机会主义倾向是指人天生具有投机取巧手段为自己谋求更大利益的行为倾向，虽然这种行为和冒险、寻求机遇和创新联系在一起，但这种行为往往导致对他人的损害，因此需要确立一系列制度进行约束，限制人的机会主义行为。

正是在这些假设下，新制度经济学是以人的实际出发，研究人在现实制度所赋予的制约条件下活动。土地、劳动力和资本这些生产要素是在有了制度的前提下才得以充分发挥作用。

（1）降低交易成本

在新古典经济学中，有效率的市场只有在交易成本为零的情况下才存在，但这种理想的状态在现实社会中几乎不存在。

诺思首先在经济学中引进交易成本的分析工具，将交易成本作为解释和比较不同制度或体制效率的重要因素，认为制度的运行与交易存在密切的联系，制度有利于规制人与人之间的相互关系，减少信息成本和不确定性，把阻碍的因素降到最低限度，从而削弱个人收益和社会效益之间的差距，达到降低交易成本的目的。因此，经济制度对降低成本和实现经济价值具有决定作用。

（2）为合作创造条件

竞争与合作是经济发展过程中一对矛盾的统一。在传统经济学中，强调经济当事人经济行为之间的竞争，而忽略了合作给人们带来的和谐与效率，认为竞争可以给人们带来活力与效率。但在完全市场条件下，竞争中的有序交易规则不可能自然而然地建立，以社会分工和协作为主体的合作在长期的发展中必然会达成一系列的契约来对经济行为进行约束，这些契约的总和就构成了制度。正是这些契约关系建立经济主体之间的合作关系，从而达到大大减少交易费用和市场不确定性的目的。

（3）提供激励机制

诺思在分析西方世界兴起的原因时认为，有效率的经济组织是增长的关键因素，西方世界兴起就在于发展了一种有效率的经济组织，通过建立制度化的设施，并确立财产所有权，把个人的经济能力不断引向一种社会性的活动，使个人的收益率不断接近社会的收益率①。当个人收益和社会收益接近的时候，经济主体所付出的成本和收益是相匹配的，经济主体存在着持续地进行经济活动的动力，反之，就存在别人"搭便车"或不劳而获的现象。有效率的组织就是通过一系列制度为组织内部的人提供一种持续经济活动的激励。

（4）把外部效应内部化

外部效应是指一个行为个体的行为不是通过价格而影响到另一个行为个体的环境的效应。当外部效应出现的时候，个人成本不等于社会成本，个人收益不等于社会收益。在这种情况下，外部效应将影响经济行为个体的积极性。新制度经济学认为只有在外部效应得到内部化，即实现个人成本和社会成本相一致，个人收益和社会收益相一致的时候，经济行为主体才存在不断发展经济的激励。制度可以通过产权的确定，建立起排他性的机制，保护经济个体的收益，通过引导人们实现外部效应的内在化来实现经济增长的激励。

4.1.2 制度的供给、需求与均衡

4.1.2.1 制度安排与制度的主体

制度安排是指管束特定行动模型和关系的一套行为规则。制度安排是制度的具体化。制度安排可以是正式的，也可以是不正式的。正式的制度如家庭、企业、工会、医院、大

---

① 个人的收益率是指经济单位从其从事的活动中获得的纯收入量，社会收益率是指社会从同一种活动中获得的纯存收益总量。

学、政府、货币、期货市场等等。相反，价值、意识形态和习惯就是不正式的制度安排的例子（Field，Alexander Jes，1981）。

制度安排有两个目标，一是提供一种结构使其成员的合作获得一些在结构外不可能获得的追加收入，因此，制度安排是获取集体行动收益的手段；其二是提供一种能够影响法律或产权变迁的机制，以改变个人或团体的行为方式。这是因为，个人理性并不必然暗含着团体理性，个人会为自己的利益去寻找对自己最有利的结果，因此，有可能使得个人利益和团体利益产生冲突。为了减轻利益冲突的影响，就产生了一系列的制度安排以实现监督、强制执行等功能，等级制度、合同和法律都是这方面的制度安排。

制度安排是制度选择与制度变革的过程，它是由行为主体进行选择和决定的，反过来又规定人们的行为，决定了人们行为的特殊方式和社会特征。当人们作为行为主体进行制度选择和制度变革的时候，就成为一个"制度行为主体"或"制度主体"[1]。

根据在制度选择和制度变革中所处的不同地位、不同作用和扮演的不同角色，制度的主体可以分为两种类型：

制度的决定者：一部分人或利益集团在制度选择和制度变革中处于主动的地位，起着决定的作用，是制度选择和变革的决定者。

制度的接受者：一部分人或利益集团在制度选择和制度变革中处于被动的地位，起着从属的作用，是既定制度选择和变革的接受者。

在制度安排中，制度的决定者和制度需求者间的矛盾与协调形成了制度的供给与需求[2]。

4.1.2.2 制度供给、需求与均衡

制度供给与需求是制度形成和变革的基础，是在制度成本和制度效益的分析基础上决定的。

制度供给是指制度决定者的供给。它是由制度决定者生产和提供的，但它依据的不是制度的社会成本和社会效益，而是制度的变革成本和运行成本，变革成本是指为了建立一种制度安排和制度结构所必须耗费的人力、物力和财力，在制度供给的时候，制度的制定者更多地考虑制度的变革成本。

制度需求一般是指制度服务接受者的需求或社会需求，是在进行社会成本和社会效益分析的基础上确定的。当原有的制度安排的社会净效益不是可供选择的制度安排中最大的一个，就会发生对新的制度服务需求和新的制度安排的需求，以及新制度服务的潜在供给。

需要指出的是，意识形态是减少制度变迁成本和制度运行费用的最重要的制度安排[3]，

---

① 张曙光《论制度均衡和制度变革》经济研究（1992.6）中认为：制度选择和制度变革是人们的一种行为，这种行为可以称作为"制度行为"，以有别于人们的其他行为，并把该行为主体视为制度的主体，并把制度主体分为制度的决定者和接受者。

② 张曙光. 论制度的均衡和制度的变革 [J]. 经济研究，1992（6）：30－36.

③ 林毅夫在《诱致性变迁和强制性变迁》一文中强调了国家意识在制度变迁的作用，在我国经济转型阶段，国家对社会经济发展的目标，往往是国家意识的体现。

它是个人与其环境达成协议的一种节约费用的工具，并以"世界观"的形式出现，从而使决策过程和运作过程简化；意识形态之所以存在是因为世界是复杂的，而人心的理性是有界的，成功的意识形态可以通过给个人提供有选择性激励来实现变革成本和运作成本的最小化。长期以来，意识形态一直是马克思主义关心的主题，意识形态也成为我国重要的制度供给形式。

制度供给和需求是两种相互作用的力量，当人们对既定制度安排和制度结构的满足状态或满意状态，无论是制度供给方还是制度的需求方都无意去改变的时候，就是制度的均衡，在这种状态下，制度供给和制度需求相匹配，制度的供给适应制度的需求。

与制度均衡相对应的是制度的非均衡状态，就是人们存在对现存制度的一种不满意或不满足状态。在这种状态下，产生了潜在的制度需求和供给，并造成了潜在制度需求大于实际的制度需求，潜在的制度供给大于实际的制度供给。从供求关系来看，制度的非均衡就是制度供给与需求的不一致。

当制度出现非均衡状态，则会出现制度的变迁的需要。

4.1.3 制度变迁与制度变迁的类型

4.1.3.1 制度变迁影响因素

制度变迁是在制度非均衡状态下，从一种制度安排向另一种制度安排转变的过程，也是制度的替代、转换与交易的过程，可以理解为一种更有效的制度的产生过程。促进制度变迁的发生，需要有四个条件[①]。

（1）制度选择集合的改变

一种制度安排是从一个可供挑选的制度安排集合中选出来的。制度安排集合不仅取决于社会对效率的理解，而且取决于制度制订者的制度安排能力和创新能力。制度选择集合还可能因政府政策的改变而扩大或缩小。由于某些原因政府可能将某些制度安排从制度选择集合中剔除出去。因此，取消一种带有限制性的政府政策的效应，相当于扩大制度选择集合。

（2）技术的改变

马克思认为，社会制度结构基本上以技术为条件。技术的变化改变了经济基础，同时随着经济基础的变更，全部庞大的上层建筑也或慢或快地发生变革。不同的技术水平相对应的是不同的制度安排，并且技术水平通过交易费用影响到制度的效率，因此，技术水平发生变化会促使制度产生变迁。

（3）要素和产品相对价格的长期变动

要素和产品相对价格的长期变动，是历史上多次产权制度安排变迁的主要原因之一，某种要素相对价格的上升，会使这种要素的所有者相比其他要素而言获得相对更多的利益。某种产品价格的上升，也会导致用来生产这种产品的要素的独占性使用更具吸引力。

---

① 林毅夫. 诱致性制度变迁与强制性制度变迁. 见：盛洪编. 现代制度经济学 [M]. 北京：北京大学出版社，2003：26–163.

相应的，这就导致了某种制度安排更加倾向于制度制订者对某种生产要素的控制或开放。

（4）其他制度安排的变迁

某个制度结构中制度安排的实施是彼此依存的。因此，某个特定制度安排的变迁，可能引起对其他制度安排的服务需求。也就是说，在制度结构中，制度之间是相互联系的，一种制度安排的变化必然会导致另一种制度的变迁。

制度变迁是以提高资源配置的绩效为目的，在制度变迁中，存在三种绩效状态，即"帕累托最优"、"帕累托改进"与"非帕累托改变"①。当达到"帕累托最优"时制度变迁将实现制度供给与需求的均衡，当达到"帕累托改进"时，制度变迁是一种渐进式的改善，而"非帕累托改变"，则仍然处于制度供给与需求的非均衡状态。

4.1.3.2 制度变迁的类型②

制度变迁可以理解为从一种均衡到另一种均衡的移动过程，其中伴随着参与人行动决策的规则和他们对制度共同认知的系统性变化。制度变迁取决于国家意识和设计的导向，也取决于利益集团的形成和发展。按照制度变迁的主体的不同，可以把制度变迁划分为强制性制度变迁和诱致性制度变迁两种方式。

（1）强制性制度变迁

强制性制度变迁指政府法令引起的变迁，是通过政府命令和法律的引入来实现。强制性制度变迁的主体是国家。按韦伯的定义，国家是一种在某个给定地区内对合法使用强制性手段具有垄断权的制度安排。国家的基本功能是提供法律和秩序，并保护产权以换取税收。由于在使用强制力时有很大的规模经济，所以国家属于自然垄断的范畴。作为垄断者，国家可以比竞争性组织以低得多的费用提供上述制度性服务。

在强制性制度变迁中，国家被看成是一个有组织的主体，它具有它自己的价值观、动机和目标，它通过制定一系列规则、一套促进生产和贸易的产权和一套执行合约的执行程序来减少统治国家的交易费用，达到使国家的福利或效用最大化的目的。

---

① "帕累托最优"（Pareto Efficiency）是指这样一种状态：在这种状态下，如果没有至少一个人的利益受损，其他人的利益就不可能增进。这意味着在特定利益分配方式之下资源已经达到最优配置和最有效利用。在"帕累托最优"状态时，制度安排是处于一种均衡状态，在现有的制度安排和制度结构内部进行调整已经不可能带来资源配置效率的提高。

"帕累托改进"（Pareto Improvement）则是指这样一种情况：新的制度为人们提供了一种新的机会和可能，使得人们能够获得更大的利益，而没有人在此过程中受到损失。从理论上说，严格意义上的"帕累托改进"是没有阻力的，是一种最为理想的改革进程。在实践中，越接近"帕累托改进"的制度变迁，由于所引起的利益摩擦和社会震动最小，推进也最为顺利。但在现实中，理想的"帕累托改进"往往是可望而不可及的，制度变迁一般来说必然涉及到利益关系的改变，往往出现这样的状态：如果没有人受损，就不可能有人受益；或者，如果现在不受损，将来就不会受益。

"非帕累托改变"（Non-paretian Change）就是指那种只有通过改变利益分配关系，使某些人利益受损才能提高现有资源的产出水平和社会福利水平的改进。在"非帕累托改变"的过程中，每一项新的制度安排不可能在不减少当事人个人福利的条件下使社会福利最大化，一部分人利益的增加必须要以另一部分人的利益损失为代价。因此要求全体人员作出一致性同意几乎是不可能的。实践中的许多改革之所以难以进行，其原因往往在于人们面临的是"非帕累托改变"问题。

② 该段主要参照林毅夫《诱致性制度变迁与强制性制度变迁》。见盛洪主编《现代制度经济学》北京大学出版社，2003.5。

由于国家的统治者受到自身的偏好和有限理性、意识形态刚性、官僚政治、集团利益冲突和社会科学知识的局限性的影响，强制性的制度变迁并不一定能带来资源配置的改善，因为某种制度可以强制性地推行，但由于可能违背某些个人或集体的利益，而影响制度的效率。

（2）诱致性制度变迁

制度结构是由一个个制度安排构成，当一个特定制度安排不均衡就意味着整个制度结构出现了不均衡，同时，一个特定制度安排的变迁，也将因此引起其他相关制度安排不均衡。当制度出现不均衡的时候，就会出现个人或某个集体的获利机会，作为一个整体而言，社会将从抓住获利机会的制度安排创新中得到好处。诱致性制度变迁就是个人或某个集体，在制度不均衡状态下，为响应获利机会自发倡导、组织和实行的对现行制度的变更、替代或创新，它取决于制度变迁主体的预期收益和费用。

诱致性制度变迁是个人或某个集体自发性的努力，在这种变迁中制度的转换、替代、扩散都需要经过许多复杂的环节和旷日持久的谈判过程，制度变迁的速度相对较为缓慢。由于人的有限理性和机会主义的倾向，诱致性制度变迁可能导致盲目性和出现无序的状态。

4.2 城市化与制度变迁

4.2.1 城市化是一种制度变迁的过程

城市化是经济增长过程中必然出现的一种结构性变化，可以视为人类社会的经济活动组织形式和社区制度安排由传统的乡村型向现代城市型的转变过程①，城市化作为一个过程，实际上是一种制度变迁的过程，主要表现在以下三个方面：

（1）城市化是经济组织效率不断改善的过程

城市化过程是农业人口向非农业人口转变的过程，是农业产业不断向非农产业转变的过程，这个过程是产业结构的转变，由于非农产业具有比农业产业更高的效率，因此，这个过程也可以视为经济效率不断改善的过程。同时，城市化过程还表现出产业不断向城市集聚的功能，发达国家和发展中国家的发展经历表明，城市已经成为非农产业发展的载体，可以把这种载体视为复杂的产业组织形式。显然，和制度变迁一样，城市化过程就是经济组织形式的演化过程，是经济组织效率不断改善的过程。

在城市化过程中，产业结构是不断地由低层次组织形式向高层次组织形式演进的。比较农业发展和非农业发展的组织形式，可以发现，农业是依附于土地而分散经营，而近现代工业的特点是使用机器大工业的大规模的集中生产，分散的组织形式和集中的组织形式的根本区别在于，集中的组织形式可以通过比较优势形成专门化的生产，可以通过企业规模的不断扩大实现生产的内部规模经济；还可以通过多种产品和企业之间对基础设施的共享、对劳动力市场的共享和技术创新的外部性实现集聚经济。正是在比较优势、规模经济

---

① 邹兵. 小城镇的制度变迁与政策分析［M］. 北京：中国建筑工业出版社，2003. 9.

和集聚经济的作用下，城市作为经济的组织形式比农村具有更高的效率。因此，城市化过程是经济组织的效率不断高级化的过程，也是经济制度不断高级化的过程。

城市化作为制度变迁的过程，需要有变迁的动力源泉，农村剩余的出现，包括产品剩余、资本剩余和要素剩余，能够向非农产业和城镇地区流动和集聚，是城市化作为制度变迁的推动力，而城市经济组织形式的高效率则是不断吸引农村生产要素向城市集中的拉力。在这种推力和拉力的作用下城市化得以实现。

（2）城市化过程的主体是个人、组织和国家

城市化的最显著表现是人口向城市的集中，这种集中的过程是个人、组织和国家在经济活动中的选择结果。城市化过程中人口的主要集中来自于农村人口向城市的转移，这种转移的驱动力来自于个人对自身利益最大化的追求；人口的集中还表现出一种集体行为或组织行为，即有组织地向城市转移，集体行为受到个人与个人之间的社会关系、习惯等非正规制度的影响，往往表现出追求集体内部的利益最大化，在这里，组织行为带有有限理性的色彩，非正规制度的作用往往被纳入了考虑范围。当一个国家的意识形态被纳入到农村人口向城市人口转移过程中时，作为制度变迁的城市的主体就是国家，但国家成为城市化的主体时，是通过制度安排来实现城市化过程，由于国家作为一个特大的组织，也存在有限理性的情况，他不可能完全代表每一个人或组织的利益，是以实现国家意识形态目标后，最终使每一个人获益，因此，国家作为城市化主体是受到国家整体利益驱动的。

从个人、组织、国家在城市化过程中的行为次序来看，个人和组织往往是作为制度变迁的城市化过程中的初级行动者，通过城市化他们的收入获得增加，利益达到满足，初级行动者的城市化行为是自愿的城市化过程；国家则可以视为次级行动团体，往往利用法律赋予的权利，帮助初级行动者在制度变迁中获得合理的收益，并通过参与城市化过程中的收入再分配，成为城市化的过程中的真正实施和保障者，次级行动团体的城市化过程往往带有强制性的行为。在这种情况下，由于初级行动者是以个人或组织利益最大化为目标的，而次级行动团体是以实现国家利益为目标的，因此两者在短期中会出现矛盾，但长期来看，国家利益目标的最终实现，同样会实现个体和组织的利益。

国家为保障城市化的实现，是通过提供城市化制度供给来建立一个稳定的制度安排。这种稳定性是一系列复杂的制约，包括正规制度和非正规制度，并通过意识形态的一致性，进一步加强制度安排的稳定性。当个人、组织和国家利益出现一致的时候，就是一种均衡的制度，但当个人、组织和国家利益出现不一致时，就会出现制度的不均衡，个人和组织作为初级行动者的行为就会冲击国家的制度安排，制度创新就会出现，形成诱致性的制度变迁，相应的，城市化的模式也会出现改变。

（3）城市化是一个制度的学习和适应过程

随着城市化的人口集中，产业结构变化，社会结构、政治组织结构和经济行为也相应发生变化，最为显著的是农村以家族为主的紧密性社会结构向较为松散的现代社会结构的转变，从农村以土地为依托的政治组织向政党团体的政治组织转变，从个体的经济行为向企业经济行为转变。这种转变是参与城市化过程中的个人或团体，对一种新的制度环境的适应过程，在大多数情况下，个人和团体是通过"干中学"逐步实现的。

在城市化过程中的个人或团体是把制度的学习视为有回报的一种投资成本，根据预期

的回报率决定选择这个学习的过程或回到原有的制度环境中去，因为，在适应新制度的过程中，必须放弃原有的收益，去面对一个全新的环境，但预期收益大于放弃的收益和投入的学习成本时，他们将适应新的制度环境，完成城市化过程，反之，则不会进入到城市化过程中去。

城市化过程中，制度的学习过程的速度取决于参与城市化过程中个体和组织的知识存量，如果知识存量增长了，制度的适应过程会加快，如果知识存量较少或增长速度较慢，则会出现城市化进程较慢或停止的现象。

事实上，在农村人口向城市集中过程中，农民往往是由于教育水平较低，不能直接进入城市的正式就业单位，而成为城市非正式就业部门的主要劳动力和失业人群，这也就相应的造成了城市化过程中的新旧制度的冲突。

因此，城市化是一个制度学习的过程，往往存在制度供给与需求的矛盾，城市化过程不可能一蹴而就，城市化的速度取决于城市化过程中个体或团体的知识存量和学习成本与预期收益的比较结果。

4.2.2　中国城市化与制度安排

城市化作为一种制度变迁的过程，必然会受到经济发展过程中的制度安排的影响，一切涉及经济要素和人口流动要素的制度安排都将影响城市化的进程。

中国城市化同样受制于经济制度安排的影响，与中国经济体制的转型密切相关。叶裕民在其《中国城市化之路》的著作中认为，具体的制度安排包括户籍制度、就业制度、土地制度、行政管理制度和金融管理制度。

（1）户籍制度。户籍制度是中国特有的制度安排，它是一种按居住地进行户口登记和管理的一套系统。但当户籍登记管理制度和居民的权力和福利联系在一起的时候，户籍制度就会影响人口移动的自然选择，影响到城市化的组织形式和效率。中国居民在户口登记的居住地可以享受一定的社会服务和待遇，在非户口登记居住地则无权享受这些待遇。而户口的异地迁移又要付出较大的成本，在许多情况下甚至是不可能的。因此，中国户籍管理制度是一种限制人口流动的制度，对城市化有直接的影响。

（2）就业制度。就业制度是指企业吸纳劳动力就业的有关制度安排。如果就业活动主要受制于市场调节，那么劳动者和企业双方可以根据比较利益原则在充分发育的劳动力市场上达成协议，形成有效率的组织和人口迁移。如果这一过程受阻，企业在接受劳动力就业时必须考虑效率之外的制度安排（比如户口问题等），劳动力寻找就业也受到一系列的制度限制，那么这样的制度就不利于劳动力流动，不利于城市化进程。

（3）土地制度。土地作为一种特殊的生产要素，虽然其自身不能在地区间流动，但是其使用权（中国的土地归国家或集体所有，所有权是不能随意变更的）的可流动性对依附于土地之上的生产要素的流动具有重要的影响。城市中土地使用权的转让可以使在土地上建设的相关固定资产进入资本市场，促进资本的有效利用；农村土地使用权的流动则可以使得农民通过土地使用权的转让摆脱对土地的依附关系，进入城市成为真正的市民，从而促进城市化进程。

（4）社会保障制度。社会保障制度是政府或社会为居民提供基本生活保障的制度，如果全社会的所有成员在任何地区都能无差别地享受到政府或社会的基本生活保障，那么这就是一种健全的社会保障制度，有利于促进人口流动。相反，如果政府和社会是为部分人（比如城镇居民）提供保障，那么不受保障的另一部分人流动（比如城乡流动）就有障碍；或者人们的基本社会保障依赖于所在的企业和单位，那么就不利于劳动力在企事业单位之间的流动，更不利于地区之间的流动，不利于城市化进程。

（5）行政管理制度。行政管理制度是指一个国家或地区对各级政府官员政绩的考核制度以及政府的管理权限和管理方式，是国家意志的体现。在强势的行政管理制度下，政府利用手中的社会资源成为促进社会的全面进步和发展的主要角色，个人的行为往往必须服从集体或国家的行为，有部分人就不能分享到城市化的成果。

（6）金融管理制度。大量投资是推动城市化和经济增长的重要动力。市场经济条件下城镇建设的投融资是多渠道进行的，包括财政性资金、银行信贷资金、企业资本和私人资本、外资等等，资金按投资回报程度在不同的区域间流动。当在资金紧缺的情况下，国家的金融管理制度可以通过银行、借贷的管理使有限的资金集中在少数区域和行业。

总之，城市化作为一种制度变迁的过程，在中国经济体制转型中，制度安排对城市化产生影响，进而影响城市化的效率。

4.3　小结

新制度经济学认为制度是一种行为规范，是为决定人们相互关系而人为设定的一些约束。制度构成了人们在政治、社会或经济方面发生交换的激励结构，制度变迁则决定了社会演进的方式。在人能力的有限性和资源的稀缺性、环境的不确定性和复杂性的情况下，制度成为资源有效配置和实现经济增长的重要手段。

制度和经济增长密切相关，因为经济增长暗含着一个具有激励结构的制度的驱动。新制度经济学是从制度供给与需求、制度变迁的角度来研究制度与经济增长关系的。制度的供给是指制度决定者的供给，是由制度的变革成本、运行成本和意识形态所决定。制度需求一般是指制度服务的接受者的需求或社会需求，是在进行社会成本和社会效益分析的基础上确定的，但原有的制度安排的社会净效益在可供选择的制度安排中不是最大时，就会发生对新的制度服务的需求和新的制度安排的需求。当制度供给和制度需求相匹配的时候，则认为制度是均衡的，当制度出现非均衡状态，则会出现制度变迁的需要。这种情况往往是出现在制度选择集合发生变化，技术发生变化、要素和产品相对价格长期变动和某些制度变化的时候。

制度变迁分为强制性制度变迁和诱致性制度变迁。强制性变迁是政府法令引起的变迁，通过政府命令和法律的引入来实现。强制性制度变迁的主体是国家。诱致性制度变迁就是个人或某个集体，在制度不均衡状态下，为响应获利机会自发倡导、组织和实行的对现行制度的变更、替代或创新。

我国处于经济转型阶段，经济转型实质上是制度变革与创新的过程，制度的分析有利于确定经济转型的路径，促使经济改革成本的最小化和收益的最大化。

城市化是经济增长过程中必然出现的一种结构性变化，可以视为人类社会的经济活动组织形式和社区制度安排由传统的乡村型向现代城市型转变的过程。由于在城市化过程中，从农村向城市的人口与产业的变化实际上是经济组织效率不断改善的过程，而个人、集体和国家是城市化的主体，同样存在城市化的供给与需求问题，也存在强制性和诱致性的变化，同时在这种变化的过程中是制度学习与适应的过程，往往有均衡与不均衡状态的出现。因此，城市化是一个制度变迁的过程。

我国的城市化过程是经济转型中的重要内容，城市化受到经济制度安排的影响，包括户籍制度、就业制度、土地制度、行政管理制度和金融管理制度，这些均影响了中国城市化的进程和效率。

第5章 制度安排与变迁和中国城市化路径

5.1 制度变迁的轨迹与路径依赖

制度变迁是一个不断演化的过程，它包括制度的替代、转化和交换过程。在探讨长期制度变迁的方面，路径依赖是对长期性经济变化作分析性理解的关键。路径依赖是指一旦制度变迁走上了某种路径，它的既定方向会在以后的发展中得到自我强化。正如诺斯所说："人们过去作出的选择决定了他们现在可能的选择"，初始的制度选择会强化现存制度的惯性，因为沿着原有路径的变迁和既定的方向前进，总比另辟蹊径要来得方便一些。路径依赖的产生来源于成本与收益的比较：

（1）设计一项制度需要大量的初始成本，而随着这项制度的推行，单位成本和追加成本都会下降，这就产生了制度创新中的规模经济。

（2）适应制度而产生的组织会抓住制度框架提供的获利机会。通过对制度的学习不断地降低适应制度的成本，制度变迁的方向取决于在制度适应过程中的成本与收益。

（3）通过适应制度而产生的组织与其他组织缔约，以及具有互利性组织的产生与对制度的进一步投资，会加强组织之间对制度的依赖强度；更为重要的是，一项正式制度的产生将导致其他正式规则，以及一系列非正式规则的产生。

（4）制度一旦建立同时被适应，将减少这项制度持久下去的不确定性。

诺斯把路径依赖分为两种模式：第一种模式是一旦一种独特的发展轨迹建立以后，一系列的外在性、组织学习过程、主观模型都会加强这一轨迹。一种具有适应性的有效制度演进轨迹将让组织在环境不确定下选择最大化目标，建立各种反馈制度，去识别和消除相对无效的选择，并保护组织的产权，从而导致长期的经济增长；第二种模式是一旦在起始阶段带来报酬递增的制度，在市场不完全、组织无效率的情况下，就会产生阻碍生产活动的作用，并会产生一些与现有制度共存共荣的组织和利益集团，那些组织或利益集团就会进一步加强现有的制度，从而使这种无效的制度变迁轨迹持续下去。这种制度只能鼓励进行简单的财产再分配，其结果是导致制度在无效状态的持续。

制度变迁中的路径依赖类似于物理学中的"惯性"。一旦进入某一种路径（无论是"好"还是"坏"），就可能对这种路径产生依赖。因此，初始的制度选择会强化现存制度的刺激与惯性，路径依赖形成之后，制度变迁就需要很高的成本，对于新旧经济体制转轨的国家，需要不断地解决路径依赖的问题。

城市化是一种制度变迁的过程，在城市化过程中同样存在路径依赖的问题，有效率的路径依赖将导致城市化的顺利进行，而无效率的路径依赖必然会导致城市化中问题的出现。中国现阶段的城市化，正处在与经济体制改革相并行的转型阶段。因此，对中国城市化路径的研究是我们今天进行制度创新的基础和前提。

5.2 计划经济体制下强制性制度安排的城市化路径

城市化是经济发展过程中的伴随现象，是一种结构的变化，城市化和工业化的关系是相互促进，互为影响的。在市场条件下，这种结构变化是通过劳动力市场和土地市场的价格机制实现均衡的，但在计划经济体制下，这种结构变化是在有计划的资源配置下进行的。我国自1949年以后，实施优先发展工业的战略，在当时的社会经济条件下，这种特殊工业化路径，也就决定了我国城市化的路径，城市化过程是一种为实现国家意识的制度安排。

5.2.1 我国城市化强制性制度安排的形成和具体形式

从工业化的路径来看，无论是发达国家还是发展中国家，工业化总是同农业密切相关。在新中国刚刚成立的时候，我国处于一个典型的农业社会，人均国民生产总值水平低下，工业初始资本很低。1950年中国大陆拥有人口55196万人。占世界总人口的21.9%；1950年，中国大陆人均GNP只有50美元，仅及印度1950年的83%，日本1872～1882年间的77%，前苏联1926～1928年间的21%；国家进行工业化的初始资本只包括仅值一百多亿元的原国民党的官僚资产以及私人资本主义的工商业改造形成的工业资本。因此，在这个时期进行工业化受到重工业高强度资本投入与国内资本稀缺的矛盾、重工业资本密集特征与中国劳动密集的不匹配以及重工业需高强度的资源与不发达生产要素市场的矛盾的制约和影响。

同时，从外部条件来看，没有海外殖民地，没有国际市场，除了前苏联之外，没有外部资金投入。实际上，从1950年起我国的地缘政治环境逐渐恶化，朝鲜战争、台湾问题、资本主义国家的封锁以及前苏联的投入越来越多伴之而来无法接受的条件等等。在这种情况下，国家决定集中一切力量，按照"独立自主、自力更生"的原则，优先发展重工业，建立自己独立的完整的工业体系，再以现代化的装备振兴国民经济。

在这种约束条件下，为达到工业化的国家意愿和目的，国家选择和推行了重工业优先发展的策略，通过对农业剩余的获取，完成工业化的积累，并以工业集中的城市为平台进行资源的配置，即工业化的有效性和高水平的人均投资率，把大量的工业投资集中在城市。国家掌握对资源的绝对分配权利，国家以城市为中心，通过"五年计划"在全国布局生产力，对城市中工业有计划地投资，实现国家工业化和城市化。城市发展是以生产为主要功能，城市人口以生产性人口为主体，城市经济发展的动力来自于国家对其的计划投资，城市规模扩张的源泉来自于国家工业项目的安排。在这种情况下，形成了中央计划体制下的城乡之间的分割状态，而且国家通过三个相应的制度安排把这种状态逐渐固定下来，成为城市化作为一种制度变迁的起点。这三个制度是农产品、金融、税收制度，集体所有制和户籍制度。

第一，建立对农业剩余获取的农产品价格、农村金融以及税收制度，以此获取农村剩余价值。农业剩余是指产品剩余、劳动剩余和财政剩余[①]。从1954年开始国家通过工农业

---

① 加塔克等. 农业与经济发展 [M]. 北京：华夏出版社，1987：84-87.

产品的剪刀差、税收转移和存贷差，把农业剩余转化为工业利润，再通过严格控制工业部门的工资渠道获得大量的资金积累。据统计，1952～1990 年，通过税收从农业获取的资金为 1527.8 亿元，通过价格"剪刀差"从农业获取的资金为 8707 亿元，通过储蓄从农业获取的资金为 1404.8 亿元，扣除国家对农业的投入，农业为工业化积累资金 1 万亿元（中国三农问题报告）。

农民拥有集体所有制的土地使用权，只能享有国家统购统销的生产安排，由于劳动力流动的限制，农民也不能获得自身的劳动力剩余；对城市居民而言，则不拥有土地，按国家计划安排就业，并由国家提供社会保障。这种强制性的制度安排使社会达到一种超稳定的状态。

第二，户籍制度安排。实际上，工业化只是索取了农业产品剩余和财政剩余，而且为了保障这种索取的有效性，国家放弃了对农业劳动力剩余的索取，同时建立了以户籍制度为标志的城市化制度安排，通过限制人口流动保证工业化的实现。

现行的户籍制度起源于 1951 年，当时制度设计的初衷是建立人口登记制度，但在经历了城市资源和食物匮乏的危机之后，户籍制度成为控制人口流动，降低城市发展成本的重要措施。户籍制度安排把人口类型分成城市人口和农村人口，城市人口是工业化的生产人口，享受国家提供的住房、医疗等社会保障，而农村人口被限制在农村土地上从事农业劳动。在国家计划下，可以通过两种形式转化为城市人口，一是土地被国家征用，国家可以把被征用土地上的部分农民转化为城市人口，二是工厂招工，这两个过程实际上是计划经济体制下强制性城市化的过程。

第三，农村集体所有制。在改革开放前即是人民公社。人民公社是在农村合作社基础上，形成的集体所有制的组织形式，与土地所有单位相一致，是集体土地的代理组织。人民公社不仅承担了组织农民生产和收益分配的功能，而且还被赋予了政治、行政、教育、军事、社会治安、生育控制和社会调节等一系列社会功能。正是通过这一系列功能，人民公社建立了与城市限制农村人口进入相对应的相关政策，如严禁农民流动的口粮制度、工分制度等，将农民固定在农村土地上，并通过提供农业剩余，为城市工业发展服务。人民公社的实质是以单位为核心的社会管理制度安排，把就业、保障、社会管理合为一体。在人民公社解散以后，政社合一的体制并没有改变，集体所有制的形式没有发生变化。

在这种制度安排下，到 20 世纪 80 年代中期，我国基本上完成了从农业国向工业国转化所必需的原始资本积累[1]，也初步建立起了以城市体系为平台的资源配置体系。同时还留下了一个表现为相互对立且壁垒严重的城乡二元结构（温铁军）。

改革开放以后，随着我国市场经济体制的不断完善，农产品价格体制、税收体制、金融体制都发生了变化，户籍制度也在逐渐地松动，但农村集体所有制却一直未发生变动，农村集体所有制仍然是我国这种城市化制度安排的核心。

5.2.2 农村集体所有制在强制性城市化制度安排中的作用

对农村土地集体所有制的产生，不少学者已经进行了广泛的论述。在新中国成立初期

---

[1] 在 1950 年代至 1960 年代中国城市的发展和城乡差距已经有大量的论述，本文不再详述。

实施土地改革以后，土地分配到每一个农户的手中，进一步加剧了农村传统小农经济模式，这种家庭生产模式在当时表现出农业生产经营较强的产出，但同时出现了富裕农民向生产能力低的农民购买土地的现象[1]和国家对极度分散的农民征收税收成本过高的现象[2]，为在真正完成农业基础的改造[3]，实现农业剩余向工业的转移，土地集体所有制的安排就应运而生。

林毅夫、蔡昉、李周从国家需要控制农业生产角度出发，认为集体所有制是国家对农业生产的控制确保在低价的统购统销的条件下，一方面国家需要保证农业剩余向工业的转移，另一方面，需要保证农业生产的持续进行[4]；周其仁[5]同样把集体所有制的产生归结于国家重工业发展战略，需要将农民手中分散的地租重新集中，使农业剩余索取权发生变化，从而保证国家对农业剩余的获得。

农村集体所有制是在公有制基础上，国家为实现优先发展工业的一种强制性制度安排，也成为与工业相伴随的城市化的重要制度安排。在城市实施土地国家所有，在农村实行土地集体所有，在城市通过居民委员会管理城市户籍人口，在农村通过人民公社或农村基层组织管理农村户籍的人口，两者之间有明显的产权空间界限。在农村，集体所有制的土地是把农民固定在土地上的生产资料，人民公社或农村基层组织是把农民固定在土地上的组织形式。

我国确定的国家所有和集体所有的产权二元结构，实际上是沿用苏联的所有权立法的结果（杨一介）。在前苏联的所有权划分中，国家所有反映生产资料的最高社会化阶段，集体所有反映生产资料的一般社会化阶段，国家所有应得到优先的保护，集体所有应得到一般的保护[6]。事实上，从产权界限应该清晰的角度上来看，集体所有权经过改造后是一个边界十分模糊的概念，在集体所有制中，集体所有权被规定为劳动群众集体的财产所有权，但劳动群众既不是法人，也不是合伙，也不是非法人组织，在个人和集体所有权的关系上，在法律上找不到恰当的连接点[7]，也就是说集体所有权被高度抽象化了，国家实际上可以实现对集体所有权的控制，即在国家行政力量的管制下，集体所有权的法律意义得到削弱，而政府可以以国家名义对集体所有权实施行政管理的能力得到扩展[8]。这种扩展就表现为在工业化和城市化过程中，城市对集体所有土地的征用。因此，集体所有制对中国城市化的意义就在于提供城市化的土地、劳动力的来源。

在城市化过程中，城市的扩展是以农村集体所有制的土地为拓展空间，实际上是农村集体所有土地向城市国有土地的强制性转化，相应被转化的土地上的农民被国家安排到工

①　罗平汉. 农业合作化运动史［M］. 北京：中国教育出版社，2003：79 - 82.

②　杨一介. 中国农地权基本问题［M］. 北京：北京建筑工业出版社，2002：32 - 35.

③　陈云认为农业增产有三种方法：开荒、修水利和合作化，这些方法都要采用，但见效最快的是合作化，见：陈云文选1949～1956［M］. 北京：人民出版社，1984：274.

④　林毅夫，蔡昉，李周. 中国的奇迹：发展战略与经济改革（增订版）［M］. 上海：格致出版社，上海三联出版，上海人民出版社，1993. 11.

⑤　张曙光. 1994中国农业改革：国家和所有权关系的变化［J］. 中国经济学，1994. 35.

⑥　孙宪忠. 论物权法［M］. 北京：人民大学出版社，2001：124.

⑦　同上

⑧　毛育刚. 中国农业演变之探索［M］. 北京：社会科学文献出版社，2001：95 - 96.

业化的部门进行工作，实现农业生产向非农生产的转化，户籍也转化为城市户籍，其对应的组织形式变为了居民委员会。显然这种转化的决定权是代表国家意识的政府。

从制度的角度看，强制性城市化的制度安排就是土地产权从集体所有向国家所有的变化过程。这种转化过程表现为国家对集体所有土地的征用，是国家凭借国家的权力对他人土地所有权或土地他项权利的强制性剥夺，而不是以集体所有人同意为必要条件，实际上是国家所有权和集体所有权在界限不清的前提下，集体所有权被国家所有权吸收的过程，特别是在国家为实现经济建设的目标而将土地征收为适用于商业目的时，集体所有权被国家所有权吸收的可能性和强度增加。这就造成了农民作为集体所有权主体在城市化过程中属于弱势群体，被强制性失地和有计划地转化为城市居民。

5.2.3 城市化强制性制度安排下的农民城市化

改革开放前，中国处于集权的计划经济的制度环境下，国家凭借行政力量提供的强制性的制度安排，使工业获得长足发展的同时，一方面人为地抑制、阻碍了农村要素流出的推力，另一方面严格地限制了城市化发展的要素来源渠道和配置方式。城乡隔离式的经济要素流动形成了中国由"农村—农业"和"城市—工业"两大封闭运行的亚系统所构成的"工业国家—农业社会"的二元结构。

这种制度安排的绩效达到了国家"自力更生、独立自主"的优先发展工业的绩效，在这近 30 年间，国家年固定资产投资额增加到 600 亿以上，年积累率最高达到 30% ~ 40%，与此同时，这种制度对中国农村的稳定和农业的发展起着重要的作用（林毅夫，1992；文贯中，1993）。

在这种强制性的城市化的安排下，城市化就是按工业化的需要，有计划地把农村集体所有土地转化为城市国有土地，同时按照补偿性的原则不仅给农民以青苗等补偿，而且由国家安排被征地的农民在国有工业企业中就业，转变为城市居民，也就是说，对农民而言城市化意义在于：

城市化对农民而言是把集体所有制下土地的生产资料功能、保障功能和生活环境转变为工业生产活动、城市社会保障和城市生活，城市化使被征地农民受惠。

按计划索取农民的劳动力剩余，即城市化需要为工业化扩大人口规模时，就通过有计划的农转非把部分农业人口转变为城市人口，在这个过程中，农民完全处于被动的状态。

城市化本身无法改变城乡对立的二元结构，未被征地的农民仍然保持原有的生活和收入状态，城市和乡村处于一种畸形的稳定状态，即农民的收入问题、农业的发展问题都需要农村本身来解决，同时还需要为城市的工业发展提供大量的农业剩余。工业的发展解决的是城市本身的增长和福利的改善，不可能惠及更多的其他人口。

在经济发展过程中，没有被城市化惠及的农民和农村，仍然拥有集体所有土地的使用权，农村集体所有土地的生产资料功能、生活环境功能和保障功能依然存在，农民现有自上而下的生产与收入的分配，农民生存问题没有显现，发展问题则寄希望于国家的农转非安排。

因此，在计划经济体制下，强制性城市化对失地农民而言，意味着生活水平的提高和生活条件的改善，城市化过程中并未产生失地农民问题。

5.3 市场经济体制条件下诱致性制度变迁的城市化路径

5.3.1 制度变迁的动力

（1）国家发展经济意识的变化

我国在 1978 年后，开始实施改革开放的政策，国家逐渐改变原有的集权与计划式的经济发展模式，开始实行由计划经济向市场经济的转化。

这种转型在我国经济发展和世界经济发展中都是史无前例的，并没有参照系，国家对改革方向和策略只是给出了方向性的指导，邓小平在改革开放初期的指导思想基本上可以用其"白猫黑猫论"、"摸着石头过河"和"发展就是硬道理"来概括，可以说，1978 年以后我国发展经济的国家意识发生了根本的变化，经济发展的制度安排首先从制度供给的选择集的边界上出现了突破。但这种突破并不是在全国范围展开的，而是选择了深圳、珠海、汕头和厦门作为经济特区和珠江三角洲地区作为改革开放的"先行地区"。

在这些地区，国家强制性地对经济发展的原有制度安排边界进行了扩大，给出了一个较大的制度集合，但政府并未有从这个制度集合中选择出最佳的制度结构，而是以"能否发展"作为制度绩效的判断标准，而怎样发展，即具体的制度结构，则要求"先行地区"进行自我的探索，这就为诱致性制度变迁提供了条件。

（2）技术的变化

外来投资的出现改变了国家经济发展对劳动力的需求类型和对土地需求的类型，农村剩余劳动力从隐形的供给转向显性的供给，对土地寻求更低的发展成本，与土地成本低的广大村镇地区紧密地联系在一起，从劳动力需求来看，对原有劳动力人口流动的限制已不能适应经济发展的需要。

改革开放以后，随着国家对所有制的放松，非国有经济得到发展，特别是乡镇企业的出现。乡镇企业利用当地资源、区位条件和当地政府的扶持，快速发展起来，为了在发展中有更低的成本，得到更大的保护，乡镇企业的发展与当地政府形成了紧密的联系。

外资、乡镇企业这两种投资形式都摆脱了国家对生产和投资的控制，出现以地方政府或农村集体为主体的经济发展，地方政府或农村集体在资源配置上的主导权开始出现，原有的计划体制完全不能适应新的投资所带来的技术变化，地方政府在经济发展中获得的利益凸现，农村集体土地在发展中的利益得到重新的挖掘。

（3）其他制度的变化

在其他制度变化中，土地制度改革、农村人口迁移政策的变化、国有企业体制改革和财政分权的影响尤为重要。

在改革开放以前，城市国有土地的使用是采用行政划拨的使用方法，土地价值没有得到体现。在 1980 年代末期，国有土地有偿使用的改革，使城市国有土地和农村集体土地的潜在价值显现，城市土地表现出很高的商业价值，而农村土地表现出比农业生产更大的潜在价值，城市土地和集体土地之间显现出较高的地价差异，土地上的级差利益开始出现。土地有偿使用使两种用地制度并存：城市国有土地可以通过市场化的途径，实现土地价值，而这种价值只能在城市中实现，农村集体土地则不可以直接进入市场，其价值只能通过农村生产实现。这实际上就导致了城市国有土地与农村集体制土地价值的差异，即一旦土地进入市场，就会有新的价值产生，如城市对农村征用集体土地，转变为工业和商品房用地，然后进入市场，马上可以获得土地的超额价值，这就出现了由于土地所有权性质和使用性质不同而形成的土地剩余。

1984年中央政府出台了"离土不离乡"的农村人口流动政策，这是在制度安排上对城乡二元结构首先进行突破，在全国范围内逐渐开始出现省内的和跨省的农民劳动力流动，这为农村劳动力剩余价值的实现提供了条件。农村剩余劳动力的出现为乡镇企业的发展和外商直接投资提供了大量廉价的劳动力。

在1980年代后期国有企业由于委托—代理激励机制的缺乏和企业负担的快速增加，国有企业占用了大量的国家资源，企业效率明显下降，国有企业改革在全国范围内展开，打破大锅饭、产权改革和社会保障体系改革成为改革的重点，国有企业已经不能成为劳动力收入长期保障的标志。

财政分权是我国经济放松中央集权管制的重要举措，它不仅改变了中央—地方在经济方面的管理组织架构，而且扩大了地方发展经济的自主权，这种架构的变化一直涉及到镇、村一级的管理单位，构成了农村经济发展，乡镇企业发展和非国有经济发展的动力[1]。

（4）要素相对价格的变动

在从计划经济向市场经济转变的过程中，价格改革和市场放开是经济改革的重点，我国在改革开放初期实施的价格"双轨制"，对工业品价格实施的是计划价格和市场价格，对农业价格改革则呈现滞后状态。在工业品的短缺经济下，市场的工业品价格具有加大的利润空间，而且可以通过流通领域获得工业品的剩余，这为计划体制以外的村一级集体经济从农业向非农产业发展提供了条件和契机。

5.3.2 农村城市化诱致性制度变迁的产生

在国家发展经济意识、经济发展技术以及土地制度、农村人口流动政策、国有体制改革、财政政策等因素发生变化以后，非国有投资对城市发展的影响和动力大大增加，城市化的制度需求增加，但原有体制下产生的国家单一投资为条件的城市化制度供给却没有发生变化，这就产生了城市化制度的供需矛盾。

首先，国家的城市化制度供给，仍然是以国家为主导的强制性城市化制度。虽然我国的改革开放是从农村开始，但国家重点通过发展工业实现城市化的思路却没有发生变化，自1984年出台"离土不离乡"的政策以后，国家出台的改革政策几乎都集中在城市，包括经济特区、沿海开放城市、沿江开放城市、边境开放城市以及大量的国有企业改革。国家仍然偏向各级大中城市，对农业生产剩余和价格剩余的索取也没有停止，1990～1998年间，农村资金净流出19222.5亿元，其中通过财政渠道流出的占48.9%，"剪刀差"渠道流出32.8%，金融渠道流出18.3%（刘斌等，2004）[2]。事实上，在改革开放以后，国家

---

① 分权化：有中国特色的市场报会联邦制［N］. 经济学消息报，1995（7）：7.

② 刘斌等. 中国三农问题报告［M］. 北京：中国发展出版社，2004：54.

通过农村体制改革，东部地区的城乡二元格局得到缓解，但在经济发展过程中仍然实施的是"城市偏向性"的发展，与以前不同的是从计划体制下通过工业化促进城市化的政策转变为以城市政府为主导的依靠城市化促进工业化的政策。

通过城市化促进工业化带动经济发展，是在财政分权下以地方政府为主导的经济发展，在计划体制被逐渐打破以后，国家对工业的投资逐年减小，地方经济的发展越来越依赖于政府对经济发展的引导和经济环境对投资的吸引力，城市作为产业集聚的空间，被地方政府视为经济发展的载体，不断地拓展城市空间和改善城市环境成为各级地方政府吸引投资发展经济的主要手段。

尽管国家对农村地区进行了重要的农村体制改革，但对农村地区的城市化，并没有给出具体的制度安排，采用的是不断"试验"的方式，也就是说只是给出了一个边界较为模糊的制度选择集。在农村大量利益的驱动下，农村出现了对城市化的制度需求，而原有的以国家为主导的强制性城市化制度，由于城市化的主体是城市而不能满足这种需求，这就出现了制度的供给与需求的非均衡状态，城市化的路径出现变化，诱致性的制度变迁开始产生。

在这种情况下，农村地区城市化的新利益主体开始出现——集体所有制单位在利益驱动下，通过自发组织和集体努力，产生了诱致性的制度变迁，实现了以农村工业化为主体的农村的城市化过程。这样在农村地区城市化的利益主体发生了变化，包含农民在内的集体所有制单位也成为了利益的主体。

改革开放提高了农民生产的积极性，一系列的政策建立了农民生产和生产经营转变的激励机制，农民开始逐渐享有农村生产的剩余，在这种利益的驱动下，农民在改革开放、发展生产力的大前提下，逐步突破原有的城市化制度安排，形成了一种非政府主导的产业化和城市化过程。这些利益驱动包括农业生产剩余的驱动、劳动力剩余的驱动、土地剩余的驱动和财政剩余的驱动。

农业生产剩余的驱动。改革开放初期，农民在家庭承包制的安排下，从农业经济发展中获得了大量的农业生产剩余，解决了农民的生存问题，在经济发达地区部分农民解决了最初始的原始积累，但由于小农形式的农业生产方式，不可能为农业生产带来质的突破，随着生产资料成本的上升，农业生产剩余的享有量越来越少，家庭承包制的产权的边际收益出现递减。

劳动力剩余的驱动。1984年的"离土不离乡"政策的出现，使农村剩余劳动力不再束缚在土地上，开始了向非农产业的转化过程，而这种过程的实现与乡镇企业的发展和外商直接投资直接相关。改革开放后，国家改变了单一发展国有经济的格局，鼓励发展多种成分的所有制经济。集体所有制充分利用了价格的"双轨制"，在工业计划外发展市场导向的工业企业，乡镇企业依靠低价的农村剩余劳动力，且几乎不需要成本，即只有土地资源以及为农民服务的农村信用社和自有的社队积累，通过委托集体中的精英迅速地发展起来，不仅实现了对本集体劳动力剩余的享有，而且分享了原来由国家独占的工业利润；与此同时，由于沿海的农村地区低价的土地和良好的交通区位，外商直接投资大量出现，对低价劳动力的需求，吸引本地和全国各地的农村剩余劳动力，农村劳动力开始享有自身的劳动剩余。对农村劳动力剩余的享有，使农民看到了自身的劳动价值。

土地剩余的驱动。土地剩余是在土地逐步实施有偿使用的情况下出现的，在原有的计划体制和国家对土地实施严格控制的情况下，城市国有土地和农村集体所有土地无法在市场上体现其价值。改革开放初期，农村集体所有制单位通过向外商收取"工缴费"和发展乡镇企业获取农业生产的土地剩余，随着土地有偿使用的实施，土地出让成为农民一次性收取未来几十年的土地收益和实现原始积累的主要手段，城市向农村的扩展和外商、乡镇企业对土地的征用成为土地出让的需求，农民从土地出让过程中获得了其在农业生产过程中不可能获得的收益。

财政剩余的驱动。在财政包干和分税制下，地方各级政府的财政提留增加，形成了发展经济增加税收的积极性。村社一级集体所有制经济虽然没有直接的财政分配权，但可以获得一定程度上的财政返还，增加了村一级集体单位的权利和在农村基础设施建设上的作用。

总之，在国家改革开放制度安排的指引下，农民不仅实现了对农村生产剩余，特别是土地剩余的享有，而且通过村一级集体单位发展起了非农产业，分享了城市工业生产的利润，在利益的驱动下，出现"村村办厂、户户冒烟"的现象，而这一切表现出来的形式是农民自发的农村工业化现象，即在计划体制之外形成自下而上的工业化过程，农民摆脱了农业低效率的生产方式，从非农产业发展中获得了经济与收入的发展，实现了与城市化强制性制度安排完全不同的结果——城市化的诱致性制度变迁，即农村城市化。

农村城市化的诱致性制度变迁是在国家改革政策引导下，由农民自愿发动的，以村一级所有制为单位的对农业剩余的索取，它在原有的以工业化为主导的城市化制度安排外，实现了农村城市化的过程，农民不仅是这一制度的需求者，也是制度的供给者，是由制度需求者发起的诱致性制度变迁，而其最终形成的农村城市化制度安排，得到了国家的认可和推广。

从以上分析可以看出，改革开放以后，在我国城市化制度安排中出现了城市和农村两个城市化主体，前者得到国家强制性城市化制度供给的保障，后者，是由于利益驱动而自发产生的，对城市化制度产生新的需求。

5.3.3 集体所有制在农村城市化诱致性制度变迁中的作用

在农村城市化的诱致性制度变迁过程中，是"帕累托改善"的过程，它在农村生产效率提高的基础上，实现了对农业剩余增量部分的获取，在这种获取过程中，农村集体所有制扮演着重要的角色。

在原有城市化制度安排中扮演城乡分割作用的村一级的农村集体，成为了农村城市化的基本单位，虽然城乡分割的体制仍然存在，但在制度变迁动力出现的时候，村一级的农村集体单位实现了对农业剩余的部分享有，开始了农村城市化过程。在这个过程中农民与土地的联系通过村一级集体单位变得更加密切。家庭承包制的出现，在政策意义上确定了农民与土地的对应关系，农民对土地的分配是由集体共同决定，在一定程度上改变了农村集体所有制的所有者缺位的现象，解放了农村生产力。因此，改革开放初期的农村体制改革，解决了农民依赖土地的生存问题，加强了农民与集体所有制的共生关系。

对农村劳动力的消化和劳动剩余的实现是以集体所有制经济和外商直接投资为基础

的。在经济快速发展地区，农村的非农集体经济发展迅速，大量外商直接投资并在农村地区选址，大量农村剩余劳动力在户籍不发生变化的情况下，依托集体所有制的土地，就地实现非农产业转化。

另一方面，对于进城或进厂打工的农民，在"离土不离乡"的政策下，始终保持了农村的身份，他们所获得的工资并不包含他们的社会保障部分，而是以"不离乡"的形式依然保留在农村集体所有土地中。

在城市向农村土地扩展过程中，单个农民并不具备和土地需求方进行谈判的能力和权利，而是以其所在地村一级集体为单位进行谈判与协调，并通过集体实现土地补偿的分配。

因此，在农村城市化的地区，集体所有制土地不仅实现了农民的生存权利和保障的来源，而且通过发展乡镇企业和外商直接投资实现了农民的发展权利。

5.4　小结

我国的城市化存在着两种路径，即在计划经济体制下的强制性制度变迁和在市场条件下的诱致性制度变迁。

在计划体制下，城市工业化和城市化是在有计划的资源配置下进行的，而且城市成为工业化的核心和资源配置的平台。特别是在国家实施优先发展工业的战略意识占主导的情况下，城市化过程是一种为实现国家意识的制度安排。国家通过三种制度实现城市化，一是通过农产品价格、农村金融和税收制度，实现城市对农村剩余的低价格获取；二是建立户籍制度控制农村人口向城市的转移；三是通过农村集体所有制把农民的生产、生活固定在土地上。在这种强制性的制度安排下，形成了稳定的城乡二元结构，建立以城市为中心资源配置体系，把有限的资源集中在城市；农民的城市化是国家有计划地、被动地实现，只有少量的农民被幸运地城市化，而且是通过国家在城市中进行安排而实现的。

在改革开放以后，国家通过计划发展经济的意识形态发生变化，外商直接投资和乡镇企业的发展，摆脱了中央对生产和投资的控制，土地有偿使用制度的出现，使农民发现土地的市场价值，离土不离乡也是农民能够实现自身劳动力剩余的机会。在这种背景下，农民及其农村集体所有制单位有了自愿城市化的动力，城市化的诱致性制度变迁开始出现，农民及其集体所有制单位成为诱致性城市化的主体。

第6章 我国城市化制度安排的缺陷与失地农民问题

6.1 城市化强制性制度安排与诱致性制度变迁的缺陷

改革开放以后，我国经济体制进入从计划经济向市场经济转变的过程，两种制度同时存在。城市化制度安排是经济体制的有机组成部分，以至于城市化的强制性制度安排和农村城市化的诱致性制度变迁也同时存在。由于两种城市化制度不仅本身都存在着缺陷，而且不匹配，从而导致失地农民问题的出现。

6.1.1 城市化强制性制度安排的缺陷与失地农民的产生

城市化强制性制度安排是在计划体制下以城市为中心的偏向型城市化制度安排，这种制度安排的特点是城市投资以国家为单一主体，农民城市化的数量以城市可容纳的数量而定，国家提供就业保障和社会保障。在改革开放后，城市化的强制性制度安排依然存在，但由于经济体制的不断改革，原有计划体制下实现的均衡状态，即国家按计划投资发展城市，农村土地被国家征用后农村人口由国家转变为城市人口，并安排就业和保障的状态发生了变化，导致了城市化强制性制度安排缺陷的产生。

在城市化强制性制度安排下，城市的集聚效应不断地吸引大量的投资，城市成为物质资本和人力资本集聚的平台。城市通过不断的城市空间低成本扩展，加速城市化过程。在土地公有制的前提下，城市国有土地对农村集体所有制土地具有强制性和补偿性征用的能力，但在改革开放后投资渠道多元化、城市土地有偿使用和城市国有企业改革的条件下，城市化强制性制度安排的缺陷开始出现，城市无法为被征地农民提供长期的社会保障和就业保障。这造成了一方面城市用地不断地蔓延，另一方面农村被征地人口和剩余劳动力无法融入城市，大量被征地农民不能享有城市化的成果，导致了我国的失地农民问题。

城市土地有偿使用是经济体制转型阶段城市化强制性制度安排的一个重要变化，也是导致城市化过程中，城市空间不断扩展的主要原因。城市土地有偿使用是指城市国有土地可以通过招标、拍卖和协议转让的形式在市场上出让土地使用权，并收取土地出让金。该项土地制度的改革，使国有土地的价值凸现，而且使城市国有土地的价值能够在市场上实现。但对农村土地而言，集体所有制土地在改革开放以后，农民只是通过土地承包制度实现了土地的使用权，集体土地不能够转让、继承等。因此，城乡土地之间出现了一个由于土地制度改革引起的巨大级差地租，只要征用了农村集体土地并转为国有土地，就可以通过市场实现土地的价值，因此，城市通过征用集体土地实现城市空间扩展过程具有成本低、见效快的特点，而且可以通过"土地法"和土地的公有制保证了城市发展的土地需求，城市的空间拓展就是对农村用地的征用和建设过程。从所有制的性质来看，城市空间的拓展就是在国家所有权与集体所有权界限模糊的情况下，国家对农村集体所有制土地及其他权利的征收，它确保了城市低成本的扩展和对农村集体土地的有效占有。

在城市土地所有制改革的同时，对被征地农民的补偿没有实质性变化，这是在经济转型阶段，城市化强制性制度安排的一个重要缺陷。根据我国历次颁布的土地管理法，城市空间拓展对农村集体土地的征用具有强制性和补偿性的特点①，强制性强调的是城市发展对农用地的征用是具有公益性质或国家利益的，由于国有土地和集体土地在法律意义上都是公有土地，征地中带有强制性；补偿性与强制性紧密联系在一起，补偿性具有两方面的制度安排，一是对农民在农地投入和未来收益的补偿性安排，二是保障安排，即对被征地农民在失地后的就业安置。但这两种安排在改革开放后，与制度的需求产生了不均衡。

首先是土地的补偿价格，对被征用的集体所有的农用土地的补偿数量是按土地补偿费、安置补助费以及地上附着物和青苗补偿费进行计算，计算的价格由各地区统一制定。在改革开放以后，农产品的价格改革迟迟未得到全面的放开，因此土地补偿的数量仍然保留着大量计划价格的痕迹，并不能真正反映农产品的真实市场价格和农民在土地中的投入；另一方面，土地补偿还包括对未来收益补偿的内容，其价格却是按照规定价格制定，由于农用地的投入具有长期回报的特点，因此，补偿款中忽略了农民已有投资的长期收益。在这种情况下，必然会出现在征地补偿数量上，农民和城市政府之间的争坳，农民对补偿数量的需求与城市化强制性制度安排产生冲突。

其次，在土地补偿内容中，被征地农民的安置具有稳定城乡二元结构的重要作用。在原有的制度安排下，城市化过程中，被征地的农民被安置在国有企业之中，农民身份转换为城市居民，并享有城市居民的社会保障。但在改革开放以后，国有企业实施了深层次的改革，国有企业效益较差，而且大量中小型国有企业"关、停、并、转"，企业职工的社会保障从企业中独立出来，与原有企业脱钩。同时，改革开放以后，外商直接投资和民营企业在国民经济中的投资比重越来越大，这些投资主体不同于计划体制下的生产模式，以效率和利润最大化为追求目标，对被征地的农民安置问题多采用实物补偿的办法，只提供就业的机会，不再提供就业的保障。同时大量的以市场导向的外商直接投资企业和民营企业，其社会保障系统尚不完善，招工也由市场决定。这就造成了城市中就业和社会保障系统的变化，主要是国家无法强制性地在企业中安置被征地的农民，即使实现了安置也是一种临时行为，企业具有对员工的处置权。因此，在经济转型阶段，城市化强制性制度安排无法为被征地的农民提供完全城市化的生活安排和组织安排，农民被游离在自上而下的城市化过程之外。农民的原有保障功能丧失，农民在城市化过程中的保障需求与制度安排不符合。

城市土地使用制度改革，使城市具有不断征用农村土地的动力，同时征地补偿制度的基本原则没有变化以及城市国有企业的改革，使农民失去了长期的保障和长期非农就业的机会。在这种矛盾下，城市化的强制性制度安排就导致了失地农民问题的出现。

---

① 杨一介. 中国农地权的基本问题 [M]. 北京：中国海关出版社，2003：171.

6.1.2 农村城市化诱致性制度变迁的缺陷与失地农民

改革开放以后，我国出现了农村城市化，这是一种诱致性的制度变迁，其主体是农村集体所有制单位。但农村城市化这种诱致性制度变迁是由于经济转型时期，原来强制性制度安排出现缺陷而产生的城市化制度安排，两者并不匹配，特别是农村集体所有制本身的缺陷，同样也导致了失地农民问题的出现，使失地农民不能实现真正的城市化。

农村集体所有制是城市化强制性制度安排的产物，是实现城乡二元结构的制度安排。其前身是人民公社制度，即"三级所有、队为基础"的农村财产制度、"政社合一"的组织管理制度、严格限制农民自由迁徙和职业选择的户籍制度、以政府为导向的强制性全额占有农村剩余的分配制度、自上而下计划配给式的农村公共品决策和供给制度。在这种制度下，农民把土地联合在一起，将人力组织成集体，统一耕种，由集体对农业收获和生产资料进行分配，也就是说在集体所有制中，农民个体的力量被集体的力量所代替，农民依赖于集体而生存。

改革开放以后，农民对集体所有制的依赖并没有改变。家庭联产承包责任制是我国经济体制的重大改革，它取代了人民公社体制，成为农村最主要的生产经营制度。家庭联产承包责任制是在没有改变农村土地集体所有制和集体组织形式下的改革，农民通过承包方式获得了独立经营集体公有土地的权利。由此，在满足最大利益的驱动下，形成了农民生产的激励，并极大地解放了农村的生产力。家庭联产承包责任制是国家向农民让渡土地部分权利，既增加了农民自己的收入，也提高了全国的食物供给。但家庭联产承包责任制并没有根本地改变集体所有制在农民生产活动中的地位。虽然集体所有制的生产、分配和组织功能在消退，家庭责任承包制的分配制度是"交够国家的，留足集体的，剩下的全部是自己的"，农民也获得对自己劳动力的支配权，也就是说集体不再支配农民的消费品分配，但集体所有制决定了农民最为重要的生产资料——土地的分配。

在乡镇企业快速发展阶段，农民对集体所有制的依赖更加强烈。20 世纪 80 年代中后期，乡镇企业的迅速发展使集体所有制的收入成为农民非农业收入的主要来源。乡镇企业是在国家鼓励下，在社队企业的基础上发展起来的。集体所有制单位在筹集资金、获得低成本土地以及税收等方面具有相当的能力，不仅成为我国经济增长奇迹的重要部分，而且为农民带来了大部分的经济收入。"九五"期间，乡镇企业提供了农村人均收入的33.7%。1998 年，乡镇企业支付职工的工资达 6525 亿元，加上其他来自乡镇企业的收入，包括股金、劳动分红、承包、租赁所得使农民净增部分的 50% 来自于乡镇企业[①]。在这种情况下，集体所有制单位对农民收入的分配功能再次在农民中起重要作用。

但农村集体所有制存在着天然的缺陷，即集体所有制从一开始就表现出经济效率的低下。1957～1983 年的农村集体所有制的生产率明显低于 1952 年的个体农业水平[②]。

改革开放以后，农村集体所有制的低效率特性并没有改变。如前文所述，农村集体所

---

① 刘斌等. 中国三农问题报告 [M]. 北京：中国发展出版社，2004：282.
② 周其仁. 产权与制度变迁 [M]. 北京：中国建筑工业出版社，2001.11.

有制是一个边界相对模糊的产权形式，在乡镇企业发展过程中，同样存在效率不高，不能持续发展的现象。事实上，从1990年代初期乡镇企业出现大面积的亏损，对农村剩余劳动力的吸收程度降低，农民不可能依赖乡镇企业的发展实现收入持续提高。

农民在农村城市化的过程中也意识到农村集体所有制的低效性。在经历了乡镇企业的波折之后，农民认识到了自身在市场经济中的不足，逐步从自我实现非农产业化向经营土地转变，即把土地出租给外商或社会上的"能人"进行生产，集体所有制单位收取土地租金，然后分配给农民，农村城市化的过程成为从"耕田"向"耕屋"的转变过程。

在这种情况下，失地农民问题开始出现。首先是由于一批土地由集体所有制单位自发地转化为非农用地，使原有土地上的农民失去了进行农业生产活动的权利，而转为收取非农用地的租金，这些农民不再进行农业生产活动，由于缺乏技能也很少能成为非农产业工人，他们通过在集体所有制上的权益，与农村保持着稳定的关系，非农土地的租金成为他们的主要收入来源；其次，由于这种形式的农村城市化过程只是简单的获得了土地的剩余价值，而且由于租赁的关系往往价格较低，农民只能通过不断地扩大非农土地增加收入，这就造成农村城市化过程中集体所有制单位具有不断增加非农用地的动力，出现农村用地的严重浪费现象。

由于农村城市化过程没有使农民真正脱离他们原来拥有的土地，农村城市化并不是一个真正意义上的城市化；同时农村集体所有制存在天然的效率低下的缺陷，而且是根植于城乡二元结构的制度安排，因此，农村集体所有制不能使失地农民实现真正意义上的城市化，以农村集体所有制为主体的农村城市化诱致性制度变迁也不能打破传统的城乡二元结构。

那么，城市化强制性制度安排产生的失地农民问题是否可以通过农村城市化诱致性变迁得到缓解呢？答案是否定的，因为城市化强制性制度安排与农村城市化诱致性制度变迁之间存在路径的冲突。

农村城市化诱致性制度变迁是由农民在国家的指引下，依赖集体所有制单位自愿发动的农村非农业化过程，可以说国家只是给出了扩大的制度选择集和一定程度的区域基础设施投资，通过对农村剩余包括农村生产剩余、土地剩余、劳动力剩余和财政剩余的获得而实现的城市化过程。这种城市化仍然是依赖农村集体土地的非农化的过程，由于农民自身可以实现土地的剩余，因此，对集体土地具有保护的倾向。

城市化的强制性制度安排依赖于国有土地的不断扩展，为产业发展提供生长的空间，表现在国有土地对集体所有制土地的征用具有强制性，这种城市化需要最低成本征用集体土地，实现低成本扩展，而集体所有制单位需要尽量保有自己的土地，使农民获得非农化的长期收益。因此，在这两种城市化过程中存在路径上的冲突。

总之，城市化的强制性制度安排和农村城市化的诱致性制度变迁由于制度安排的供给者和需求者不同，导致了城市化过程中的受益者、目标与制度的刚性程度不一致，无法使失地农民实现真正意义上的城市化。对强制性失地的农民而言，他们需要获得农村集体土地给他们提供的长期生活保障，在这种保障不能完全实现的情况下，他们更愿意留在收入不高，但相对稳定和具有长期性的农村土地上，逐步实行城市化。

6.2 强制性失地农民问题的主要特点

强制性失地对农民而言，在于失去了他们传统的生产资料，他们长期赖以生存的生产技能无法发挥，存在生存与发展的问题；由于农民的土地具有生活保障的意义，强制性失地农民面临着长期的社会保障问题；强制性失地农民虽然脱离了与土地的天然关系，但他们越来越依赖集体组织的非农收入分配，从这个角度而言，农民与农村基层组织的联系越来越紧密，但当前农村基层组织建设和制度都与农民的要求和其所应该承担的作用不相适应。

6.2.1 强制性失地农民的生存与发展问题

无论是城市化强制性制度安排还是农村城市化诱致性制度变迁，城市化过程就是农民不断脱离作为农业生产资料的土地的过程。这种过程，对强制性制度安排来说是一次性实现的，对诱致性制度变迁来说，是逐步实现的。如前文所述，由于两种城市化过程都存在着制度上的缺陷和相互的冲突，必然会出现失地农民问题。从要求的紧迫性来看，强制性失地农民的问题更为突出，包括强制性失地农民的生存、发展与保障等问题。

对强制性失地农民而言，一次性的土地丧失，就意味着失去了生存与发展的基础。首先，对农民而言，土地是农民的生产资料，农民长期依赖土地进行生产和生活，虽然由于我国农业长期处于小农经济的生产状态，生产效率不高，而且产量波动较大，但土地的天然产出可以维持农民基本的生存需要，因此，农民失去土地就相当于失去了一个长期收益的来源。

在强制性制度安排中，农民是一次性失去土地的，国家给农民以一次性的补偿。但问题在于补偿款是按现价折算的，而且普遍认为补偿数量较低[①]。关键在于补偿款是货币，需要进行投资才能有产出，并且需要在市场上实现价值，承担市场风险，而不像土地作为固定的生产资料具有直接产出和升值的功能。

面对市场风险和投资机会，失地农民缺乏应对的能力，因为我国长期的城乡二元结构安排，使农民的教育水平明显地低于城市居民（市民），而且被长期地禁锢在农村的土地上，从事农业生产活动。由于我国采取分级办学，农村教育的投入一直较低，农业生产第一线的劳动者普遍文化素质低。我国文盲有 3/4 分布在农村，我国的农业劳动生产率约是日本的 1%[②]。在改革开放之前，乡村商品流通由国家垄断，阻碍了农村市场的形成，农产品商品率和农村消费品市场化程度低，无法培养出市场经济人才与机制，即使在改革开放之后，也只是少数人经历了市场的锻炼，同时城市需要的劳动力通过各种途径的筛选，吸纳的都是农村中的精英人才，这使得留在农村进行农业生产的农民大部分缺乏市场能力。因此，在这种背景下，失地农民的征地补偿款和农村土地作为资产的含义是不能等同的，补偿款对失地农民而言，只是一笔短期的收入，在被征地以后，失地农民就会出现长

---

① 该方面已有大量的论述，本文不再展开叙述。
② 参见中国青年报 2003 年 9 月 16 日的报道。

期的生存问题和发展问题。

在对广州番禺地区失地农民随机调查中表明，随着我国对就业体制的改革，劳动力的使用越来越市场化，征地农民受自身文化水平与技术能力的限制，以及我国经济发展中产业结构的调整、劳动力市场的形成和大量流动人口提供的廉价劳动力，使得被征地农民在就业上面临巨大的竞争，对于就业的农民来说，工作的不稳定性较大。短期失业成为就业中的主要问

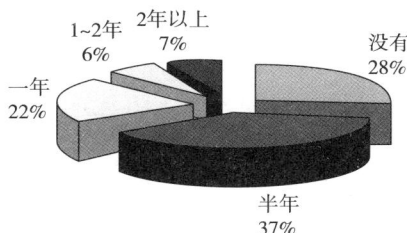

图 6.1 最近一次失业的时间比例

题。调查显示，最近一次失业时间为半年的约占 37%，半年到一年的达 22%，亦即失业时间在一年之内的已经达到了 59%，而一年以上失业的人口占了 13%，只有 1/4 多的农民没有失业。

造成就业不稳定问题的原因有农民自身的问题，也有就业渠道的问题。从被征地农民在求职过程中遇到的困难调查中看出，认为自身文化水平低，不能够在社会上找到稳定工作的占了约 40%，由于其他劳动力竞争导致就业难的占了 20%。据番禺区社保局调查，总体从业人员 62.72 万人中，仅外商投资和私营企业两项从业人员就占了 42 万多人，占总量的 67%。而这些从业人员中，95% 是外来劳工。换言之，在基本单位从业的本地农村劳动力只有 20 万人左右，约占总量的 31%，可见，本地农民工安置就业的难度。

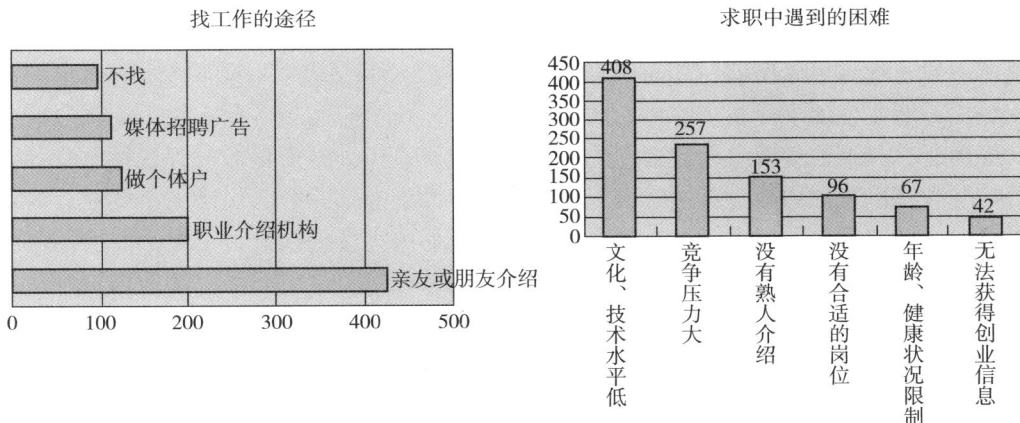

图 6.2 找工作的途径与求职中遇到的困难

在样本中，被征地农民找工作的途径主要通过"亲友或朋友介绍"。这显示出面对不是太熟悉的非农业外部世界，农民找工作中最可信赖的是自己周围以亲戚朋友关系结成的圈子，但由于亲友和朋友本身大都处于工作的不稳定状态，自然介绍成功率就会降低。

从征地后农民就业的稳定性来看，农民的短期失业现象较为严重，这与农民自身较低的文化水平有关系，也与农民缺乏社会就业信息有关系。在快速城市化地区，劳动力供给可以说是较为充足的，但由于农民长期被束缚在土地上进行务农，自身的文化素质没有得到有效的提高，也没有在非农产业中建立起个人的信息网络，当快速城市化迫使他们不得不放弃长期的务农经验和务农的社会网络的时候，他们面临着很大的就业困难。

从补偿款数量和使用情况来看，在调查的人口中，被征地农民获得的征地补偿款总额的分布。其中征地补偿款少于 5 万元的占绝对多数，达92%，征地补偿款总额大于 15 万的仅 3 人。虽然征地补偿款在数量上来看并不多，但为被征地农民生活条件的改善提供了机会。在对征地补偿款的使用情况调查中，有36%的农民选择把征地款大多用于自住的新房，34%的人用于其他用途。26%的人一部分储蓄、一部分购买物业。只有4%的人选择投资办厂，进行生产性再投资。值得注意的是，约有26%的被征地农民部分储蓄、部分购买物业，只有少数的人进行生产性再投资，说明他们明白自身素质、资金状况无法应对市场的风险，而选择较为稳定的储蓄形式和物业投资，确保这笔征地补偿款的保值和升值，这是被征地农民规避城市化带来的市场风险的自然行为。

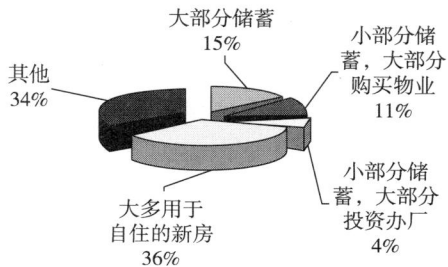

图 6.3 征地补偿款的使用情况

总之，失地农民的补偿款不能像土地一样成为农民长期生存与发展的生产资料，由于大多数农民没有适应城市生产的一技之长，他们往往采取规避市场风险的做法，很难自我实现真正的城市化。

6.2.2 失地农民的保障问题

在城乡二元结构中，农民是以集体所有制的形式固定在土地上的，国家给予农民的是集体所有制土地，集体所有制土地对农民而言不仅是生产资料，还是长期生活来源的保障，只要土地在，那生活就还有最后的保障。

集体所有制土地对城市化过程中的农民具有重要意义。城市化的过程往往是集体农用土地转变为城市建设用地、农民失去土地的过程。而土地作为社会保障的替代物，为占中国人口绝大多数的农民提供了基本的生活保障，从而成为维护社会稳定的一个重要因素。

农民在农业生产的背景下，没有足够的现金购买保险，也没有足够的人力资本从事其他非农工作。土地本身作为一种资产，可以通过土地市场带来收入。就算是那些丧失劳动能力的人，尤其是老人，也可以靠出租土地获取足够的租金（通常是实物形式）以维持基本生活。至少可以为自己生产足够的食物。可见，土地可以作为农村失业和养老保障的基础。历史上，一般的村庄都保留一定量的公地，用其收入来提供公共品服务，为那些遭受不利打击的人提供救济。同时，由于农村土地提供了生活的基本物质，对隐蔽性失业人口具有较强的吸纳能力，对农村社会稳定起着重要的作用。

从番禺调查的样本来看，被征地农民约有61%没有参加任何社会保险，农民的基本社会保障程度很低，征地以后导致的不稳定是其中的重要因素。农民得到土地补偿款后，首先考虑的是改善当前生活水平，而对是否纳入社会保障制度持观望态度。

对于已经参加保险的人，参加社会医疗保险的比例最高达到55%，其次是社会养老保险占了38%，社会失业保险占了16%，其他商业保险占了6%。这里反映出传统社会保障在农村社会保障体系中的重要地位。传统的社会医疗保险、养老保险和失业保险成为农民失地后主要的生活保障系统。

社会医疗保险是征地农民最为关心的问题，因病致贫即使在富裕的地区也是一个较大的社会问题。在样本比例中，社会医疗保险比例较高与番禺政府自 1998 年以来大力推行社会保障制度有关。番禺把农业户口的灵活就业社会人员和自由职业者纳入到区的社会养老和医疗保险体系。参加社会养老保险的农民工，统一按照《广东省社会养老保险条例》的规定缴纳养老保险费，1998 年 7 月 1 日前参加养老保险，达到法定退休年龄，缴费年限累计满十年；1998 年 7 月 1 日后参加社会保险，达到法定退休年龄，缴费年限累计满十五年，按月领取养老金，直至死亡。被保险人在职死亡，个人账户储存额退还给其法定继承人。被保险人退休后死亡的，发给丧葬费、抚恤金、供养直系亲属救济费。参加城镇基本医疗保险的农民工，按照《广州市番禺区城镇职工基本医疗保险暂行办法》的规定缴纳基本医疗保险费和重大疾病补助金，参保人员可以在足额缴费次月享受基本医疗待遇。参保人在患病时可享受住院和门诊特定项目起付标准以上、封顶线以下的医疗费用，按照医疗《三大目录》范围，按比例报销相关医疗费用。个人账户金额属于参保人个人所有，可以用于支付门诊医疗费用、住院起付标准以下医疗费用和住院个人自付费用。个人账户在参保人停保后可以继续使用，死亡后由法定继承人继承。

从保险费用的来源来看，保险费用来自个人的占绝大多数，达到 58%。其次是集体，达到 33%。用征地补偿款来缴纳保险费用的只占 16%。这里反映出，征地补偿对于农民、农村社会保障体系建立的帮助不是很大，因为来源于征地补偿款的保险资金并不多，所以不能认为征地补偿款返还农民了就相当于建立了农村社会保障体系。在这里同样发现，集体所有制单位在缴纳保险费用时还是发挥了相当的作用，显示集体经济在农民失地以后还承担了相当的功能。

实际上，失地农民的社会保障款数量是相当庞大的，根据对番禺区经济发展水平和人口平均寿命的统计，依照有关政策法规，测算出参加社会保障的人员缴费标准，未达到退休年龄的农民需要缴纳养老保险和医疗保险费约 12 万元，达到退休年龄的农民需要缴交费用约 11 万元。番禺区征用土地补偿款为每亩约 7 万元，人均占有耕地面积约为 1 亩多，征地补偿款难以足额支付保险费。因此，要切实保证返还农民的征地补偿款的一部分能够投入社会保险渠道，成为农村社会保障体系建立的基础，取代土地相对于农民来讲的保障职能。

6.2.3　农村基层组织问题

按照《中华人民共和国村民委员会组织法》的规定，农村基层组织——村民委员会（简称村委会），是村民自我管理、自我教育、自我服务的基层群众性自治组织，实行民主选举、民主决策、民主管理、民主监督。村委会是在人民公社解体以后，形成的集体所有制的组织形式。虽然村委会不再具有支配农民经济生产和分配农民生产收益的权利，但由于村委会是农村集体土地的产权代理人，而且掌握了集体经济和乡镇企业发展收益的支配权，因此，村委会仍然在农村的生产和农民的生活中占有重要的地位。

在城市化强制性制度安排过程中，农民是处于分散的状态，往往处于一个较为被动的地位，由于分散的个体需求得不到满足，他们不得不更多地依赖其产权的代表——村委会与城市政府进行利益上的谈判，希望村委会能够代表他们说话，争取在征地过程中能够获得最大的补偿。这无形中进一步加深了农民对集体所有制的联系，村委会在征地过程中的作用越来越被农民所看中。

但由于农村集体所有制是一个集体产权单位，农民和村委会之间应该是一种委托代理的关系。为了清晰这种委托代理关系，国家在 1998 年出台了《村民委员会组织法》，由村民采取直选的方式选出村长，从理论上讲，村民自治制度能够为村民提供受国家政策和法律保护的机制，但事实上，村委会在城市化的征地过程中陷入一个两难的困境。

一方面，按照村民委员会组织法的要求，村民委员会应由村民直接选举产生并忠实地代表土地所有者的利益，因而村民与村民委员会形成了委托—代理关系。但另一方面，按照村民委员会组织法的要求，村委会成员的选举是在乡镇一级政府指导、协调、监督下进行的，村民委员会又会受到政府行政行为的强力干预和控制，仍然是一种准政府的行政组织，代理上级政府的一部分行政职能。

在城市化过程中，当涉及土地转让的谈判交易、征地补偿款的分配等重大利益问题时，村委会是城市实现征用土地和农民实现最大征地利益的最后一关。但村委会并不能完全代表"村农民集体"行使土地所有权职能，因为还要贯彻执行乡镇意图。同时，在市场经济的过程中，村委会干部无法满足于仅有的微薄的补贴或工资，或是忙于村级经济的发展，或是谋划个人事业的发达，无暇顾及村中事务。当获得土地补偿款，在补偿款分配和集体留用部分使用时，在还没有真正建立规范的村务公开、财务公开制度，缺乏严格的监督管理机制下，少数村干部还会依靠手中权力大肆挥霍失地农民的补偿款，有的干脆私自占用。

因此，在现有的农村基层组织的制度安排下，一方面，集体所有制的代理人——村委干部要面对上级的压力，另一方面，他们要受到自身利益的局限，或者接受较低的征用价格，以农户的经济利益为代价谋求其政治的和经济的利益，或者借用其权力攫取农民个体模糊的产权界定下外溢的财产权利，直接截流征用补偿款。总之，由于村级基层组织代理人的缺位，村委会最终也难以承担起代表农民利益与征地方进行谈判，以及长期稳定发展集体经济的职责。

在番禺的调查中，进行了被征地农民对这部分资产经营状况的评价调查，村委会把征地以后的补偿款、集体提留款进行投资，形成村镇集体资产，并折算成股份，由村委会代表农民经营，并每年向农民分配利润。调查中发现大约一半的村民认为村集体资产经营状况一般，从中可以看出，农村集体资产经营状况并不令人满意，村委会并不能很好地承担管理资产的职责。

6.3　小结

改革开放以后，我国经济体制改革进入一个转型阶段，城市化作为经济发展过程中的一种必然现象，城市化的强制性制度安排和农村城市化的诱致性制度变迁同时存在。但由于这两种城市化制度安排都存在着缺陷且不匹配，因此，必然会导致失地农民问题的出现。

在转型阶段，国家以城市为主导的经济发展模式没有发生根本的变化，强制性城市化制度安排依然存在，但由于经济体制的不断改革，原有保证城乡二元结构稳定的一些制度发生了变化，就自然产生了强制性制度安排的缺陷。

在户籍制度和城市国有企业改革的条件下，国家无法为城市化过程中的农民提供长期的工作保障和社会保障。因此，原有强制性城市化过程中的保障功能消失；同时，在城市土地使用制度改革的同时，对被征地农民的补偿没有实质性变化，城市国有土地的空间拓展对农用地的征用仍然具有强制性和补偿性的特点，征地补偿只是对农地投入和未来收益的补偿，也无法承担保障的功能。因此，强制性城市化对农民而言只是一个强制性失地的过程，农村被征地人口和剩余劳动力无法融入城市，造成大量被征地农民不能享有城市化的成果，形成我国的失地农民问题，城市化的制度的需求与供给出现了不均衡。

以农民及其组织为主体的诱致性城市化制度变迁的表现是农村城市化，虽然农村城市化促进了中国城市化的快速发展，消化了大量的农村剩余劳动力，是改革开放以后经济增长的重要动力。农村城市化实际上是农村土地非农化的过程，也是农民失去农业用地的过程。由于这种过程只是简单地通过土地向非农产业经营者出租，来获得土地的剩余价值。但这些农民仍然留在农村，只是实现了从"耕田"向"耕屋"的转变过程，而无法实现完全的城市化。

城市化的强制性制度安排和农村城市化的诱致性制度变迁，由于制度安排的供给者和需求者不同，导致了城市化过程中的受益者、目标与制度的刚性程度不一致，产生了强制性失地农民的生存发展问题、保障问题和基层组织问题。要促使农民真正的实现城市化，就必须从强制性城市化制度安排与诱致性城市化制度变迁的不匹配着手，通过制度创新逐步实现城市化制度供给与需求的均衡。具体在于建立失地农民的保障体系，扶持失地农民经济发展，通过教育和培训长期提高失地农民在市场中的生存能力，建立解决政府缺位状态的机制，引导失地农民合理城市化的集体行为。

第7章 国外城市化过程中的失地农民问题与城市化制度安排：案例分析

7.1 英国

英国是世界上城市化发生最早的国家。英国资产阶级革命以后，英国手工作坊和手工工场为新的工厂所取代，手工劳动为机器大生产所代替，蒸汽机的发明和运用使社会生产力出现了一个新时代的飞跃，并带动了交通运输业的巨大变革。社会经济的空前繁荣使农村人口被大规模地吸引到了城市，城市数量不断增加，城市的规模和地域日益扩大，城市作为地区性的中心地位和作用日益巩固和强化。工业化速度加快，运河、铁路、公路的建设大大地推动了城市化进程，大批工业化城市迅速成长起来，出现了曼彻斯特、利物浦、伯明翰等大城市①。

英国作为世界上城市化开始最早、规模最大、最早实现高度城市化的国家，其整个城市化过程大体可以划分为三个阶段。一是工业革命前的城市化起步阶段。英国从 16 世纪末即开始海外殖民掠夺，到 18 世纪中叶业已成为世界上最大的殖民强国。殖民扩张开拓了国外市场，刺激了手工业和城市化的发展，到工业革命前的 1750 年其城市化水平就已经达到 25% 左右。二是工业革命后的城市化加速阶段。18 世纪下半叶至 19 世纪中叶，英国经过工业革命，迅速发展的第二、第三产业使社会经济结构发生了根本改变。随着城市化进程的加快，

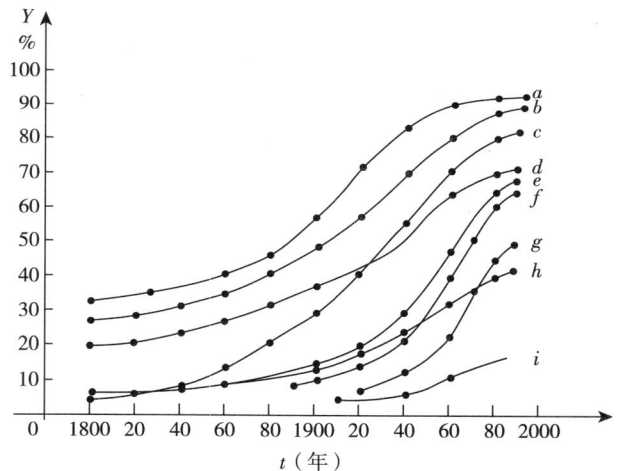

图 7.1　世界主要国家城市化进程对比
(a) 英国；(b) 西德；(c) 美国；(d) 法国；(e) 前苏联；
(f) 日本；(g) 南斯拉夫；(h) 全世界；(i) 印度

城市化水平从 1750 年的 25% 左右提高到 1801 年的 33.8%，1851 年达到 50.2%，基本实现了城市化。19 世纪末到 20 世纪末，英国城市化水平提高速度明显放缓。1911 年其城市化水平进一步上升为 78.1%，农村人口则从一个半世纪前的 75% 降至 21.9%。20 世纪上半叶，除两次世界大战时期以外，农村人口向城市的流动还在继续，但流动的规模已大为

---

① 林广，张鸿雁．成功与代价——中外城市化比较新论 [M]．南京：东南大学出版社，2000.7.

减少，城市间的人口流动上升到主要地位。城市地区人口的比例在 1951 年普查年度达到 80.75% 的顶峰以后，1981 年回落到 76.15%，低于 1911 年的水平，但到 1990 年其水平又提高到 89.1%[①]。

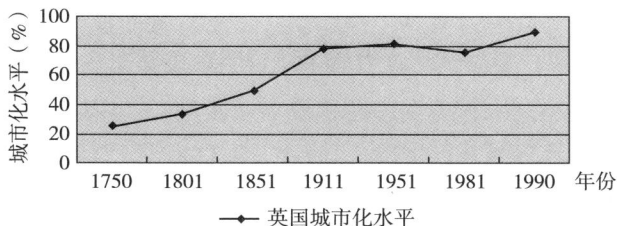

图 7.2　英国城市化的变化历程

7.1.1　圈地运动

16 世纪，英国发生了"羊吃人"的圈地运动，农村遭到沉重的打击，人口向城市流动，农业人口迅速减少。所谓"圈地运动"（Endosure），是指西欧的公有农地和牧地转变为现代模式的围以篱笆的小田园和联合农场的过程。英国圈地运动从 13 世纪到 19 世纪中叶，持续时间长达 6 个多世纪。从圈地运动开始到 17 世纪末、18 世纪初为早期圈地运动，18 世纪到 19 世纪中期为晚期圈地运动，整个运动的最高潮在 1793~1815 年拿破仑战争时期。圈地运动自 19 世纪 20 年代以后逐渐转入低潮。1876 年议会正式颁布法令禁止继续圈地，圈地运动至此基本告终。

圈地运动是剥夺农民土地，推动农村人口转移的重要因素之一。众所周知，英国圈地运动早在 15 世纪就开始了，但那时圈地受到法律限制，规模不大。17 世纪资产阶级革命取消了这种限制，在这之后，议会通过了 4000 多项圈地法，使圈地运动达到前所未有的规模。在圈地过程中，许多没有土地所有权、又不能证明自己对土地的合法权利的边农、茅舍农丧失了分得土地的权利；有些小农虽然分得一小块土地，但因围小块土地的单位面积圈地费要比成片围地高得多，许多小农负担不起圈地费用而被迫出让土地；另一些小农虽然暂时保留了所分得的土地，但因失去了在公用地上采集燃料、放牧畜禽的传统权利，丧失了重要的收入来源和独立存在的经济基础，最后也不得不出卖自己的土地；围地过后，地主常常改变传统的租佃关系，合并土地，成片地出租给租地农场主，使许多原来的佃农也失去了土地。但也应当指出，由于农村人口的自然增长率很高，在 1850 年代以前，除个别地区外，圈地并未使农村人口的绝对数减少，因为在圈占荒地用于垦殖的地方，还需要增加人手，围地本身，如垒石路、栽树篱、挖沟等，也需要劳动力。

圈地在不同时期、不同地区对农民所造成的影响程度是不同的。早期圈地运动规模小，数量少，对农民的影响程度不大；晚期圈地运动（即议会圈地运动）对农民的影响程度较深，且主要体现在土地的集中方面。

在英国圈地运动之前，英国的土地是农民的共有资源，每个人都有使用草地放牧的权利，草地由于过度放牧没有维护而退化，这被称为"公地的悲剧"。直到 16~18 世纪，英国发生了大规模的圈地运动，资产阶级化的大地主把原来属于农民共有的土地占为己有，从事商业化养羊，英国牧羊人才走出"公地的悲剧"。现代社会正是从圈地运动这样的私有产权建立开始的。有专家指出，圈地运动确实给许多农民带来了痛苦，但没有这个过程，公地早已无法养活这些农民，英国也不会有繁荣的今天。

[①]　卢海元. 实物换保障：完善城市化机制的政策选择［M］. 北京：经济管理出版社，2002：32.

7.1.2 农村劳动力转移与相关政策

英国农村劳动力转移最早开始于 11～12 世纪，这是世界上出现的第一次农村人口向城市持续转移的浪潮。这一时期迁移的对象主要是穷人，迁移的主要目的是为了生存，距离也比较长。在 16～17 世纪，英国出现了第二次劳动力快速向城市转移的浪潮。这一时期迁移的对象主要是商人、工匠和青年女性，迁移的目的是为了更好的前途和获得丰富的生活资料，迁移的距离较短。但是，英国劳动力流动最稳定、规模最大的时期是从 18 世纪下半叶的工业革命开始的。这是因为，此前的两阶段虽然劳动力转移规模比较大，但到工业革命前的 1760 年代，英国的农业人口仍占总人口的 80% 以上，而到工业革命后的 19 世纪中叶，英国的农业人口急剧下降到总人口的 25%。

总的来说，促进英国农村劳动力转移的原因，主要有以下几个方面：

第一，农村人口的持续增长。近代以来，英国的农村人口一直不断增加。适度的人口增长在开始时的确促进了经济的快速增长，但经济的增长反过来又加速了人口的不断增加。随着农村人口的快速增长以及英国土地长子继承制的制约，人口与土地的关系日趋紧张，许多没有继承权的贵族子女和一些佃农为了生存不得不移居他处，迁移的地方主要集中在城市和工矿区。

第二，圈地运动和农业革命。始于 15 世纪的英国圈地运动，是使农村劳动力转移的重要因素之一。在圈地运动中，许多农民丧失了自己的土地，失去了收入来源，在农村失去生存基础的农民不得不加入自由流动的人流。随着圈地运动中农村公用土地残余的消失、土地私有权的最终确立以及农业中资本主义生产方式的普遍建立，农业生产者和生产资料进一步分离。这样，一大批农民变成城市中第二、三产业劳动力的重要来源。

此外，圈地运动还引发了农村经济变革，如大农场的建立、农村产业结构的调整、生产技术和管理水平的提高等。农村经济变革产生了大量的剩余劳动力。这主要表现在两方面：一方面，英国的农业属混合型结构，种植业和畜牧业差不多各占 50%。随着畜牧业比重的提高，农业对劳动力的需求下降，使相当一部分农村劳动力成为多余；另一方面，圈地运动以及后来的工业革命也推动了农业生产力的提高，引发了农业革命。随着农业生产力的提高，农业耕作制度、生产的规模化程度、农业的机械化程度等都明显提高，促使农业释放了大批的劳动力。

第三，工业革命及其引发的产业结构的变化。到 18 世纪中后期，英国发生了工业革命，机器生产开始代替手工劳动，工厂代替手工工场及家庭作坊，使国家的产业结构发生了重大变化。农业和手工业在国民经济中的比重逐年下降，从事制造业、采矿业、运输业、商业和家庭服务业等众多行业的人口逐年提高。随着生产要素和人口的集中以及工业化的继续推进，19 世纪英国建立了一大批工业城市。除了城市中迅速发展的第二、三产业需要大量的劳动力，为农村剩余劳动力提供广泛的就业机会外，城市对农村剩余劳动力迁移的"拉力"表现在三方面：首先，城市工资水平比农村要高，大量农村人口为了获取更多的利益都向城市迁移；其次，城市救济水平比农村高，很多农村的贫困者流向城市，希望得到政府的救济；最后，城市的生活环境和文化娱乐设施等对生活单调的农民产生了巨大的吸引力。另外，工业革命也促进了交通运输业的革命。交通的发展为人员和货物运输提供了快速、廉价的交通工具，也为农村劳动力转移创造了良好的物质条件。可见，英国工业革命引起的生产方式的变革和经济结构的变化，是推动劳动力转移的决定性因素。

第四，人口流动制度障碍的消除。在中世纪，封建领主为了确保庄园拥有足够的劳动力建立了庄园劳役制度。他们采取各种措施实行财产扣押制度、担保制度和罚金制度等把农民束缚在土地上，人为地限制了农村劳动力的转移。另外，工业革命以前及早期的一些法律（主要是《济贫法》和《定居法》）也限制了人口的流动。在农奴制、劳役制度崩溃后，特别是在工业革命以后，为了满足工业对劳动力的大量需求，政府颁布和修改了一系列的法律制度，消除了限制人口流动的制度障碍。其中，1846 年颁布的《贫民迁移法（修正案）》使一些贫民不再被遣返原籍；1865 年议会通过的《联盟负担法》扩大了救济贫民的区域范围和贫民居住地范围，使限制定居地不再可能。这些约束性制度因素消除之后，大大促进了劳动力的转移和英国的城市化进程。

7.1.3 借鉴与启示

始于 15 世纪的英国圈地运动，是使农村劳动力转移的重要因素之一。在圈地运动中，许多农民丧失了自己的土地，失去了收入来源，在农村失去生存基础的农民不得不加入自由流动的人流。随着圈地运动中农村公用土地残余的消失、土地私有权的最终确立以及农业中资本主义生产方式的普遍建立，农业生产者和生产资料进一步分离。这样，一大批农民变成城市中第二、三产业劳动力的重要来源。此外，圈地运动还引发了农村经济变革，如大农场的建立、农村产业结构的调整、生产技术和管理水平的提高等。农村经济变革产生了大量的剩余劳动力。这主要表现在两方面：一方面，英国的农业属混合型结构，种植业和畜牧业差不多各占 50%。随着畜牧业比重的提高，农业对劳动力的需求下降，使相当一部分农村劳动力成为多余；另一方面，圈地运动以及后来的工业革命也推动了农业生产力的提高，引发了农业革命。随着农业生产力的提高，农业耕作制度、生产的规模化程度、农业机械化等都明显提高，使农业释放了大批的劳动力。

我们也应当看到英国圈地运动过程中的一些教训。16～17 世纪以及 18 世纪英国的圈地运动，通过暴力剥夺农民的土地，使许多农民流离失所，城市中充满大量的贫民、乞丐。而英国早期的社会保障政策的主要目的，是控制下层民众和防范穷人危害统治阶级利益，因此以惩罚为主，基本上是一个反流民、反乞丐的政策，对贫民的救济条件也十分苛刻。如果英国政府早期能够建立健全各种社会保障制度，英国的城市化会发展得更快。其实，为了实现劳动力转移，政府应当建立失业救济、养老保险、劳动技能培训和医疗服务等社会保障体系，以保障转移到城市的农村劳动力的最低生活需求，维护社会稳定。

消除劳动力转移的制度障碍并建立社会保障机制，是促进城市化的根本保证。在中世纪，封建领主为了确保庄园拥有足够的劳动力建立了庄园劳役制度。他们采取各种措施实行财产扣押制度、担保制度和罚金制度等，把农民束缚在土地上，人为地限制了农村劳动力的转移。另外，工业革命以前及早期的一些法律（主要是《济贫法》和《定居法》）也限制了人口的流动。在农奴制、劳役制度崩溃后，特别是在工业革命以后，为了满足工业对劳动力的大量需求，政府颁布和修改了一系列的法律制度，消除了限制人口流动的制度障碍。其中，1846 年颁布的《贫民迁移法（修正案）》使一些贫民不再被遣返原籍；1865

年议会通过的《联盟负担法》扩大了救济贫民的区域范围和贫民居住地范围，不再限制定居地。这些约束性制度因素消除之后，大大促进了劳动力的转移和英国的城市化进程。

目前，我国农村劳动力向城市转移过程中，他们没有获得城市市民同样的社会保障待遇。当他们在城市遇到困难时，基本生活就无法保障，并且引发了一系列社会问题。我国每年往返于城乡之间的"民工潮"就反映了农村劳动力没有彻底与土地割断联系。所有这些都与我国社会保障制度不健全有关。同时，我国劳动力转移的制度障碍也会影响我国的城镇化进程。因此，我们即使做不到为进城的农村劳动力提供与市民同样的社会保障，也应该为他们提供最低限度的社会保障福利体系，让农民无后顾之忧地投入到城市化进程中去。只有这样，才能消除城乡二元经济结构和工农差别，实现农村劳动力的转移和城镇化[①]。

7.2　法国

7.2.1　城市化历程

众所周知，法国工业化与英国不同，起步较晚，且是渐进的，没有大起大落的工业化过程。长期以来，小农经济在法国农业中占据首位，土地对农民的维系力较强。农民与土地的分离经历了相当漫长的过程。由于劳动力供不应求，因此，长期盛行"家庭加工"的办法，制造商或承包商把原材料委托给地方，分配到户进行加工。手工业代替了机械加工，在佛协尔、皮卡第、诺曼底，甚至里昂和布列塔尼等地，那时家庭工业具有压倒的优势。完全由机器取代人工的纺织工业，在阿尔萨斯是 1840 年前后，诺曼底是 1860 年，而里昂则晚至 1870 年。小农经济的发展和工业化的不足等原因都制约了城市化的进程。从 1846～1906 年的半个世纪中，法国城市人口平均每 10 年增长 3% 左右，低于同期的德国、美国和英国（德国、美国和英国都在 5% 以上）。1846 年，法国城市居民为 850 万，到 1891 年增加至 1450 万。到 1931 年，法国城市人口才达到全国总人口 51.2%[②]。

法国是最早出现近代工业的国家之一，也是最早开始城市化的国家之一。但法国的城市化与工业化进程一样，开始得早（仅次于英国），发展得慢，直到第二次世界大战前仍是一个工农业并重的国家。其工业化和城市化水平在 19 世纪下半叶均被后起的德国和美国超过，到第二次世界大战以后才接近或赶上他们，实现了高度工业化、城市化。

法国一直是世界工业强国之一，但工业化质量却比较低，城市化水平也相对偏低，而且城市化更明显滞后于工业化。形成上述现象的原因固然复杂，但主要与其工业技术水平低、

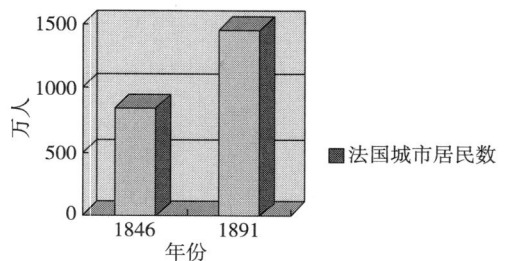

图 7.3　法国城市居民城市化

---

① 聂洪辉. 英国农村劳动力转移研究 [J]. 理论文革，2004 (1).
② 林广，张鸿雁. 成功与代价——中外城市化比较新论 [M]. 南京：东南大学出版社，2000.7.

布局分散、组织形式落后、发展过程大起大落等特性相关，这又进一步决定了其城市化必然呈现出长期性和渐进性等特点。具体表现在以下几方面：一是手工业生产方式长期保持活力，机械化程度提高缓慢。手工业在工业化开始后的一个世纪内仍保持活力，在工业化中起了独特的作用，特别是大量农村家庭手工作坊的存在使农村剩余劳动力滞留于农村；以手工劳动为主的"工厂"在农村大量存在，必然使部分农村剩余劳动力不可能被城市吸引过去。二是企业规模小，产业布局分散，现代工厂制形成的过程漫长。大工厂在19世纪的法国还是凤毛麟角。法国工业提高规模效益的途径主要不是靠创建资金、技术劳动集中的大工厂，而是靠建立更多的小企业。在现代化过程中，这种分散的生产体系不仅没走向消亡，而且还在发展，它是古老和现代形式的结合，生产组织是所谓现代的"宿舍工厂"、"修道院工厂"，在那里劳动的是大量驯服、廉价的女工。大量小工厂分散在农村地区，因为劳动力便宜，又可利用当地的河流作为水能。这类遍布各地的半近代化的中、小工厂虽然要消化当地很多劳动力，但他们的流动性小。一般在实现职业转换的同时却没有实现空间转移，产业结构与城乡结构出现严重背离。这与我国现阶段的乡镇企业和城乡结构有着惊人的相似之处。三是手工业者和工人的界限还是很模糊。从工人的身份和思想行为看，19世纪虽然称作"工业化世纪"、"工人的世纪"，但是在法国，手工业者和工人的界限还是很模糊的。由于农民没有大规模离开与自然接近的土地和乡村，工人阶级迟迟不能形成，这又反过来充分证明工业的分散性，进一步导致工业化的渐进性和缓慢性，以及不同产业就业结构调整的滞后性。

随着时间的推移，特别是自1890年代开始，工厂集中的趋势开始加快，但并未有效延续。特别是两次世界大战和世界经济大危机对法国的影响非常严重，法国工业经历了一次又一次的大起大落。根本原因在于其工业布局分散、技术水平低、城市化水平低的经济技术结构容易受到外部的影响和冲击，而且在付出巨大代价后其恢复发展又较大工业慢，因此，其危机延续时间和战争重建时间比其他发达国家都长。我国现阶段的乡镇企业在亚洲金融危机后的表现与当年法国的手工业受冲击后的表现十分相似。

总之，与其他发达国家相比，近代以来法国在科学技术革命、工业化、农业现代化乃至第三产业的发展等方面都呈现出渐进、缓慢、滞后、长期、新旧并存以及部门和地区的不平衡等特性。这一相对复杂的经济、社会现象的形成，与其工业化质量低密切相关，但仅仅从工业化的角度也不能完全解释法国独特的城市化现象①。

7.2.2　农村劳动力转移

与其他先进国家一样，在工业化以前的法国传统社会内，农业在国民经济中占据主导地位，全国劳动人口中的绝大多数是从事农业的，18世纪初，有80%～85%的就业人口务农。当时的法国是一个典型的农业社会。当法国由封建社会向资本主义社会过渡时，农业领域出现了变革。近年来，法国史学界不少学者认为法国在18世纪没有经历像英国那样的"农业革命"，甚至认为法国没有真正的"农业革命"。法国农业的变革是指法国大革命爆发后发生的持续的、渐进的农业现代化过程。

---

① 卢海元．实物换保障：完善城市化机制的政策选择［M］．北京：经济管理出版社，2002：33．

农业生产力发展表现为劳动生产率和单位面积产量的提高，这是农业现代化的结果，它导致农业中剩余劳动力的产生。只是这一过程在法国较为漫长，法国农业现代化进程迟缓。法国在这一进程中表现的滞后性使农村劳动力的转移不像其他先进国家那样规模大、速度快[①]。

7.2.2.1　农村劳动力转移开始得较早

这是与其他工业国家相比而言的。英国是农村人口外流最早的国家，接下来就是法国了，它于19世纪上半叶出现了与以往人口转移不同的新现象，比美国和德国开始得早。所谓新现象就是相对于18世纪末以前人口流动的传统现象而言的，有以下几点：

在传统的临时性农村劳动力转移潮流中，发生了一些值得人们注意的变化。其一，以往的转移大多是农村劳动力临时离开家乡，流向外地农村，寻找的仍然是农活，而从19世纪上半叶开始，法国城市变得逐渐具有吸引力，农村劳动力向城市流动成为新的现象。综合上述人口转移出现新情况，可以说法国农村劳动力的转移进程发端于19世纪上半叶，与其他国家相比是属于较早的。其二，有些传统的临时性流动渐渐在这一时期开始衰落。其三，人口聚居的程度越来越大，开始打破之前的稳定状态。

综合上述，可以说法国农村劳动力的转移进程发端于19世纪上半叶，与其他国家相比是属于较早的。

7.2.2.2　农村劳动力转移进程漫长而缓渐

首先，虽然19世纪上半叶已经有如上所分析的新因素产生，但是农村劳动力转移的规模很小，不足以构成引起质变的突发现象。

其次，在一个多世纪中，法国人口空间流动的新因素和传统特点长期并存。这种并存并不是一成不变的，只是变得很慢：新的因素虽然萌生，但发展缓慢，长久以来的传统虽然有所突破，但根深蒂固，迟迟不见消亡。其中永久性迁移和临时性流动长期并存的现象尤为突出。农村劳动力流向城市在19世纪前并非罕见的现象，在邻近大城市的地区，青年男女农民来到城市当仆人在近代以前也屡见不鲜，有些人甚至不再回乡务农。但是这毕竟不是大量的，大多数还属于临时性迁移，而且这种迁移不可能把农村中的所有剩余劳动力都带动过去。随着新的生活方式和劳动方式的出现以及交通工具的变化，农村劳动力临时性迁移逐渐衰落，永久性迁移日益增多，特别是在第二帝国即19世纪下半叶以后。由此，农村人口开始下降，这是以往从未有过的现象。

与此同时，临时性流动并未因此而销声匿迹。一方面，在这漫长时期中，主要是在整个19世纪，农村人口外流在很大程度上可以被看作是向永久性迁移转化的临时性迁移。只是到了20世纪初，城市吸引力才成为不可阻挡之势，迁移的浪潮不仅消化了农村的剩余劳动力，而且有些地方的农村必要劳动力也迁走了。另一方面，同样具有临时性质的季节性流动和经常往返流动不仅未减少，还伴随着城市化运动的整个过程。

---

① 王章辉等. 欧美农村劳动的转移与城市化 [M]. 北京：社会科学文献出版社，1999.4.

7.2.2.3 较大规模的农村劳动力转移出现得较晚

法国早于 19 世纪上半叶就开始转移进程，这个进程虽从未有大的间断，直到 20 世纪 30 年代，法国仍是一个工农业并重的国家。第二次世界大战以后法国农村劳动力转移才打破长期缓慢发展的局面。与英国相比，法国的这一特点更为明显，早在 1811 年，英国农业人口在总人口中的比重已只占 35%，1851 年又下降至 16%，1871 年只剩下 12% 了。法国农业人口急剧下降比英国晚了将近一个世纪。

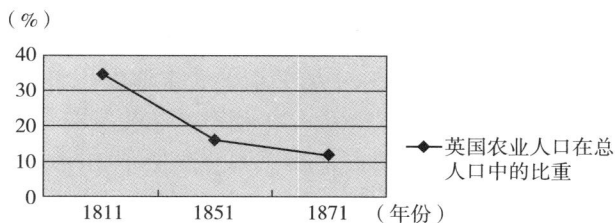

图 7.4 英国农业人口在总人口中比重的变化

7.2.2.4 地区差异巨大，发展极端不平衡

这里指的是不同地区迁移情况的不平衡，也就是迁出或迁入在数量上存在较大差异，既包括迁出或迁入的绝对数量，也包括迁出者或迁入者的比例。

尽管法国农村劳动力转移速度自 19 世纪以来变化很大，即先慢后快，但是地区间的不平衡是一贯的。此外，各区的迁移差额悬殊。迁入量和迁出量之差即为迁移差额。如果某个区的迁入和迁出量相差无几，即说明人口流动对该区的人口或劳动力的增减变化影响不大，然而对法国来说这样的区极少，或几乎不存在①。

7.2.2.5 劳动力转移的相关政策

法国政府历来重视农业的发展，它的农业政策的总目标是要使农业提供给市场的全部产品都是标准化、高质量和低成本的。为此必须使农场经营从手工劳动阶段向产业化阶段过渡，也必须使农民成为具有首创精神并始终关心市场和经济效益的经营者。简而言之，就是要达到农业产业化。为此，法国政府制定了一系列扶植、保护农业发展的政策和措施，例如曾颁布过 1960 年"农业指导法"、1962 年"补充农业指导法"、1980 年"农业指导法"等。在这里我们着重要谈的是关于"促进和优惠一种家庭农场结构"的政策，这种农场要"能够尽量地利用现代生产和技术方式以及便于对农场劳动力和资本的充分利用"，这种农场一般应该由两个农业劳动力来经营，其面积应根据"天然地区以及耕作性质或经营类型来确定"。鼓励这类农场的发展就是要减少小型农场，发展中型农场，使青年农民安心在农业部门工作，也是要尽量杜绝前述农业劳动力自发外流造成的消极因素。为了改造旧农场和创立符合上述标准的新农场，法国政府实施的办法如下：

---

① 王章辉等. 欧美农村劳动力的转移与城市化 [M]. 北京：社会科学文献出版社，1999.4.

（1）成立各种机构以便有效落实政策。如"地产整治和农村建设公司"，其宗旨是通过在土地市场的行为，改善地产结构，扩大某些农场的规模，以及为使土地适合于耕作和为把农民安置在土地上提供方便。这种机构几乎在全国各地都有，约设有 30 个。这是一种中间机构，不以盈利为目的，由国家严密控制，其行政委员会由国家官员和农业职业代表组成。这是一种股份有限公司，股东不是农民，而是各省农业职业组织，特别是农业信贷银行和农业互助组织。这些公司享有先买权，即利用国家资金先购买一些土地，在可能的情况下把土地整治好，使之可以使用，这项工作的进程最长不能超过五年，然后再把它们转卖给农民。这种公司对平衡地价起了积极作用，可以说是昂贵的地价促成这种机构的诞生，以帮助贫穷的农民拥有中型家庭农场。到 1966 年底，它们促成建立了 1273 个各拥有 32 公顷土地的农场，并使 5960 个其他农场平均扩大土地面积 7.6 公顷；当时全国已有 3200 万公顷可耕地，190 万个农场。从 1962～1978 年，这些机构每年购买 8 万公顷土地，其中 58.1% 首先用于扩大或改造农场规模，共扩大和改造了 10.6 万个农场；29.8% 用于安置 6800 名农民，全国约 1/10 的农民是从"地产整治和农村建设公司"得益的。

根据《补充农业指导法》，1962 年成立了"整治农场结构社会行动基金会"，后又于 1965 年成立"全国整治农场结构中心"，两者都与上述"地产整治和农村建设公司"配合工作，前者提供资金，后者具体使政策、措施付诸实施。除了上述机构外，还有一些官方的咨询机构和职能更有限的机构。

（2）法国各个银行通过信贷对农业投资，其中最主要的是法国农业信贷银行。在中央设农业信贷银行，在省一级设 100 多家地区银行，基层的地方银行有 3000 多家，下设分理处 8500 个。人们通过地区农业互助信贷银行发放贷款，为鼓励农场集中，向农民提供较长期贷款和低息贷款，款项可达购买地产价值的 60%。法国政府规定优惠贷款的对象是愿意扎根于农村从事农业的青年农民以及自然条件不利地区的农民。农业贷款逐年增加，1950 年仅有 17.14 亿法郎，1960 年上升为 119.21 亿法郎，其中为扩大农场规模以及推进机械化而发放的中期贷款的比重也逐年增长，1950 年仅占 20.5%，1960 年上升至 39.4%，1975 年达 70%。农业互助信贷银行的资金主要靠公众自筹，但国家对农业信贷银行因发放优惠贷款而遭受的利息损失给予补贴。这个补助金在国家对农业投资中的比重逐年上升，1964 年为 4.07 亿法郎，1972 年达 14 亿法郎，1978 年升至 45.6 亿法郎，14 年内其比重直线上升，从 21% 增至 60%。农业贷款对扩大农场规模和鼓励青年农民务农起了重要作用。

（3）促使土地出让，以扩大农场规模的两项措施。对改换职业的农民予以资助。农业现代化使一部分农场主、家庭辅助劳力或农业工人因就业不足而迁移，他们为在选择其他职业时具有均等的机会，需要接受专门培训。"全国整治农场结构中心"承担向他们提供培训的路费和生活费，这项措施可使移居者更容易找到他们力所能及的、有合适报酬的职业，同时也有利于他们更快适应新地区的生活，融入新的社会群体。如果移居者为农场主，他们的土地就会转让出来，尽管数量有限：每年约有 3000～4000 个这样的农场主。向停止务农的老农发放终身年金。政府鼓励老农停止农务，甚至自动让出农场，为此，给予他们终身年金。政府实施这项措施是为了降低农场主的平均年龄，因为年轻化有利于现代农业发展；也为了扩大其他农场规模，以利于改善农场效益。到 1969 年 7 月 1 日为止，政府已向 17.1 万人发放了终身年金，当时提出申请的还有 6.15 万人。政府给予的年金数额很可观，几乎逐年上升，1965 年仅为 2870 万法郎，1967 年达 1.26 亿法郎，1970 和 1972 年分别跃至 3 亿和 10 亿法郎。由于大量老农放弃农场，从 1963 年~1970 年约有 510 万公顷土地可以被重新分配，相当于法国可用农田面积的 16%。这些土地中有 56% 用于扩大其他农场面积，38% 用于建立新农场，6% 改作他用。这项政策不仅使农场规模扩大了，而且使农场主年龄结构得到调整，农业劳动力年轻化，64 岁以上的农场主比例从 1962 年的 12% 降至 1990 年的 3%，而 40~59 岁的农场主比例在同一时期内从 41% 升至 57%。

（4）为了扩大农场规模，政府鼓励建立另一种新形式的农场。即两个以上条件类同的中、小规模家庭农场的自愿联合，称作"农业共同经营组合"。联合不是一部分农场对另一部分农场的兼并，而是合伙经营，地产、农机、农具等可以统筹合理利用，但不改变所有权，最后一起分红。各个合伙成员是平等的，各自仍享有合伙前农场主的经济、社会、税收方面的待遇。政府对每个经营组合提供起动经费，如果两个农场联合，可享受 25000 法郎资助，此外在购进土地和其他生产资料以及搞农田基本建设时，可向农业互助信贷银行申请低息中、长期贷款或得到国家补助金，在农业技术普及方面也享有优惠。到 1977 年，已有 10900 个平均面积为 80 公顷的经营组合诞生，其中大部分是两个农场的联合，仅有 21% 是两个以上农场的联合，仅有 700 个是 4 个或 4 个以上的合伙经营体。这些组合中绝大部分（约占 84%）在有亲属关系的农民之间进行，如父子间、兄弟间，在一定程度上对把农村人口，特别是青年农民稳定在农村起到了有力的作用。虽然有些组合由于缺乏经营能力和不习惯于协作等因素在后来不欢而散，但是有相当一部分持之以恒，运转顺利，效益良好。

（5）政府对农场的迁移给予鼓励。由于农村人口流动的无序状态，法国地区差别很大，有些地区人口过剩，有些则缺乏劳动力；有些地区很富裕，有些则十分贫瘠。政府在 1950 年代就把农业地区间的农业劳动力迁移视作解决差异的优先办法。迁移者如果有能力务农，并且在迁入地能建立一个面积相当于最起码是中型规模的农场，就可以享受到政府的安家补助，并返还他们交通费用和搬家费用。从 1949 年到 1973 年，有 10000 多个家庭离开故土迁移到人少地区，占有 40 万公顷土地。虽然这不足以彻底改变农业人口分布的不平衡，但是迁移者经营的农场规模扩大了，每户平均占据 40 公顷的土地。此外，能够迁移的农民一般都相对年轻，有活力和创造力，因此，他们会重新考虑新到达地区的耕作制度和生产方式并进行革新，以提高农业劳动生产率，附近的当地农民还会效仿他们，这对发展当地经济，缓解地区差异有积极的推动作用。

（6）政府对青年农民的安置和培训给予资助。农业劳动力老龄化令人担忧，政府不惜工本鼓励青年农民留在农村务农。在 1970~1975 年间，45% 以上的农场主超过 55 岁。为了改变农业劳动力的年龄结构，必须采取优惠政策吸引青年农民经营农场。最初这项政策主要在农业不发达地区实施，从 1976 年开始扩展到全国，一般情况下，资助每个愿意经营农场的青年农民 25000 法郎安置费用，在劳动力缺乏的农业地区，安置费用提高到 30000 法郎，山区就更高了，给予 45000 法郎。当然，资助对象有一定条件，他们必须在农村有过 5 年的农业实践，或必须拥有适当文凭或证明；他们必须经营一个中型农场，并要提出 3 年的生产规划；还要保证尽全力经营好农场，5 年内不得离去。尽管有这些限制，很多青年农民还是跃跃欲试，至 1977 年已有 6500 人得到了安置。由于他们年轻有为，思想开放，他们会采用现代化生产方式带动其他守旧的农民。

此外，法国政府从 1960 年起，一方面改革农业教育，把义务教育的年限从 6 年延长至 9 年，另一方面为了使农民，特别是农民子弟能在农业部门的新职业岗位上就业，政府给予助学金，对农民进行职业再培训。"整治农场结构社会行动基金会"和"全国整治农场结构中心"先后负责落实这项措施。根据补充农业指导法的规定，可享受培训者的年龄为 18 ~ 45 岁。到 1988 年，各年龄段接受过农业教育的青年农场主的比例如下：30 ~ 34 岁的有 60%，25 ~ 29 岁的有 71%，25 岁以下的有 75%。法国政府这样做是力图为青年农民创业提供方便，使他们获得必要的农业生产和经营的基本知识以及更新的农业生产技术和现代经济管理方面的知识，并促使这些有知识的青壮年农民进行大部分农场的开发和经营，以稳定农村地区的发展，避免由于农业劳动力的盲目外流而造成法国农业的落伍。

7.2.2.6 借鉴与启示

法国城市化水平从 17.3% 提高到 50.8%，用了近 130 年，从 28.9% ~ 50.8% 用了 70 年，从 50% 到基本实现高度城市化的 71.3% 用了近 40 年，根本原因就在于上述四个城市化加速发展的条件不是同时具备的，而是在长达 150 年的时间内先后形成的。特别是其对小农经济的改造严重滞后，到第二次世界大战后才真正开始，到 1960 年代末期才完成。城市化机制的缺失是其城市化滞后的最重要的原因。

7.3 韩国

韩国在 30 年左右的时间内经历了高速的城市化过程，成为高度城市化的国家。1930 年只有 5% 以下的人口居住在城市，1960 ~ 1985 年，韩国城市化水平从 36% 上升到 74%，25 年提高近 40 个百分点，2000 年，城市人口更高达 89%。

韩国的城市化过程有三个转折点。第一个是日本把殖民地政策从剥削农业转变为工业的 1930 年代。第二个是光复后大量回国人员和朝鲜战争期间从北方来的难民为寻找就业机会定居于城市。第三个也是最为重要的转折出现在 1960 年代以后。随着经济开发和工业化加快，无数的农村人口流入城市，在此过程中伴生急速的城市化。政府推行了以低工资为基础、轻工业为中心的输出主导型开发政策。为扩大输出，政府扩大既有工厂的生产能力，随之城市人口也增加。新建制造企业也建立在基础设施较好又易于取得劳动力的城市地区。

经过这一过程，国土利用更趋城市性。2000 年，在韩国 99460km² 的国土中，农耕地和林地占 87%，而住宅用地（2.4%）、工厂用地（0.5%）等城市用地仅占 2.9%，道路、铁路、学校用地等公共用地占

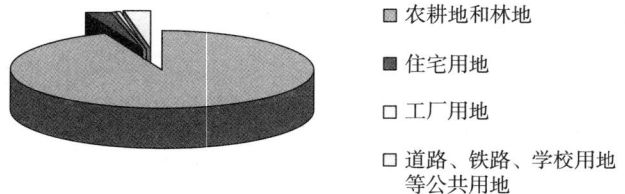

- 农耕地和林地
- 住宅用地
- 工厂用地
- 道路、铁路、学校用地等公共用地

图 7.5 2000 年韩国国土利用

2.7%。4800 万人居住在占国土面积 2.4% 的区域，所有产业活动在仅占国土面积 0.5% 的空间上展开。

城市用地的规模虽然小，但是城市用地的增长率还是相对较高的。在过去 25 年间，城市用地和公共设施用地分别增长 1.63 倍和 1.45 倍。另外，虽然传统的农耕地（水田和旱地）减少 6.5%，但果园和牧场用地等商业用途的农耕地却各增加 41 倍和 69 倍。

7.3.1 城市化机制

韩国城市化机制有三个明显特征。[①]

一是经济规律对城市化模式的决定作用。朝鲜战争后韩国经济的高速增长决定了城市化的高速发展。与欧美国家相比，韩国的经济增长都是时间上的"压缩型"形式，即在相对短的时间内完成同样的工业化过程，这种时间上的压缩性直接导致了空间上的压缩性。为了在尽可能短的时间内获得尽可能快的经济增长，必然要以经济效率为首要原则来衡量经济活动的区位选择，而空间集中式的格局可以获得高的规模效益，从而决定了城市发展的空间高度集中模式。另外，外向型的经济战略又决定了产业活动向沿海港口城市高度集聚。因而，韩国的城市发展均体现出既迅猛又集中的特点。

二是基础设施的重要意义。高水平的交通、通信基础设施，无论在韩国城市发展的集聚时期还是分散时期，对城市体系结构的形成均起了不可低估的作用。在城市发展集聚期，便利的基础设施为生产要素高度流动提供了条件，使城市的集聚成为可能，大都市区、城市群、都市带的形成均由高水平的基础设施作保证。例如韩国第一条高速公路——京釜高速公路成为连接两大城市集聚区的通道，而且在通道上形成了韩国的主要城市集中区。首尔都市圈的形成是由交通线作导向的。在城市的分散发展期，一方面，发达的基础设施为加强各等级城镇间、城乡间的联系，实现城乡一体化发展提供可能；另一方面，基础设施通过改变时空距离概念直接影响中心城市等级结构的框架，使中心城市的数量、辐射范围产生变化，从而影响城市体系结构。

三是政府与政治制度对城市化模式的引导作用。首先，韩国虽然是市场经济型国家，但是政府在经济中的作用始终左右着发展的时空结构，区域经济开发和规划很大程度上是在行政计划框架之内运行的，一般通过工业化用地（经济开发区）的设立和开发来推动人口等要素向某些区位的快速集聚，这似乎是一种典型的"计划空间"结构。这是韩国工业化战略实施，尤其是新兴工业城市迅速崛起的重要机制。1960~1970 年代，人口迅速向东南沿海地区集中的原因，就在于韩国所推行的工业化模式——开放型工业化。再者，在韩国的政治制度中，中央集权的特征比较明显，这又是城市高度集中发展的主要因素。作为这种制度的象征，国家的首都在全国经济、政治、文化生活中发挥着卓越的作用，在城市体系中居于突出的城市功能地位。这在一定程度上削弱了非首都城市的竞争能力，从而制约着全国城市的体系结构。全国几个主要的中心城市在整个城市化过程中始终在规模结构以及功能结构上具有突出地位，如韩国的六大城市占全国城市总人口的 59.7%（1990

---

① 罗罡辉. 韩国的城市化和土地市场 [N]. 中国房地产报，2003 – 05 – 09.

年）。另外，首位城市的集聚度和优先增长非常突出，这一特征一直保持到国土高度城市化阶段。如1990年首都首尔的人口规模为1064.3万人，城市首位度为2.79。最后，这种政治制度对城市发展的引导作用，还表现在因制度的若干差别而产生的城市体系的差别上。韩国的中央集权程度很强，在城市体系中，除了首都之外，较强的是一些新兴工业城市，而地方中心的发展活力并不强。

7.3.2 农村劳动力转移与新村运动

韩国是发展中国家或地区中农村剩余劳动力转移速度最快的。[①] 目前，它的农业劳动力份额已下降至20%以下，比二战初期下降了50%多。韩国基本完成了农村剩余劳动力转移的任务。从具体的转移模式看，韩国选择了集中型转移方式，其农村剩余劳动力主要涌向大城市；若从促使农村剩余劳动力转移的具体发展战略和政策上看，首先，韩国资金较为雄厚，为经济腾飞和农村剩余劳动力转移提供了资金保证。在资金来源上，韩国主要靠资金输入，据不完全统计，1962~1981年，韩国共吸收国外贷款486.5亿美元，利用外资来增加就业机会。1967~1982年，韩国平均每年新增就业37.5万人，其中，有13.5万人（占36%）的就业机会是由外资诱发的。其次，韩国在经济起飞初期实行了以劳动密集型工业为重点的工业发展战略。

韩国是在农业发展不足的条件下实现转移的。长期以来，韩国一直实行只重视工业而忽视农业的发展战略，农业生产始终处于落后状态。韩国主要靠大批进口粮食来支撑农业劳动力的转移。据统计，韩国在经济腾飞的1960~1970年代，每年进口的谷物都在1000万吨左右，占国内需求量的50%以上。韩国的中小城市以及农村非农产业不发达，农村剩余劳动力主要涌向工业发达的大城市，造成了交通拥挤、住房紧张、污染严重等"大城市病"。

1960年代，韩国启动了以"出口导向"的工业化战略，韩国工业化和城市化的步伐大大加快。但在同一时期，政府忽视了农业的发展，粮食和供应加工业的农产原料严重不足，在1960年代，政府收购农民的大米和小麦的价格只有市场价格的75%。城市居民和农民的年平均收入也扩大了差距，1962年的农户年平均收入是城市居民的71%，而1970年降到61%。当时，在全国农村人口中，经营不足1公顷耕地的农户占67%，他们的年平均收入还不到城市居民的50%，而且这种差距有继续扩大的趋势，导致农村人口的大批流动。农村人口占全国人口的比例从1950年的70%降到1971年的46%。农村人口的大量无序迁移，带来了诸多的城市问题和社会难题。农村劳动力老龄化、弱质化，农业后继无人，加上农业机械化发展滞后，导致部分农村地区的农业濒临崩溃的边缘。

面对城乡之间巨大的发展差距，韩国政府在1970年代初把农村开发列为国家发展战略，开展了轰轰烈烈的"新村运动"。

1. 从每个村平均发300包水泥开始——新村运动的实施

为解决农村与社会问题，韩国政府在实施第三个五年计划时（1972~1976年），把"工农业的均衡发展"、"农水产经济的开发"放在经济发展三大目标之首位（其他两个目

---

① 金正勇. 韩国"新村运动"对"三农"问题有何借鉴 [J]. 农业科技参考，2004 (11)：22.

标是扩大出口和发展重化学工业）。在此期间，韩国政府投资 20 亿美元，启动农村地区的综合开发。

1970 年，韩国发起了"新村运动"，设计实施一系列开发项目，以政府支援、农民自主和项目开发为基本动力和纽带，带动农民自发的家乡建设活动。以勤勉、自助、协同为基本精神的新村运动先在农村开展后，以振兴国家为动力，迅速波及工厂、学校及城市，并向全国范围扩大。

1970 年 11 月至 1971 年 7 月，韩国政府为全国所有农村每个村免费平均提供 300 袋水泥，并限制农户不得自行处理水泥，而要用于村里公共事业。地方政府为用好这些物质，设计了近 20 种建设项目，如修建桥梁、公共浴池、洗衣场所、修筑河堤、改善饮水条件和房屋、村级公路等。

村民们得到这些援助物质后，纷纷组织动员起来，共同出力合作完成村里的公共事业。

新村运动的第一年，村民反映比政府预期的还要好：全国 35000 个村庄中的 16000 多个村表现积极，成绩显著。政府还将 35000 个村划分成自立、自助、基础三级，政府援助只分给自立村和自助村。到 1978 年，基础村基本上消失，约有 2/3 的村升为自立村。

2. 实实在在的项目开发，吸引农民的参与——新村运动的主要内容

新村运动初期，政府把工作重点放在改善生活环境上，通过一系列实实在在的项目开发和建设工程，增加了农民的收入，改变了农村面貌，得到了广大农民的拥护和称赞。

（1）改善农村公路

新村运动初期，全国大部分农村都组织实施了修建桥梁、改善公路的工程。到 1970 年代后期，全国实现了村村通车。不少农民无偿让出自己的土地，供村里修路。

（2）改善住房条件

1971 年，在全国 250 多万农户中，约有 80% 住在茅草屋，但到 1977 年，全国所有农民都住进了换成瓦片或铁片房顶的房屋。改善屋顶工程逐渐转变成以建新房为开端、建设新农村的事业，政府也积极给予贷款，支援农民改善居住条件和环境。

（3）农村电气化

1960 年代末，在韩国农村只有 20% 农户有电灯。到 1978 年，全国 98% 的农户装上了电灯，1990 年代全国已实现电气化。

（4）农民用上自来水

新村运动开始时，村民们自觉地把山上的水引到村里的蓄水池后，用水管接到每家每户。1980 年代，普遍使用汲取地下水的井管挖掘机，农村环境卫生条件也明显得到改善。

（5）推广高产水稻品种

新村运动初期，政府推广"统一系"水稻高产新品种，使韩国的水稻生产跨入划时代发展阶段。水土条件相近的 10 至 30 户农民，在掌握先进耕种技术的班组长带领下，共同选种、育苗、插秧、施肥、灌水，直到收获。这种共同协作的"集团栽培"，提高了全国农民的水稻栽培水平。

（6）增加农民收入

韩国农民收入的明显提高是从 1970 年代开始的。1970 年，农户年人均收入 137 美元，

到 1978 年，农户年人均收入 649 美元。

韩国农民收入的急剧提高，得益于如下几个因素：①在全国范围内推广水稻新品种；②政府为保护水稻新品种的价格，给予财政补贴；③部分农户改种经济作物，调整优化农业结构；④政府以新村运动的名义，大量投资，扶持农村经济持续发展。

（7）兴建村民会馆

从开展新村运动的第二年开始，各地农村纷纷兴建村民会馆。农民有了自己的会馆以后，不仅用来召开各种会议，还用来举办各种农业技术培训班和交流会。村民会馆还经常向村民展示本村发展计划和蓝图。在村民会馆组织的各种活动中，农民学会了与各级政府同心协力、共同改变农村落后面貌的实践能力。

3. 政府从支持、推进变为规划、协调、服务——新村运动的深化

1990 年代，韩国政府认为已经完成了运动初期需要政府支持、协调和推进的使命，于是便通过规划、协调、服务来推动新村运动向深度和广度发展。然而，农业本身的比较效益低，仍需政府的一些保护和扶持。

1994 年 6 月，由当时的金泳三总统主持召开的"推动农渔村及农政改革会议"，研究制定有关促进农渔村发展的 14 项 40 条政策措施，力争在 20 世纪末，使农民年均收入超过城镇居民的收入水平，21 世纪初实现现代化的农村。主要内容如下：

教育：优先照顾农村高中毕业生升学；优先在农渔村地区建立专科大学；完善农渔村小学的各项办学条件；对农渔村学校的教师给予优厚待遇；提高农渔村高中生减免学费比率。

医疗：由国家财政承担农渔村医疗保险的比率从现在的 40% 提高到 50%～60%；定期对农渔民进行体检。

农渔民年金制度：自 1995 年下半年开始实行农渔民年金制度，最低等级金额的 1/3 由政府从农特税中支出。

减轻农渔民负担：免除畜牧业用物质生产增值税；对经营耕地少的农民及收看电视困难的农民免收费。

另外，在扩大非农收入、建设现代化的农渔村、扩建农渔村公路、鼓励经营农业、增加信用保证基金、搞活农用耕地交易、健全食品加工制度、建立竞争制度、建立健全农业支持机构等方面推出了诸多具体措施。

韩国的"新村运动"在国家发展和社区经济开发中发挥了巨大的作用，使农业与农村经济发生了巨大变化，农村居民和城市居民的收入差距进一步缩小。1993 年，农村居民的收入已达到城市居民的 95.5%。同时农民通过新村运动树立的勤勉、自助、协同精神和意识仍鼓舞着韩国农民积极向上和奋发进取的主人翁意识和勤劳致富的精神，值得学习和借鉴。"新村运动"是在农业萎缩、农村衰退、社会颓废的大背景下，农民得到政府、社会各界和城市居民有组织的支持和呼应而发起的自助、致富活动，也是城乡、经济社会均衡发展的成功尝试和具体实践。

7.3.3 借鉴与启示

1960 年代，韩国启动了以"出口为导向"的工业化战略，韩国工业化和城市化的步

伐大大加快。同一时期，政府忽视了农业的发展，粮食和供应加工业的农产原料严重不足，韩国一直实行只重视工业而忽视农业的发展战略，农业生产始终处于落后状态，韩国主要靠大批进口粮食来支撑农业劳动力的转移。

面对城乡之间巨大的发展差距，韩国政府把农村开发列为国家发展战略，开展了"新村运动"。韩国的"新村运动"是韩国城市化过程中的一个制度创新，是城市化过程中，政府推动的城市对农村的"反哺"，其目的是通过倡导农民"勤俭、自助、合作"以及社会各界的支持来建设一个共同发展的"新社会、新韩国"。

7.4 日本

7.4.1 城市化过程和特点

日本城市化开始于明治维新时期，但直到 1940 年，城市化水平仍落后于当时欧美工业化国家。日本的城市化是伴随工业化发展起来的，1956～1973 年间是日本工业发展的黄金时期，农业劳动力转移量年均达到 42.9 万人，城市化也进入加速期，并于 1975 年达到75.9%，实现了人口城市化。在日本城市化的进程中，同样出现了大都市区（日本称之为大都市圈）超前发展的现象。按日本政府的定义，日本共有 7 个中心城市人口达百万以上的大都市圈，其中最为著名的是"东京圈"、"名古屋圈"、"京（京都）阪（大阪）神（神户）圈"三个大都市圈。此外，日本还有 4 个中心城市人口达 50 万以上的都市圈。日本城市化的主要特点是[①]：

7.4.1.1 由政府引导的城市化

在日本城市化发展的过程中，政府对工业发展和城市布局起着重要指导作用。二战后，特别是五六十年代，日本政府为工业的重建提供了重要的投资基金，在工业建设用地、工业区的准备，工业用水和交通设施的建设以及技术帮助等诸多方面，提供了多种多样的金融支持和帮助。另外，政府大力倡导发展出口行业，外向化的经济战略使产业向沿海城市高度集中。1980 年以来，随着经济不断发展，人口和社会各项职能开始向东京集中，形成了"东京圈"控制其他区域的局面。日本最大的 10 个城市也集中分布在太平洋东岸的工业带，而且有 7 个位居从东京到大阪的东海道都市带内。为解决区域发展不平衡问题，日本先后制定和实施五次全国综合开发规划，形成了包括区域规划与城市规划在内的较为完善的规划体系。

政府极其重视对农村城市化的投资，主要采取制定规划、法律法规保障和资金扶持三大手段。在制定规划方面，除了中央政府制定的总规划以外，各都、道、府、县、町政府都制定了本地区规划。从 1970 年代至 1990 年代，政府的农业预算每年以 20% 的速度增加。1998 年，政府投入基础设施及改善农村环境的资金为 10840 亿日元（约 90 亿美元），2000 年为 21750 亿日元。

---

① 高强. 日本城市化模式及其农业与农村的发展 [J]. 世界农业，2004（7）：24.

7.4.1.2 内力作用和外力作用相结合的城市化

日本城市化不仅得益于自身努力，外部因素也起了不可低估的作用，在日本城市化急剧推进的 1950～1960 年代，正是国际环境有利于贸易和经济增长的时期。外资及技术的引进加快了日本城市化的进程。1950～1970 年日本共引进外资 126 亿美元，向国外借款 67 亿美元，另外还有证券投资 59 亿美元。尽管在日本经济发展中，以本国资本为主，外资占的比重较少，但由于外资主要集中在电子、钢铁、公路、铁路、机械、石油、化工和海运业等基础生产部门，这为日本工业化和城市化提供了直接动力。而且在二战后，日本国内资金严重不足，1950 年代引进的 28.5 亿美元的外资对日本经济的起飞起到了重要作用。

二战以后，日本在购买国外先进技术方面始终走在前列。积极引进、消化、吸收和改造国外技术，成为日本工业化和城市化的一大动力。据统计，1950～1973 年，日本共引进技术 863 项，累计金额 43.56 亿美元，其中 1950 年代年平均引进技术 233 项，1960 年代年平均引进数猛增到 1090 项，技术引进带动了日本的技术革命。

7.4.1.3 高度集中城市化模式

日本城市化是一种人口从农村及小城镇地区向太平洋沿岸城市移动的过程，日本三大都市中心分别是东京、大阪、名古屋。东京是最大的都市区，目前 1.26 亿日本人口中的 25% 生活在东京的 23 个行政区及其周围，1998 年三大都市区人口占全国人口的 46.8%。集中性还表现在城市国土空间分布上的高度集中。日本的 10 大城市集中分布在太平洋沿岸工业地带，而且 7 个分布在从东京到大阪的东海道都市带内。

7.4.1.4 工业化与城市化同步推进

日本采取了工业化与城市化并重方针，随着工业化的迅速发展，国家经济实力的增强，使政府有能力来大力建设农村的公共设施。连偏僻山区的农村也实行了现代化，基本没有城乡差别。

日本自 1960 年代初推行工业化政策以来，由于城市工商业为农村剩余劳动力提供了大量就业机会，农户转移速度加快，农户人口急剧减少。据统计，1960 年日本农户为 606 万户，1975 年减至 495 万户，1990 年农户数降至 383 万户，农村人口占总人口的比例 1980 年为 18.3%，1990 年为 14.0%，2000 年为 9.2%。工业化快速发展，吸收了大量农户到城市就业，1965 年日本第二产业增加值占 47.9%，非农就业比重占 75.3%，城市化达 68.1%，二、三产业发展成为城市化的主要动力。

日本工业化与城市化协调发展，与日本工业的特点有关。日本轻重工业之间关系比较协调，日本轻工业的比较劳动生产率一直大大低于重工业，吸纳了工业化过程中大量从第一产业转出的劳动力，而重工业则始终保持高技术密集性，比较劳动生产率高，技术进步快，从而为整个国民经济的发展提供了先进的技术设备。

日本工业化的另一特点是中小企业发挥着十分重要的作用。在日本城市中最早能吸收劳动力的是一些技术要求不是很高的小企业。据统计，日本从 1950 年代到 1970 年代的城市化大发展期间，中小企业发展很快。1954 年，日本共有 328 万个中小企业，从业人数 1477.58 万人，到 1971 年，中小企业发展到 508 万个，从业人数达到 3040 万人，增加了 1 倍多。

7.4.1.5 注重发挥小城镇的综合功能

日本的小城镇，一般是指人口 3~10 万的小镇（日本称为町），政府、当地企业和居民都十分重视发挥其经济功能、社会功能和生态功能等一系列综合功能，并采取传统风俗与现代文化相结合，推进城乡交流、生态旅游和观光农业共同发展等措施。

7.4.2 农业与农村发展

日本在处理城市与农村发展关系方面较为成功。[1] 日本政府比较注意农村、农业的发展问题，制定了大量法律促进农村发展，如为扶持山区农村及人口稀疏地区的经济发展，制定了《过疏地区活跃法特别措施法》、《山区振兴法》等；为促进农村工商业的发展，制定《向农村地区引入工业促进法》、《关于促进地方中心小都市地区建设及产业业务设施重新布局的法律》等。同时，日本政府也比较重视对农村、农业的投资，投资方式多样化。中央政府主要对建设项目进行财政拨款及贷款，地方政府除财政拨款外还可发行地方债券进行农村公共设施建设。农村基础设施的改善，加强了城市间、城乡间的联系，为实现城乡一体化提供了可能，而农村发展也为城市产业和人口的扩散开辟了道路。由此，日本农村发生了很大的变化，农业不再是农村的支配产业，到 1980 年农村从事第三产业的比率高达 42%，小城市得到了较快发展。

日本农业、农村发展经历了一个曲折发展的过程。[2] 1950~1960 年代人口转移是以向城市转移为主，农村地区向大都市地区的人口转移始终占日本国内人口转移总量的 1/3 以上。1958~1960 年，到非农产业就业的农业劳动力每年为 68.6 万人，其中有 41 万人流入城市，占 59.5%，而流入农村非农产业的仅有 27.6 万，占 40.1%，结果形成了农村地区的人口过疏问题：农村人口稀疏、产业衰退、基础设施奇缺、文化水平落后。

日本农业的发展也为适应城市化发展做出了调整，为了使农户有时间在城市从事非农产业，必须设法提高机械化程度。1960 年日本用于农业机械的支出为 841 亿日元，1975 增加到 9685 亿日元，增长了 10 倍多，1970 年代中期已基本实现了从耕作、插秧到收获的全面机械化。机械化的发展又进一步促进了城市化，但片面适应城市化也给农业带来一系列的问题：第一，使农业生产费用大增。1950 年每一农户平均农业经营年投入仅为 4 万日元，1987 年达到 171.4 万日元，比 1950 年增加了 36 倍还多。第二，在城市化过程中农业用地被大量占用，粮食产量及自给率大大降低。日本从 1940 年农业用地面积开始减少，到 1990 年代损失了 52% 的农田，粮食产量比最高产量减少了 33%，结果粮食主要依靠进口，1993 年日本粮食消费总量的 77% 依靠进口。

---

[1] 宁越敏. 让城市化进程与经济社会发展相协调——国外的经验与启示 [J]. 求是，2005（6）：27.
[2] 李健. 日本城市化模式及其农业与农村的发展 [J]. 世界农业，2002（7）：18.

随着农村城市化的完成，农业、农村逐步现代化。随着经济发展和农村城市化，农业人口减少，农业生产率提高，政府对农村基础设施投入增加，城乡收入差别缩小。同时农业人口的减少为农户规模的扩大及农业现代化创造了条件。

随着日本农村城市化，农村人口减少，农民收入增加，对土地投入增加，从而促进了农业劳动生产率的提高。从主要农产品单位面积产量看，1960～1986年，水稻平均由 4010kg/hm² 提高到 5260kg/hm²，小麦由 2540kg/hm² 提高到 3570kg/hm²，分别提高了 31.2% 和 40.6%。1985年，日本每公顷谷物的单产高达 5790kg，远远高于发达国家的平均水平 2960kg。日本的劳动生产率，在 1952～1972 年的 20 年间，提高了 3.2 倍。

1965 年每个城镇工人年收入为 17.7 万日元，每个农民年收入为 14 万日元，到 1977 年农民年收入为 92.2 万日元，工人为 81.7 万日元，高于工人 10 万日元。随着收入的增加，农民的生活条件也得到很大改善，实现了生活城市化和电气化。1978 年，每万农户拥有的汽车量为 65.7 辆。在政策引导下，农村发生了很大变化。农村不再是单一农户居住的区域，而成为专业农户、兼业农户、非农户混居的社区，农业不再是农村的支配产业。1980 年日本农村中从事第三产业的人口比率达到 42%，大大超过了从事农业的比率（24%）。尤其是地方小都市得到了较快发展，人口在 1 万至 8 万，遍布全国。如长野县小布施町，1999 年总户数为 3017 户，人口 11436 人，劳动力 6655 人，从事一、二、三产业的劳动力分别占总劳动力的 25.4%、34.2% 及 40.4%。一、二、三产业紧密配合，经济、社会发展生机勃勃。

7.4.2.1 农地改革

二战结束后，日本政府针对土地所有关系对经济发展和政治体制的不利影响，在美国的干预下在全国范围内对半封建的土地制度进行了一次资产阶级民主改革。日本的农地制度和政策演变大致经历了两个阶段：第一阶段形成了自耕农为主的小农经济体制；第二阶段从制度上促进农地流动，推动土地规模经营的发展。农地改革的标志是：1946 年底，日本政府颁布了《修正农地调整法》、《自耕农创设特别措施法》，实行农地改革。改革的具体内容主要包括：①创设自耕农，调整租佃关系，由政府强制收购不在村地主的全部土地及在村地主 1 公顷以上的出租土地，按国家规定价格转卖给佃农，分若干年付款；②自耕农拥有土地不得超过 3 公顷；③改高额实物地租为低率货币地租，限制地租最高额，如水田不超过产量的 25%，旱地不超过产量的 15% 等，并严格限制变更租佃关系。农地改革到 1950 年 7 月完成。通过改革，自耕农从战前的 187 万户上升到 1950 年 2 月的 382 万户，佃农则从 164 万户降为 31 万户，这时的租佃土地也从占耕地总面积的 46% 缩小为 9.3%，半封建的地主土地所有制基本瓦解。

7.4.2.2 国土综合开发计划

日本是亚洲大陆东部的群岛国家，由本州、北海道、四国、九州 4 大岛和 3900 多个小岛组成，4 大岛的面积约占全国面积的 96%。基于人多地少的基本国情，日本的国土政策，是以有限的国土资源为前提，有效地利用地域特性的同时，有计划地整治人和自然的相互协调的、具有安定感的、健康而文明的人类居住环境。有计划的整治和国土均衡发展，为日本国土规定的核心。日本于 1950 年制定《国土综合开发法》。该法由 4 个计划体系组成：全国综合开发计划、都道府县综合计划、地方综合开发计划以及特殊地区综合开发计划①。

在狭小的国土上，拥有稠密人口的日本，土地成为宝贵的资源，因此，力图最合理地利用适应自然的、社会经济条件的土地，成为日本国民生活安定和经济顺利发展的重要课题。1974 年日本颁布了《国土利用计划法》，成立了国土厅，制定了全国范围的"国土利用计划"。这个计划分为 3 个层次，即全国范围的"全国计划"；都道府县区域范围的"都道府县计划"；市町村范围的"市町村计划"。关于这 3 个层次的计划，《国土利用计划法》中规定："市町村计划"以"都道府县计划"为准，"都道府县计划"以"全国计划"为准。通过法律把国土利用计划摆在一个很高的位置，涉及国土方面的其他任何计划都要从属于这个计划。

随着日本工业现代化的进展，沿海大城市及其周围地区的工业人口高度集中，由此带来了严重的社会问题。首先，是人口的过度膨胀。东京、大阪、名古屋三大都市圈占全国土地面积不到 6%，而人口则几乎占全国的一半，这就引起了大城市及其周围地区的居住困难、地价高昂、交通拥塞等问题；而工业的高度集中，又使工业用地、用水和运输极其紧张，并造成了严重的公害。这些"过密现象"阻碍了产业的进一步发展。另一方面，在农村和山区，却是人口减少，经济落后，"过疏现象"日益严重，地方财政收入日益低下。

面对这些逐渐暴露出来的问题，日本政府从 1960 年代以来，先后制定了四次"国土开发计划"（即"全国综合开发计划"），以谋求纠正国土利用方面的弊端。1960 年代以来日本工业配置，基本上就是围绕着这四次"国土开发计划"进行的。

第一次国土规划——点规划

第一次国土规划以"新产业城市规划"为代表。日本确立工业贸易为立国之基本国策以后，在 1960 年代开始实施了收入倍增计划，进入经济高速增长期。在这一时期，由于日本的资源缺乏，所以产业结构的方针是进口资源—产品加工—产品出口。但是由于多数产业（主要是第二产业）拥挤在经济立地条件占绝对优势的太平洋沿海地带，作为国土资源的资本和劳动力也多集中在这里，城市化浪潮在这里迅速蔓延，造成人口异常过密，而其他地带则异常稀疏，国土资源利用失去协调，从而发展成为严重的社会问题。为了解决这一矛盾，新产业规划旨在分散太平洋沿海地带的产业，重新向其他地域布点，谋求国土资源利用的合理化。因此我们称这次规划为"点规划"。但是工业贸易立国的基础是以进口资源—产品加工—产品出口为方针的产业结构，加之当时日本国内交通网不发达，其他地域和太平洋沿海地带相比较，经济立地条件相差悬殊，因此，试图将集中在太平洋沿海地带的产业向内地疏散，以解决太平洋沿海地带人口过密，其他地域和农村人口过疏矛盾的这一新产业城市规划，没有取得任何令人注目的效果，以无功而告退。

① 陈才. 日本的国土整治与地域经济发展. 世界经济地理［M］. 北京：人民出版社，2002：46.

第二次国土规划——线规划

鉴于第一次国土规划不成功，第二次国土规划决定在全国铺设交通网，用"路线"将太平洋沿海地带同其他地域连接起来，从而消除这两种地域之间的经济立地条件的差别，将集中在太平洋沿海地带的人口和产业疏散到全国各地，解决人口过密和人口过疏的问题，实现第一次国土规划未尽的目标——国土资源利用合理化。这次国土规划以《日本列岛改造论》为代表，该规划称为"线规划"。

但是在颁布"线规划"时，太平洋沿海地带城市的自然破坏、产业公害问题已经很突出，并且事态进一步恶化，所以在全国铺设交通网，诱发了各地产业对自然的破坏，公害也随之被"疏散"到各地。在国民的强烈抵制下，这一规划也以不成功而告终。不仅如此，该规划开始实施后，出现了意料中争购土地的热潮，从而导致地价暴涨，其他则一无所获。

第三次国土规划——面规划

第二次国土规划的失败，使太平洋沿海地带大城市化愈演愈烈，社会病理现象也随之日趋严重。政府为了控制太平洋沿海大城市人口过密和其他地域人口过疏的势头，提出了第三次国土规划方案。鉴于前两次国土规划的实施情况，这次规划决定创建更好的自然环境，改善居住条件，因此提出了"田园城市建设"，拟在环境优美的田园上配置城市，以建设"定居社会"为目标。根据该规划的内涵，可称此次国土规划为"面规划"。

但是从这次规划的实施情况来看，并没有达到创建优美的自然环境，建设居住条件优越的田园城市的目的。而田园城市的外延只能助长近郊农村盲目城市化，也看不出人口过密、过疏矛盾得到解决的征兆，而社会病理现象却有增无减。

第四次国土规划——立体规划

以上三次国土规划之所以不能够达到预期目的，其原因在于这些国土规划都是将城市规划和农村规划分裂开来，各行其是，采用的是对症疗法，而且无论点规划、线规划还是面规划，终究不过是一维或二维的规划，所以强大的城市总是吸引了农村地域的资源，反而加剧了城市人口过密、农村人口过疏的矛盾。也就是说，历次国土规划不成功的原因在于，对创造其"空间"的、三维的、消除城市（人工系）和农村（自然系）界限的"人类经营空间"系统理论缺乏应有的认识，没有建立在这一系统理论基础上的国土规划基本观念。第四次国土综合规划提出的新国土规划是自然系、空间、人工系综合组成的三维"立体规划"，其目的在于创建一个建立在"自然—空间—人类系统"基础上的"同自然交融的社会"，即"城乡融合社会"。说得更形象一些，新国土规划不再是一维或二维的、追求部分的、对症疗法的西方哲学思想基础上的规划，而是三维的，追求整体的、综合疗法的东方哲学思想基础上的规划。

1995年，日本开始编制"五全综"。"五全综"以国土均衡开发、丰富生活、美化环境、向世界开放特别是向亚洲开放的观点，提出要构筑四条国土轴，即西日本国土轴、东北国土轴、日本海国土轴和太平洋新国土轴，由此为日本国土均衡开发奠定新的基础，尤其将促进西南、东北、冲绳、北海道等过疏地区的发展。

日本五次全国综合开发计划一览表　　　　表 7.1

	全国综合开发计划（一全综）	新全国综合开发计划（新全综）	第三次全国综合开发计划（三全综）	第四次全国综合开发计划（四全综）	新的全国综合开发计划
制定时间（内阁决定）	1962 年 10 月 5 日	1969 年 5 月 30 日	1977 年 11 月 4 日	1987 年 6 月 30 日	1998 年 3 月 31 日
目标年份	1970 年	1985 年	从 1977 年开始约 10 年	约 2000 年	2000～2015 年
背景	1. 进入经济高速增长 2. 过大城市问题，地区间，收入差距扩大 3. 收入倍增计划（太平洋工业地带构想）	1. 经济高速增长 2. 人口、产业的大城市集中 3. 信息化、国际化、技术革新进展	1. 经济低速增长 2. 人口、产业向地方分散的前兆 3. 国土资源、能源等的有限性的表面化	1. 人口，各种功能向东京一极集中 2. 产业结构的迅速变化，地方圈就业问题的深刻化 3. 国际化的进展	1. 国民意识的大转换 2. 全球化时代 3. 人口减少、老龄化时代 4. 高度信息化时代
基本目标	[区域间的均衡发展] 1. 防止城市的过大化和缩小地区间差别 2. 自然资源的有效利用 3. 资本、劳动、技术等资源的适当的地区分配	[创造丰富的环境] 1. 人与自然的长期和谐，自然的永久保护、保存 2. 通过开发基础条件的充实，促进整个国土的均衡发展 3. 通过发挥各地区特色的开发，提高国土利用效率 4. 确实保证安全、舒适、文化的环境条件	[充实人们居住的综合环境] 1. 以有限的国土资源为前提 2. 尊重地区特点和历史传统文化 3. 以人和自然的和谐为目标	[多极分散型国土的构筑] 在安全润泽的国土上形成各有特色、各有功能的多极，而人口、经济功能、行政等各种功能不向特定地区集中，形成地区间、国际间互相补充，互相激发交流的国土	[促进区域自立，创造美丽国土，4 个国土轴的形成] 1. 促进自立，创造具有自豪感的区域 2. 确保国土的安全和生活的安心 3. 享受继承丰富的自然 4. 构筑有活力的经济社会 5. 形成面向世界开放的国土
开发方式	[据点开发构想]	[大规模项目构想]	[定居构想]	[交流网络构想]	[参与和协调]
经济增长率投资规模	7.8% 行政投资占 GNP 7.9%	7.6～8.4% 政府累计固定投资约 130～170 万亿日元	6.0% 左右 1976～1985 年约 370 万亿日元，政府累计固定投资约 210 万亿日元	中速增长 1986～2000 年国土基础投资约 1000 万亿日元	估计 2% 左右

7.4.2.3　农村基础设施建设

日本在城市化中后期注意到农业、农村发展问题，加大了对农村基础设施的投入。日本对农村投资的方式及渠道较多，中央政府主要是对建设项目进行财政拨款及贷款，地方政府除财政拨款外，还可以发行地方债券，用于公共设施的建设。日本政府对农村基本建设投入很大，1998 年为 10840 亿日元，1999 年增至 10910 亿日元。农村基础设施的改善，加强了城镇间、城乡间联系，为实现城乡一体化提供了可能，而农村发展也为城市产业和人口的扩散开辟了道路①。

国家和地方政府改善农业生产条件主要是加强农业基础设施建设。农业基础设施的建设主要包括两方面内容：一是农田给排水设施建设；二是农村公路的维护和扩建。日本山多平原少，人多地少，但粮食能基本保证国内需要，每年进口的粮食仅占需求总量的4%，这在很大程度上归功于农业基础设施的配套完善。日本农田自流灌溉面积比较少，不到总面积的30%，大部分农田需通过提灌设施给水；地势较低的农田必须通过排水设施除涝。日本政府从1970年代开始，不断进行农田给排水设施的建设，经过30多年的建设，已形成了较为完备的排灌体系，为农业高产稳产和农产品品质的提高奠定了坚实的基础。目前所进行的投资建设，着重从功能、节水、高效方面加快完善，对原有的排灌设施进行改造，对老化的设备、管网进行更换。日本农村公路一般标准较高，里程较长，在日本社会经济中所发挥的作用也很明显。农村公路不仅是日本农产品输出和工业品输入的最重要的通道，而且是连接城乡经济、文化、观念的纽带。对农村公路的维护与扩建耗费巨大，是日本政府促进农村社会经济发展的重要举措之一。此外，日本政府还通过农业信用组织——日本农林中央金库及其基层农协信用部向农户提供贷款，支持农户添置、更新农业机械机具和运输工具，改善生产条件。

为了从根本上改善农村生活环境，近年来，日本开始重视农村环境建设。首先是自来水工程建设。目前，日本仍有一些农村，尤其是山区农村未通自来水。自来水工程建设是改善农村生活环境的基础性工作。其次是建立健全农村社会保障设施，重点是老年人的社会保障设施建设。随着日本农村居民生活水平的提高，农村老龄化问题日趋突出，许多老龄人子女常年不在身边，无依无靠，需要政府和当地社区组织提供帮助。在日本一些比较富裕的农村已经有设施很完备、条件很优越的养老院。再次，针对日本国内人与人之间关系日渐淡漠的问题，采取了鼓励交往的种种办法，如资助农户请城市居民到农村来一起收割庄稼、采摘农产品、捕捞水产品等，并同农户一同烹调、享用。这不仅加强了城乡居民之间的联系和交流，而且有利于农村的进步与发展。

7.4.2.4　农协组织

日本农村合作经济发展的历史可以追溯到20世纪初叶，但农协（农业协同组合）的建立则是在1947年《农业协同组合法》颁布实施之后，依据该法自上而下推行的结果，有很浓的村落社区性质。一是农协的社员来自全体村民，日本99%以上的村民都加入了农协，农协既直接向全体农民服务，又同时"指导"全体农民；二是农协的组织机构分为基层农协、县农协以及全国联合会三级，同行政的中央、县、基层三级完全吻合②。

日本农协具有两重性：一方面它是企业。农协的经营管理等业务基本上是依照企业（公司）经营的法律规范来进行的。比如农协采取参加者投资入股的方式集资，由股东投票产生董事会，再由董事会选择合适的人经营具体业务。协同组织的职员由经理招聘，并领取工资。而且，农协拥有自己的生产加工设备、储藏设施、运输、销售系统及其他有关

---

① 刘亮. 日本城市化模式及其农业与农村的发展 [M]. 世界农业，2002 (7)：12.

② 李勇. 日本农协的发展经验及其发展新趋势 [J/OL]. http：//www. hrbags. com/tel_ more. asp? Nnum=149.

设备、设施。它通过自己的经营活动来为组合员提供服务。不难看出，日本农协在设立、治理结构以及经营活动等方面，与普通企业（公司）并无二致，是一个经济实体，体现出鲜明的企业性质。另一方面它又是群众团体，是农民团体和合作社。它不仅代表农民的利益向政府提出意见和建议，而且对农民从多方面进行指导，介入农业生产和生活全过程。它的宗旨是为农民服务，而不是为了赚取利润。在农协组织中，不管股金多少，都是一人一票，以人为基础入农协。农协的盈余依照组合员和农协的业务多少、规模大小，按比例返还给组合员，股金分红受限制。

日本农协主要有以下五个方面的职能：一是桥梁职能。农协是连接政府和农民的桥梁和纽带，国家关于农村发展的政策与策略要依靠或通过农协来实现，政府对农业生产的保护、农业生产技术的推广普及、低息贷款发放等工作也都是通过农协来完成的。二是购销服务职能。包括帮助农民采购农业生产资料、生活用品，收购、加工、储藏、销售农产品。日本的农村供销基本是由农协控制的，农协供给农民的生产资料占农户总购买量的74%左右，农民通过农协销售的农产品达到了农民年销售额的90%以上。三是信用、保险服务职能。农协的金融机构提供吸收社员存款、优惠贷款给社员的信用服务及防备意外灾害的保险服务。四是技术教育培训和生产服务职能。农协购置大型农机具租赁给农户使用或为农户代耕；向农户提供优良品种的种苗和畜禽良种；派营农指导员向农民介绍先进农业科学技术，并设有专门培训教育部门，对农民进行技术和经营技能教育培训。五是社会服务职能。日本各地的农协一般都设有医疗卫生服务部门，提供医疗保健服务，还设有文化中心和生活中心，提供农民需要的各项服务。在日本政府的政策支持和农协本身的努力下，现在的日本农协的业务范围已经渗透到了日本国民经济生活的各个方面，"实际上是日本农村的生产和生活的组织者，是农村社会的支柱"。受上述业务范围的影响，日本农协的种类主要是综合性的，专业性农协的比例较小。可见，日本农协起初是一个半官半民的、非营利性的、以生产服务为主并涉及社员生产生活方方面面的、以综合性为主、专业性为辅的合作组织。

日本早在1947年就颁布了《农业协同组合法》，赋予农协合法的社会地位并对其行为进行规范。日本农协还根据经济发展和环境的变化提议政府不断修改原有的法律和制定新的法律，使农协的一切活动都有可靠的法律依据。到目前为止，随着情况的变化和发展，该法已修改了28次，依法治社保障了农协组织的顺利运行。

有了法律保护的日本农协，在发展过程中同样得到了政策的大力支持。体现在日本各级政府制定的农业政策、税收及金融政策等方面。目前日本政府每年都拨款对农业进行补贴，主要用于大型水利设施的建造、农产品的价格补贴等。与财政政策相配合，日本通过为农民提供贴息、低息贷款，解决了农业资金短缺的问题。同时，政府还给农协优惠于一般私人企业的税收政策，如垄断法不适用于农协经营的农产品和农资，农协的各种税率均比其他法人纳税税率低10%等。这些政策的特点是：与法律保持高度一致性，促进农业向规模经营和集约化方向发展，使农民得到实惠，促进农业基地化建设和产业结构调整。坚持以经济手段调整农业，而很少使用行政命令的办法。如政府在新品种推广、农业基地和农产品批发市场及产品加工设备建设、稳定蔬菜生产等方面都是通过制定相应的补贴政策来完成的，不仅使政府的计划得以实现，也保证农民得到实惠。各种政策对农协的扶持，使农协的发展具有强大的后劲。

日本农协把分散农民组织起来，以共同组织生产，进入市场为宗旨，不以盈利为目的，坚持服务第一，得到了广大农民的拥护。农民踊跃参加农协，服从农协的指导，保证了农协发展有坚实的基础。这在农协成立之初表现得最为明显。只是在进入 1990 年代以后，由于受国际国内经济发展的影响，加之日本农协本身的一些原因，才使农民对农协的依赖程度有所下降。

日本政府一贯重视农业科研与推广工作，通过正规教育和社会教育并举的办法，采用灵活多样的方式培养农业科技人才。农协也建有完整的教育体系，用"协同共济"精神培养农协人才。国家设有农协中央学院，各地方有 41 所农协大学及各种研修中心。农协有严密的科学研究体制，遍及全国的向农民普及农业技术和科技新知识，传播农业经营、市场动向、品种改良等信息的农业经营服务业和农事改良普及实业（如农业试验场，农业技术普及站等）。

7.4.3　农村劳动力转移

日本农村剩余劳动力转移模式是发达国家劳动力转移成功模式的典范。在工业化的初期，日本农业劳动力在社会总劳动力中所占的比重虽然较高，但并未出现大规模的剩余劳动力。日本的农村劳动力转移是伴随着工业化的推进而产生和发展的。

日本农村剩余劳动力转移用了近一个世纪的时间，从 20 世纪初开始到 20 世纪末基本完成。二战前几十年，日本经济增长缓慢，农村一直存在剩余劳动力。而真正实现农村剩余劳动力大规模转移是在二战后。日本政府针对本国人多地少、资源短缺的特点，对农村剩余劳动力转移进行了有效的干预，走出了一条"跳跃式转移"和"农村非农化转移"相结合的道路。

7.4.3.1　日本促进农村剩余劳动力转移的主要政策措施[①]

在促进农村剩余劳动力转移方面，日本采取的主要政策措施包括：

第一，大力提高农业劳动生产率，减少农业对劳动力的需求。日本农业历史上素有"多劳多肥农业"之称，即主要采取多投劳力和多施有机肥料的方法发展农业，农业机械的发展较为落后，农业劳动生产率较低。二战后，政府大力推广农业机械化作业，特别是 1960 年代中期以后，农业机械化迅速展开，到 1970 年代，全国已基本实现了农业机械化，进入 1980 年代后，日本已成为世界农业机械化水平最高的国家之一，解放了农业劳动力，促进了农村富余劳动力向非农部门转移。

第二，迅速推进工业化和发展城市第三产业，大量吸收从农业中分离出来的剩余劳动力。日本二战后从 20 世纪 60 年代进入高速增长时期到 80 年代中期，由于迅速的重化工业化步伐及城市第三产业的发展，产生了旺盛的劳动力需求，成为农村剩余劳动力转移的主要"蓄水池"。1970 年代以后，随着传统产业吸收就业人口的减少，第三产业成为吸引农村剩余劳动力转移的主要渠道，1985 年第三产业就业人口比例上升到 57.5%，到 1990

① 李振. 日本农村剩余劳动力转移及借鉴 [J/OL]. http://www.curb.com.cn/pageshow.asp? id_forum

年超过 60%。

第三，积极完善农业社会化服务体系，促进了农户兼业化的不断深化。二战后日本通过建立从国家至市町村一级的比较完善的农业合作经济组织，即"农协"组织，使农户获得了充足的兼业时间，为更多的农业劳动力转移到非农部门创造了条件。此外，积极鼓励城市大企业到农村地区投资设厂，大力完善城乡交通基础设施等措施，也为农民通勤兼业创造了必不可少的条件。

第四，大力发展农村教育，为非农产业培养大量合格劳动力。自明治维新以来，日本历届政府始终重视普及国民教育，特别是积极发展初等教育和职业技术教育。二战后，政府不断加大对教育的投入，1965～1973 年期间，公共教育投资年平均增长 17.6%，超过了同期经济增长率。高中的升学率从 1955 年的 50% 上升到 1970 年的 82%，1990 年几乎达到 100%，40% 的农村适龄青年跨进了大学校园。同时，政府还在农村推行了一套职业训练制度，对农民进行职业技能培训，为农村谋职者提供各种学习机会，使其适应工作环境并获得劳动技能。

第五，积极推进农村城市化建设，实现农村剩余劳动力的就地转移。1950 年，日本城市人口比率仅 37.5%，城市化水平还较低。此后，政府采取了"两条腿走路"的方针，即在不断扩大原有城市规模的基础上，合并村镇，建立新城市。城市人口比率迅速提高。迅速的城市化步伐，使广大农村人口就地转化为城市人口，消除了城乡差别，促进了城乡一体化。

第六，政府制定规划，通过立法和政策引导促使农村劳动力转移。在 1960 年代初政府制定的"国民收入倍增计划"中，专门提出农村劳动力动员计划。即计划在 10 年期间通过剥离第一产业就业人员 243 万人，以弥补第二、三产业的雇用不足。1961 年，政府制定了《农业基本法》和《农业现代化资金筹措法》，曾规定在 10 年内要将农村中农户总数的 60% 转移到非农方面，同时由国家补贴利息，向农户提供长期低息贷款，促使农业现代化，改变原有的农业结构。同年，在政府有关法律的强制推动下，建立了覆盖城乡的社会保障体系，在全国实现了"全体国民均保险"的目标。

7.4.3.2 日本农村剩余劳动力转移的特点

日本非农化与城镇化的进程是同步的，而且农村剩余劳动力转移的方向主要是大城市。农村剩余劳动力转移具有以下特点[1]：

第一，日本政府在农村剩余劳动力转移过程中发挥了重要作用。在 1960 年代，日本政府重点扶持规模较大的自立经营农户，鼓励小农户脱离农业，转向非农产业。1971 年，日本通过了一项法案，要求在政府指导下，促进工业和农业、城市和农村协调发展，并制定了一项国家和地区相结合的指导性的发展计划，规定从 1971～1975 年，在城市郊区建立销售总额为 90000 亿日元的各类工业区，吸纳 100 万人就业，其中，60% 来自农村。到 1975 年 8 月，全国有 813 个城镇实施了这项计划，已建成机电、金属加工、运输机械等各类工厂 686 家，吸纳了大批劳动力，其中，半数左右是农村剩余劳动力。

---

① 李仙娥，王春艳. 国外农村剩余劳动力转移模式的比例 [J]. 中国农村经济，2004（5）：69-75.

第二，由于人多地少，日本农村剩余劳动力转移并没有伴随土地集中。二战后，日本农村剩余劳动力转移速度加快。1950年，日本农业劳动力占社会劳动力总数的47%，1960年，该比重降到32.9%，1971年降到19.7%，1977年仅为13.2%。但是，土地转移却极其缓慢，土地集中程度相对低于欧美发达国家，农业兼业经营普遍。

第三，日本注重发展劳动密集型工业，为农村剩余劳动力顺利转移创造条件。日本在二战前的早期发展中，十分重视节约资本，充分利用劳动力丰富的优势，发展劳动密集型工业。在日本工业吸收的劳动力的总数中，由劳动替代资本创新吸收的劳动力所占比重为80%，而由资本积累吸收的劳动力所占的比重仅为20%。例如，在1889年，日本工业吸收的19.50万劳动力中，有17.05万是靠劳动替代资本创新吸收的，其比重高达87.44%；而且在1880~1930年的整个过程中，日本工业部门对农业劳动力的吸收率始终大于人口增长率，从而使经济能够迅速摆脱马尔萨斯陷阱，实现现代化。同时，因缺乏自然资源，日本将教育体系视为国家优先考虑的事项。日本农村剩余劳动力转移的成功在很大程度上取决于其国民智力的增值。

7.4.4　农村社会保障体系建设

二战后日本高度重视并较早建立起了覆盖全体农村劳动者和农村人口，且许多方面享有与城市居民同等待遇的农村社会保障体系。它对于维护农民利益、缩小城乡差距、推进城乡经济一体化、稳定农村经济社会发展、实现农业与农村经济现代化等都起到了重要作用[1]。

7.4.4.1　日本农村社会保障体系的建立与发展过程

日本的农村社会保障体系，经历了从萌芽起步到不断发展完善的半个多世纪历程，并根据形势的发展变化不断调整和改革相关的规定，使得农村社会保障体系日益健全和完善，并成为整个社会保障体系不可分割的组成部分。

日本的农村社会保障制度起源于医疗保险，萌芽于20世纪30年代初。为解决当时农村医疗设施不足及减轻农民医疗费用负担沉重等问题，首先建立了让农民参加的"普通国民健康保险互助会"（在城市建立"特别国民健康保险互助会"），但当时的农村医疗保险覆盖面小，保障程度低。1938年7月首次制定的以面向农村居民为主的《国民健康保险法》，标志着农村居民的公共医疗保险正式起步。1940年代初农村医疗保险得到较快普及与推进，至二战结束前的1944年，几乎全国所有的市町村都实施了国民健康保险。这一时期，日本的农村社会保障仅限于以公共医疗保险为主的国民健康保险，农村养老保险等其他社会保障尚未实施。

二战结束初期，作为战败国的日本，国民陷入极度困难中，几乎有约1/3的日本国民需要救济，否则难以生存下去。为此，1946年政府颁布了《生活保护法》。《生活保护法》指出，"国家对于生活贫困的所有国民，根据其贫困的程度，给予必要的保护，提供最低限度的生活保障，以达到促进其生活自立的目的"。1950年从保障国民的最低生活水准出发，对《生活保护法》进行了全面的修改。与此同时，为了扭转因严重通货膨胀与财政困

---

① 中国驻日使馆经参处. 日本农村社会保障体系及其启示 [J]. 宏观经济研究，2003（5）：35

难导致农村医疗保险制度面临严重困难的局面，1948 年修改了《国民健康保险法》，规定由市町村公营国民健康保险，1950 年代中期开始相继实施开征国民健康保险费、建立保险准备金贷款及安排国库经费专项补助制度等一系列措施，使国民健康保险制度得以重新恢复并建立起来。1959 年政府再次修订并颁布新的《国民健康保险法》，决定从 1961 年 4 月在全国所有市町村全面开始实施，并要求全国的农产、个体经营者等无固定职业和收入者均必须强制加入这一医疗保险。至此，日本面向农村居民及个体经营者的公共医疗保险制度正式全面实施。

从 1950 年代中期起，为了维护广大农民及个体经营者的利益，日本政府着手酝酿建立面向农民、个体经营者的国民养老保险制度。1959 年首次颁布了《国民养老金法》，开始将原来未纳入公共养老保险制度的广大农民、个体经营者依法强制纳入社会养老保险体系中。规定凡年满 20 周岁以上、60 周岁以下的日本农民、个体经营者等均必须加入国民养老保险，并从 1961 年 4 月开始全面实施。因此，到 1960 年代，以农村公共医疗和养老保障为支柱的农村社会保障体系初步建立并开始得到迅速普及，从而进入了"全体国民皆保险"、"全体国民均享有养老金"的时代。

从 1970 年代开始至 1990 年代，随着经济社会发展形势的变化，包括农村社会保障体系在内的日本整个社会保障体系不断得到补充、改革和完善。1971 年制定了《儿童津贴法》并于次年开始实施，农村困难家庭的儿童津贴也被纳入其中。1973 年制定了"老人医疗费支付制度"，规定凡年满 70 周岁以上或卧床不起的 65 岁以上老人享受免费医疗制度。随着人口老龄化步伐的加快，为减轻政府日益沉重的财政负担，1982 年颁布了《老人保健法》，规定 70 岁以上老人的医疗费，由医疗保险的有关制度共同负担。1985 年修改了《国民养老金法》，规定从 1986 年 4 月开始，工薪阶层及其配偶也必须加入国民养老保险，使得国民养老保险成为全体国民共同的"基础养老保险"。1986 年和 1991 年两次对《老人保健法》进行了修改，制定了全体国民负担老人医疗费的制度。为应对 21 世纪的高龄化社会，解决卧床不起、痴呆等老人的照顾、看护问题，1989 年制定了《高龄者保健福祉推进十年战略》，并从 1993 年开始在全国市町村制定了地域保健福祉计划，要求全国地方政府在 21 世纪到来之前应积极建设与完善供高龄者使用的各种设施。为了克服过去老人公共护理制度的缺陷，1997 年底首次正式颁布了《护理保险法》，并从 2000 年 4 月起开始正式实施。该法律规定，凡年满 40 周岁以上的公民均须参加护理保险。至此，到 20 世纪末，日本已经建立起了完全覆盖农村地区，包括广大农村居民加入的公共医疗、养老、护理等各类保险和公共福祉及老人保健等在内的、比较完善的农村社会保障体系。

7.4.4.2　日本农村社会保障体系的主要内容与基本特点

从广义上看，日本的农村社会保障体系涉及社会保险（包括医疗、养老、护理保险）、公共援助（如生活保护）、社会福祉（如老人保健）、儿童津贴、农业灾害保险等主要方面，其基本内容与特点如下：

（一）农村社会保险

1. 国民健康保险

一是参加国民健康保险的对象主要包括农民、个体经营者、无业者、不能享受"雇员健康保险" 的退休人员及上述人员直系亲属以内的抚养家属等，亦即主要是没有固定职业与稳定收入的群体。它适用于日本全国所有地区此类身份的市町村居民，通常又将其称为"地区保险"。

二是承担国民健康保险的保险运营主体为全国各市町村的地方政府，即以区域为单位，由地方自治体负责此类保险费的征收和管理。由于农户、个体经营者等无固定收入，因此他们须每月定期到当地的社会保障事务所缴纳国民健康保险费，其征缴办法不同于"受雇者保险"（第二、三类参保者）可事先强制性地从工资中扣除医疗保险费的做法。

三是国民健康保险费的财源构成。

（1）主要来自于参保者缴纳的保险费，其保险费率根据各家庭的收入水平进行调整，按每户不同定额收取，各市町村对此类保险费的赋课方式、征缴数额有一定的差异；

（2）国库补助保险费的 50%（远远高于其他各类的医疗保险）；

（3）被保险者个人及其被抚养的家属负担实际医疗费的 30%。

四是退休人员加入国民健康保险制度。从 1984 年起，国民健康保险制度由原来主要面向农民和个体经营者，增加了高龄退休人员（包括从其他保险制度中退休下来的高龄者）。由于大量加入了 60 岁的退休者，使得国民健康保险的医疗费负担比过去加重，国民健康保险的经费收支面临新的问题。

2. 国民养老保险

（1）基础养老金制度。日本的国民养老金制度，原来主要面向农民和个体经营者等无固定职业和收入者，1985 年国家对养老金保险制度实行了重要改革，其中最主要的是将国民养老金作为全体国民共同加入的基础养老金。具有参保资格的人员分为三类：20 至 60 岁的农民、个体经营者等（第一号被保险者）；厚生养老金制度的加入者（第二号被保险者）和第二号参保者的配偶（第三号被保险者）。这种一元化的养老金制度，目的在于缓解各种养老金保险者之间原来事实上存在的负担不平等、国民养老金财政负担沉重等问题。截至 2002 年 3 月底，日本全国加入"国民养老金"的第一类被保险者累计 2154 万人。

（2）基础养老金的缴费办法与财源构成。基础养老金保险的加入者，按不同参保对象实行分类缴纳保险费。其中，第一号被保险者实行每月定额交纳保险费（每月为 1.33 万日元），凡是属于生活保护的低收入对象者，个人提出并经审查后，可免予缴纳国民养老金保险费，但退休后其免交期间的养老金仅有原水平的 1/3。凡加入期间在 25 年以上、年龄 65 岁以上的参保者均可领取基础养老金，即"国民养老金"。加入该养老金制度 40 年的参保者，退休后每月可领取 6.7 万日元（最高金额）的养老金。基础养老金的财源构成，国库负担 1/3，其余 2/3 来自第一号和第二号被保险者缴纳的保险费。

（3）实行"国民养老金基金"制度。该制度于 1991 年开始实行。它作为 1980 年代养老保险制度改革的产物，目的是缓解参加基础养老金的第一号参保者与其他各类养老保险参保者的差距，即向不满足于第一层（基础养老金）的人提供更高层次的养老保险。其主要特点是：规定凡年满 20 周岁以上 60 周岁以下的农民、个体经营者等养老金的第一类被保险者，均可任意加入。凡自愿加入者，每月需交纳"附加保险费"，年满 65 岁后，除可获得基础养老金外，还可获得"附加养老金"；凡被豁免缴纳国民养老金保险费及申请加入"农民养老金基金"者，则不得再申请加入国民养老基金，已加入的中途不得退出。此类养老金的支付分为无期与有期两种，标准金额可自主选择，同时享受税制的优惠。截至2002年底，全国47个都道府县都建立了"地区型"国民养老金基金，目前加入国民养老金基金的人员有76万人。

（4）实行"农民养老金基金"制度。日本政府于1970年制定了《农民养老金基金法》，并于1971年1月开始实施。该制度作为农民参加国民养老保险制度的重要补充，具有以下主要特点：一是自愿性，农民除了必须强制加入国民养老保险外，是否加入农民养老基金，完全尊重农民的个人意愿，由个人自愿提出申请。二是申请加入者必须具备一定的资格条件。主要包括：年龄未满60岁，属国民养老金的第一类被保险者（不含保险费豁免者），每年从事农业生产经营时间达60天以上者。三是根据加入者是否有资格享受国家财政补助其缴纳的保险费，该保险基金的保险费又分为"普通保险费"和"特别保险费"。凡未满足必要条件者，个人自愿交纳一定的普通保险费，年满65岁后，每月除了领取"基础养老金"外，可再领取一定数额的"农民老龄养老金"；凡满足加入上述保险基金20年、年农业所得在900万日元以下以及1947年1月2日以后出生3个条件，还可享受保险费的国家补助。财政补助的比例依据参保者的年龄及参保年限而规定不同的补助标准。凡符合条件缴纳特殊保险费者，其年满65岁后，除可获得"农民老龄养老金"外，还可获得"特别附加养老金"。

（5）建立三类特殊群体的"基础养老金"制度。为了解决老有所养及残疾人、保险者遗属的老年生活困难问题，经过多年的补充完善，日本政府为上述三类特殊群体分别设立了"老龄基础养老金"、"残疾人基础养老金"及"遗属基础养老金"。上述三类特殊群体除了必须是"国民养老金"的被保险者身份外，对于他们是否享受上述具有补充性的基础养老金，对有关加入条件、基础养老金的标准等均有详细具体的规定。

3. 护理保险

作为整个社会保险新的组成部分，护理保险也适用于广大农村的农业生产经营者。其主要特点：一是接受护理者为卧床不起或患有痴呆症等疾病而丧失生活自理能力的患者，其中第一号被保险者限于65岁以上需要护理者。二是实施主体为各市町村地方自治体，负责征收护理保险费并具体管理护理事务。护理保险费的缴纳，第一号被保险者缴纳的保险费依收入多少而异，凡每月养老金在18万日元以上第一号被保险者，从其养老金中自动扣除。三是患者是否接受护理服务，需经个人提出申请并经当地专家严格审查。四是护理保险的财源，国家负担25%，都道府县和市町村各占12.5%，其余50%来自护理保险费。护理服务的费用标准按服务的类型及患者的身体病患程度，划分为5种不同类型，其中患者接受护理服务时，个人只负担所需服务费用的10%，缺口部分50%由公费负担，17%由65岁以上的第一号被保险者负担，剩下的33%由40岁至64岁的第二号被保险者共同负担。这一新型的社会保险，将老龄人口的生活护理负担由过去的单一政府行为转变为包括40周岁以上绝大部分参保者的社会行为，减轻了政府的财政压力，也为包括广大无固定职业和收入者年老之后可能出现的护理服务需求提供了更可靠的社会保障。

（二）农村公共援助（生活保护）

经过多年的补充完善，迄今为止，日本依据《生活保护法》而建立起了覆盖全体国民的"最低生活费"保障体系。凡是家庭劳动所得扣除国家规定的各项最低支出标准而收不抵支者，根据需要生活保护者的年龄、性别、家庭成员构成、所在地区类别等有关因素，核定被资助者的最低生活费标准。具体涉及的补助种类包括生活、住宅、教育、医疗、分娩、生产、丧葬等8种。生活保护的实施主体为各都道府县及市町村，业务实施机构为当地的"福祉（保健）事务所"，其所需的经费来源，国库补助3/4，都道府县与市町村分别负担其余的1/4。据统计，2000年度日本全国享受最低生活保护的家庭有75万户，受保护人口达107.2万人，其中享受最低生活费补助的人口94.3万人。以2002年度三口之家、一级地区的生活保护家庭为例，其每月的生活费补助标准平均为16.4万日元。

（三）农村福祉（老人保健）

农村福祉是广义的农村社会保障的重要组成部分，包括农村居民的公共医疗卫生与健康保健、农村居民的其他公共福利设施等。与城市大体一样，随着农村居民生活水平的提高，农村老龄化问题日趋突出，农村老人福祉特别是老人的医疗保健在农村社会保障中占有特殊地位。涉及老人保健的政策最突出的有两大方面：一是"老人在家保健对策"，包括老人在家服务、老人短期进入养老院以及老人日常服务等方面的政策规定；二是"老人保健设施对策"，包括建设特别养老院、一般养老院及廉价养老院等不同类型的老人保健设施。老人保健的实施主体是各都道府县、市（必须设置）及町村（任意设置）的福祉（保健）事务所。1980年代以来，日本农村老人的社会保健设施建设得到普遍重视，大部分地区的农村基本普及有设施完备、条件优越的养老院等保健设施，边远农村的养老保健设施也有较大改善。截至2002年底，日本全国拥有老人保健设施2.86万所，当年利用人数48.2万人，其中加入国民健康保险的75岁以上老人保健者为1.18万人。从2001年开始，70岁以上高龄者看病的医疗费用，个人负担方式由原来的定额制（每天530日元）改为定率制，即个人负担医疗费总额的10%，上限为每月3000日元。除患者个人负担以外，目前老人医疗费的财源构成（按2002年的标准计算）：6种公共医疗保险机构共同负担66%，国家财政负担约23%，都道府县与市町村分别负担5.5%左右。

（四）儿童津贴

该社会保障制度从1970年代初期的社会救济功能逐步转向目前应对低生育率的主要对策之一。包括农村居民在内，现行的儿童津贴制度规定：凡经所在市町村认定后，家庭收入低于规定标准的，生育第1、第2个孩子者，在儿童未满6岁之前，每月每个儿童给予生活津贴5000日元；若再生育第3孩子者，则每月每个儿童可获得津贴1万日元。若家庭收入超过规定标准以上，则不享受此项津贴。除此之外，还有专门针对母子单亲家庭的儿童抚养津贴，凡此类家庭的儿童直至18岁之前可领取政府的儿童抚养津贴。上述儿童津贴的经费负担，根据不同的保险者对象而不同，属于第一类被保险者的儿童津贴，国家负担4/6，都道府县及市町村分别负担1/6。与其他发达国家相比，日本的儿童津贴制度起步晚、标准低、期限短（从2000年6月起从原来仅限于补助3岁以下调整为6岁以下），且还受家庭收入水平的规定限制，因此在发达国家中仍属较低水平。

除以上外，农业灾害保险也是日本农村社会保障体系中特殊而重要的组成部分。该保险主要以农作物保险为主，即投保农户在遭受保险范围内的损失时，由保险公司给予其损失补偿。由于农作物保险的特殊性，投保农户一般可获得85%左右的灾害损失赔偿。农业保险基金由农民投保保费和政府补贴各占 50% 组成，即政府根据农民投保保费总额为基础，投入相同规模的资金，共同形成农业保险基金。农业保险基金由农协组织的关联部门——"农业保险合作社"负责运营管理，其最高机构是"全国农业保险合作总社"（下设各级农业保险合作社）。农户直接与当地的基层农业保险合作社联系，办理投保、索赔等事项。

综上所述，日本的农村社会保障体系，经过半个多世纪的发展，特别是随着整个社会保障体系的发展而相应得到不断的充实和完善，并在许多方面享有与城市居民、全体国民相近的待遇。随着日本人口老龄化、"少子化"社会的到来（2000 年 65 岁以上人口占总人口的比率达 17.4%，被抚养人口占总人口的比率达 32%），社会保障制度面临着保障经费迅速增长、医疗与养老保险负担日益沉重、各类公共保险机构赤字增加等严峻问题。就农村社会保障体系而言，其存在的主要问题与不足：

一是国民健康保险收不抵支。由于持续多年的经济不景气，加上加入该保险的人口中低所得和高龄者的比例较高，致使 2001 年度全国国民健康保险费平均缴费率仅 90.8%，为有史以来的最低水平；当年该种类保险收支赤字余额达 4147 亿日元，为 1997 年开始出现赤字以来的最高赤字额。

二是国民养老保险欠缴率较高，养老金资金缺口较大。2001 年度国民养老金保险费欠缴率达 29.1%，为 1961 年开始建立国民养老保险制度以来的最高水平，当年未缴纳的国民养老保险金额大约相当于 487 万人的养老保险费，加上由于经济持续低迷，收入减少，被豁免缴纳国民养老保险费的人员约 530 万人，累计大约近 1000 万人未缴纳保险费，因而导致国民养老金面临巨额资金缺口。

三是地区间、各保险制度间保险费率负担及享受的保险程度仍存在一定的不公平现象。以国民健康保险费的负担情况为例，在一些人口稀疏和高龄化人口比较突出的地区，保险费、医疗费的负担较沉重，相反，在城市或城郊的同类型保险人口的负担较轻；又如农民加入的基础养老金，加入 40 年且年满 65 岁时可领取的养老金人均最高限额仅每月 6.7 万日元，而工薪阶层加入的其他 5 种养老金制度的月平均水平为 18.6 万日元。

四是农村低收入家庭的高龄者无法承受家庭护理服务费用，一些偏远农村老人保健或医疗保健设施不足等问题仍不同程度存在。

7.4.5　农村劳动力培训

根据世界银行研究显示，劳动者受教育的时间每增加一年，GDP 就会增加 9%。世界各国都认识到了提高农民文化水平对他们接受农业科技、先进管理方法和推广应用现代农业科技的重大作用，都很重视提高农民素质，将农村劳动力培训作为基本国策并用立法的形式加以保证。这种地位大大保证了农业人口的文化素质提高。

1980 年代末，世界农业劳动力平均受教育的程度已达 11 年，发达国家的美、法、德、英、日分别达到 18.04 年、15.96 年、12.17 年、14.09 年和 11.87 年。1947 年，日本政府颁布了《基本教育法和学校教育法》，规定所有适龄人口教育从 6 年延长到 9 年。随后，日本政府不断加大对教育的投入，1980 年代就普及了高中教育，农村 40% 的适龄青年跨进了大学校园。同时，日本政府还在农村推行了一套职业训练制度。与此相适应，国家也鼓励各企业、社会团体积极开展各种岗前培训，提高农村劳动力的素质和适应能力。法国政府为确保农业教育，特别是农业职业教育在经济发展中的作用，制定了相关的法律和政策，要求所有企业和个体农庄随时随地接受学生实习、参观及各种学习要求。而我国农村人口平均受教育程度只6.5年，只有小学水平，还有大量的文盲。

7.4.6 启示与借鉴

7.4.6.1 日本农业与农村发展方面

第一，重视对农业的改造，促进农业现代化。日本在城市化的中期，农业资源大量流向城市，耕地被大量占用，农业生产出现了一定程度的萎缩。我们要借鉴其经验教训，在城市化中期既要促进城市化快速发展，又要协调好城市化与农业发展的关系，一方面，促进劳动力从农业部门向非农部门转移，另一方面，在城市化过程中，要制定土地保护法规，严格控制土地的流失，要制定农业支持政策，促进资本、技术向农业部门投入，从而确保农业生产的发展。这一点对我们这样一个人口大国来说，无疑十分重要。

第二，用法律手段促进城乡协调发展。日本在城市化中后期注意到农业、农村发展问题，制定了大量法律促进农村发展。如在扶持山区农村及人口过疏地区，经济健康发展方面的法律包括《过疏地区活跃法特别措施法》、《半岛振兴法》、《山区振兴法》、《大雪地区对策特别措施法》及《离岛振兴法》。确保劳动力充分就业及向农村地区引进工商产业的法律主要包括《向农村地区引入工业促进法》、《新事业创新促进法》及《关于促进地方中心小都市地区建设及产业业务设施重新布局的法律》等。我国对农业、农村、农民制定了大量好的政策，但口号多，实施得少或不彻底，极大地影响了政策的效率。因此，我国也应加强对农业、农村的法律法规建设，促使农业、农村稳定健康地发展。

第三，在实施城市化战略的同时，注意实现城乡一体化。日本选择高度集中城市化战略，促进了城市化的快速发展，但是，它不是孤立地发展大城市，置农村于不顾，而是十分注意城乡的协调发展。例如，日本城市和农村的地域不再作为稳定的区域而分割，而是作为一个大的整体，受中央政府和地方政府统一管理，日本各个城市的城市建设规划就包括城乡两大主体的统筹统建。又如，城市功能的设置不再限定于城市内，而是把周围农村也包括在内，呈放射性状态。城市里的商业和娱乐业的设置空间和建设规模是严格按照辐射圈的大小合理建设的。我国城乡分割十分严重，造成中心城市发展不足，辐射功能不强，小城镇数量较多，但规模过小，重复建设，浪费严重，区域性大型基础设施建设难以共建共享。农村受城乡分割的危害更大，产业发展不足，商品生产长期落后，劳动力大量剩余。总之，我国现行行政体制、财税体制、户籍制度等已严重阻碍了城乡的共同发展，必须对这些制度进行改革，从而促进农村城市化的发展。

7.4.6.2 日本国土综合开发计划方面

二战后日本国土开发在其经济的发展过程中占有重要地位。当然，综合国土开发计划本身及其在实施过程中也确实存在各种各样的问题，对其评价毁誉不一，如以宫本宪一为代表的一些学者持否定态度，而长峰晴夫等人持肯定态度。无论人们的评论如何，但从战后日本经济所创造的奇迹的终极成果来看，作为二战后日本经济总政策重要部分的国土开发政策基本是成功的。结合我国西部大开发，从日本国土开发诸多的经验和教训中，至少可以得出以下几点启示：

第一，加强国土开发立法，制订国土综合开发计划。我国不仅要注重硬件开发，软件部分也一定要跟上。在某种意义上说，软件如法律体系、规划、管理体制等更为重要。

首先，应当注重国土开发的立法。1950 年代以来，日本制定了《国土综合开发法》，这是有关国土开发的基本法。以后又陆续制定了 30 多部配套法律。其内容涉及大经济区域（如东北、中国、四国、九州地区）开发、通过经济开发振兴区域、振兴落后区域、整治特定设施周围环境和各种特定区域项目等方面。法律条文规定得非常详细，从开发规划的制定、大型项目的决策立项到具体实施、管理等均有法律规定。国土开发法律体系的建立，使开发有法可依，可以大大减少开发过程中的人为因素的干扰。这一点对我国来说尤为重要。我国在制定有关国土开发法律也应借鉴日本的经验，除"国土开发基本法"之外，条文规定应尽可能细，操作性要强。这不仅对开发自身非常必要，也可有效地防止腐败。

其次，我国应尽快制订"国土综合开发法"。国土如此之巨，应该有一个通盘考虑，更应该有一个综合国土开发计划。有了综合开发计划，至少可以做到心中有数，按轻重缓急，列出开发的先后顺序，这样才能有效防止盲目开发、一哄而上。另外，从日本的情况来看，从 1950 年制定《国土综合开发法》到 1962 年制定"一全综"，出现了 10 年的空白。在这期间各地为获得中央财政资助，竞争激烈，无序开发的现象也很严重。地方开发法相继出台，各自为政，影响了国土开发的统一性。实际上，中国亦如此。各地为了本地利益，争项目、争资金的现象屡见不鲜。开发区热、小城镇热等等对经济健康发展产生了许多负面影响，人们仍然记忆犹新。笔者认为，编制国土综合开发计划已经刻不容缓。在编制 5 年计划的同时，也应同时编制国土综合开发计划。当然也应像日本那样，根据经济形势的发展，不断制定新的计划。既需要有全国综合开发计划，也应有适合于各地区具体情况的区域开发计划，如跨省区的大区开发计划、省区计划、市县乡镇计划等。

第二，保护自然，保护生态平衡。日本有过度追求经济增长率，而造成环境污染、公害泛滥的教训。临海工业、太平洋工业带的开发，重化学工业的发展，带来了日本经济的高速增长和经济繁荣。同时也造成了日本环境、空气、水质状况的恶化，尤其公害泛滥已成为严重的社会问题。但在 1970 年的"公害国会"上一举通过了新制定或修订的有关环保、公害治理等相关法律 14 部。随后成立环境厅。在"二全综"以后开始重视保护自然、保护环境，主张人与自然的和谐。国民的环境意识空前提高，环境状况已经相当好。特别是经济全球化的今天，环境问题已变成世界经济和社会的主要问题，我国一定要吸取日本高速增长时期无视自然的教训，而借鉴 1970 年代以后日本保护自然的经验。坚持可持续发展战略，将保护生态平衡放在首位。没有生态效益，就没有经济效益。

第三，实施"据点式开发"方式，推进城市化的进展。日本第一次国土开发计划中所采取的开发方式是"据点式开发"。具体来说就是在全国已经出现人口过密、产业过度集中的京滨、阪神等工业圈以外的地区按工业适合性大小顺序，选择 15 个地区，此后又追加 6 个地区，共 21 个地区，作为"工业整治特别区域"加以开发。当时的计划目标在于：据点城市吸引重化学工业企业，进而带动相关产业的发展，增加居民的收入和财产价值，以此提高地方政府的财政收入和居民的社会福利水平，振兴区域经济。"据点开发方式"和"新产业城市"计划在执行过程中虽然也存在许多不尽如人意之处。日本学者对其褒贬不一，笔者也无意对其结果做过多评价。但日本的这种以建设特定"新产业城市"为主要内容的"据点开发方式"本身就很值得我们借鉴。

第四，把扩大就业放在重要位置。1950年代以来日本的国土开发始终围绕扩大就业这根主线。1950年代的特定区域综合开发（TVA方式）、"一全综"的据点开发模式、"新全综"的大型项目开发模式（交通网等社会基础设施）、"三全综"的定居构想模式以及"四全综"的交流网络构想（新干线、高速公路等）等开发方式的实施提供了大量就业机会。在解决过疏问题时，扩大当地就业机会，作为阻止劳动力过度流出的主要手段。中国农村剩余劳动力接近2亿，城市下岗待业人员也很多。中国目前最大的优势是人力资源，如何利用好这一优势是中国的头号经济问题和社会问题。因此，发展劳动密集型产业势在必行。

目前急需解决的问题是扩大就业的问题。城市需要解决这一问题，农村更需要解决这一问题。脱贫、解决剩余劳动力问题、失业等都有赖于就业机会的扩大。人们有事可做，有业可就，才能够增加收入，才能脱贫。人们生活富裕了，才能有购买力。购买力提高了，消费水平自然就会提高。消费需求扩大必然会刺激生产的发展，促进供给水平的提高。因此，我国从现实的条件出发，借鉴当时日本的经验，将扩大就业放在大开发的重要位置。通过治山治水、植树造林，发展"三高"农业，农产品深加工（农业产业化）等劳动力密集型产业，消化剩余劳动力。

第五，提倡自主开发。从二战后日本的国土开发经验来看，提倡参与精神，动员当地居民自主参加开发始终贯穿于历次全国综合国土开发计划当中。创造良好的投资环境，利用优惠政策等这一看得见的手和市场规律一看不见的手，来吸引企业投资设厂。任何投资家选择投资场所首先要看是否有利可图，国内的投资者是如此，国外的资本家更是如此。

7.4.6.3　日本农协组织方面

第一，农业和农民需要合作经济组织。农业和农民需要合作经济组织，这是由农业的特殊性和家庭经营的局限性所决定的，日本农协的发展历程及其在促进农业生产发展、提高农民收入水平等方面发挥的重要作用就是明证；政府调控农村经济同样需要合作经济组织，它是国家政策的忠实执行者，是沟通政府与农民的桥梁，日本农协的历史功绩有目共睹。我国农业与日本有相似的地方，如人均占有耕地少，实行家庭经营等，在家庭经营制度框架下，如何使农业生产更加适应市场化要求，增加农民收入，应对激烈的国际竞争，是我们必须面对且无法回避的现实问题。在向社会主义市场经济转变过程中，合作经济组织的多种功能尤其不可替代，因此，我们必须把一家一户的农民组织起来，形成一个具有相当实力的，为成员服务的合作经济组织。

第二，合作经济组织的发展要有一贯性。日本经验的最重要一点是农协作为一种综合性合作组织，得到了一以贯之的发展和变革，就是农协在保有自己的传统组织资源的同时，依赖原有路径，不断变革发展。可以说，农协的变革都是综合农协基础上，依据制度环境的变化而发生。若发展中一旦遇到问题，就撤销旧的再造新的农民组织，难免会造成组织资源的浪费，减缓发展进程。因此，首当其冲的，不是建立新的合作组织体系，而是充分利用现有的组织资源和体系，在现有农村合作体系基础上，进行系统内部的调整和变革，以适应新形势的需要。

第三，合作经济组织要不断深化改革。合作经济组织只有不断深化改革，才能保持强大的生命力。国内外的实践反复证明，农民贫穷时有困难，富裕后仍有困难；生产工具落后时有困难，机械化、电气化后也有困难。这些困难，往往是一家一户无力克服的，需要靠联合，靠不同形式的、不同规模的联合与合作去解决，其关键是怎样引导农民去联合。以"罗虚代尔"原则为指导的合作经济组织在不同社会制度、不同经济发展水平的国度里都发挥着应有的作用，但其原则内涵、运行机制、服务功能等都会因经济社会环境的变化而不断改革。目前日本农协采取合并、改组、引入企业化经营机制等，正是新形势下的重要改革举措。只有这样，农协才能得以生存、发展和壮大。我国农民合作经济组织的发展，也应该在充分利用现有资源基础上，进一步深化改革，大胆实践，不断探索符合我国国情的发展道路。

第四，合作经济组织与政府间的关系要摆正。农民合作经济组织是代表农民利益、协助政府执行相关法律政策的组织。政府对农民合作经济组织的规范应主要通过法律和经济手段，过多的、不必要的政府行政干预往往会起到拔苗助长的作用。目前，在亚太地区，只有中国、朝鲜等国没有专门的《合作社法》。我国当前最迫切的是应尽快制定一部有中国特色的合作社法，确立合作社的法律地位，规范政府和合作社的关系，依法保护合作社及其社员的各项生产经营活动和资产收益不受侵害。

政府制定优惠政策，扶助农民合作经济组织的发展也是日本农协发展给我们的重要启示。我国农村合作经济组织目前还不具备日本农协那样强大的生命力，农民的合作意识也还不够强，因此，政府通过税收优惠、保护性补贴、基础设施建设补贴、信贷支持、人员培训等手段来扶持促进农民合作经济组织的发展尤为重要。

7.4.6.4 日本农村剩余劳动力转移方面

在农村剩余劳动力转移方面，日本给予我们的启示是：

第一，消除农民进城的体制和政策障碍。抓紧取消对农村劳动力进城就业的限制性规定，逐步统一城乡劳动力市场，建立城乡劳动者平等就业的制度。加快户籍管理制度改革步伐，保障进城务工农民的各项合法权益，允许农民自主选择，进城定居，实现农村富余劳动力在城乡之间双向流动就业。推进农村医疗、养老保险改革试点，积极探索并建立覆盖城乡一体化的社会保障体系，改善农村富余劳动力转移就业的外部环境。

第二，积极鼓励发展土地规模经营。在继续坚持并完善家庭联产承包责任制的同时，应根据农民自愿的原则，积极鼓励并引导土地经营权的流转并向经营大户适当集中，不断提高农业的经营规模，促进一部分农民离开土地向城市转移并提高收入水平。

第三，加强农村基础教育和劳动力的职业技能培训。应重视加强农村基础教育，继续普及和完善九年义务教育，积极发展各类职业技术教育和实用专业技能培训，从根本上提高农村人口和农村劳动力的整体素质，以适应农村经济结构战略性调整和农村富余劳动力向非农产业和城镇转移的需要。

第四，加快城镇化进程，统筹城乡就业。坚持大中小城市和小城镇协调发展，逐步提高城镇化水平，多渠道开发城镇就业岗位，更加充分地发挥多种所有制经济、劳动密集型产业和中小企业吸纳就业的重要作用，积极鼓励发展城镇第三产业。

7.4.6.5 日本农村社会保障体系方面

我国作为一个拥有9亿农村人口的发展中国家，农村社会保障体系起步晚、标准低，面临的任务十分艰巨。通过考察日本农村社会保障体系的发展历程与基本内容，从中可以得到如下几点启示：

第一，抓紧建立健全覆盖全社会的社会保障法律体系。我国现行的社会保障法律体系主要限于城镇为主，随着工业化、城镇化的加快推进，以及广大农村居民日益增长的社会保障需求，抓紧建立健全具有中国特色的农村社会保障法律体系，显得日益迫切。对于有条件而又自愿率先开展农村社会保障工作的地区，应当允许开展包括农村医疗保险、养老保险、最低生活保障等试点，并成为全国社会保障制度改革的有机组成部分，受到法律的保护。

第二，坚持因地制宜与自愿原则，避免农村社会保障制度的"一刀切"。与日本的国情不同，我国人口众多，幅员辽阔，地区差异很大，广大农村地区更是千差万别。受经济发展水平、经济承受能力、社会保障意识较弱等因素的制约，我国建立农村社会保障体系将是一个漫长而艰巨的历史过程，要避免强迫农民参加各种社会保险的做法，坚持自愿原则，在沿海等有条件的地区率先开展试点，取得经验后逐步推广，以确保农村社会保障工作的健康进行。

第三，保持已有政策的相对稳定。通过多年的探索，我国在一些地区农村合作医疗、社会养老保险改革积累了许多好的经验。诸如坚持低标准起步、坚持个人缴纳资金为主、各级财政补助为辅的原则，坚持以个人账户为主积累保险资金的方法，坚持自愿参加与政策鼓励相结合的政策措施，坚持合作医疗经费统筹、社会养老保险与家庭养老保障相结合的制度等等，这些政策应当继续坚持，并逐步完善。国家关于农村合作医疗、养老保险的原则性意见或大政方针，要基本统一并保持基本稳定，这是稳妥推进农村社会保障的前提条件。

第四，协调好农村社会保障与城镇社会保障制度的关系。随着我国城乡一体化进程的加快，既要抓紧建立健全农村社会保障体系，又要认真研究如何协调农村社会保障体系与城市社会保障制度的关系问题。诸如农村合作医疗的个人账户资金如何统筹、农村养老保险与城镇养老保险体系如何转轨、农村最低生活保障制度与城镇如何衔接等问题，都值得认真研究。

第五，理顺体制、明确职责，确保农村社会保障工作落到实处。要学习借鉴日本地方自治体在基层统一设置"福祉（保健）事务所"，专门负责协调管理农村居民各项保障工作的做法，抓紧理顺我国农村社会保障的部门管理体制，明确机构职能与落实队伍，不断提高人员素质与管理水平，以确保我国农村社会保障工作健康稳定发展。

二战后日本建立的社会保障体系中，除了个别针对农业与农民的专业保险种类外，没有单独面向农民群体的公共保险制度。如在公共医疗与养老保险的两大主要保险中，通常将农民、个体经营者等无固定职业、无稳定收入者一并归属国民健康保险和国民养老保险。本文将凡是有农民加入、由市町村等地方自治体负责组织实施、适用于全国所有地区居民加入（不受职业种类与城乡限制）的公共保险及公共福祉等均纳入农村社会保障体系的考察范围。

7.4.6.6 日本农村劳动力培训方面

学习日本的经验，本文认为，应重点抓好以下几个环节：

第一，更新观念加强领导。充分认识农村劳动力转移和劳动力培训的重要性和必要性，安排具体领导主抓该项工作，成立培训领导小组及办公室和相应机构，明确责任，为培训工作提供组织保证。

第二，高标定位不失时机。素质培训目标应当是让农村劳动力具有现代特质。所谓现代特质，即作为一个现代人所必备的品质特征。结合我国的基本国情和改革开放的进程，农民的现代特质应从知识、心态、价值观和思维方式等四个方面去把握：农民应掌握基本的地理、历史、国情和法律知识，应具有生活常识和谋生的技术；农民应持开放的、乐观的、向上的、可塑的心态；农民应具备自我超越的人生观，市场取向的经营观，法制取向的社会观，经济、社会效益并重的发展观。农民应培养理性思维，多向思维和异质思维。要借助于加入 WTO 新形势和当前国际经济发展的压力，加大农村劳动力培训的力度。

第三，合理安排多途并举。美国经济学家舒尔茨认为："上学不仅仅是为了得到满足或效用。相反，公共和个人用于教育的费用，意在获得生产性'存量'。这种'存量'包含在人体中，将来能提供各种服务，而这些服务包括：未来的收益，未来自己经济的能力以及家庭活动的能力，未来消费的满足。"因此，为提高农民的各种服务能力，必须通过各级农校、电大、农函大等，加强对农民的文化科技教育，迅速将农民受教育程度提高到中等发达国家水平；以各县农业技术服务中心为基地，加强对农民的实用技术培训，大力推广绿色证书制度，帮助每个农民掌握 1~2 门现代先进种养技术；要培养一批各方面都擅长的农业企业家；搞好一批种试基地、科技示范园区、现代化实验基地建设；建立和健全农村科技市场，组织科技人员送科技下乡，为农民提供科技培训、科技咨询和进行科技承包；普及 9 年义务教育，扫除文盲等。

第四，有效整合激励引导。整合社会各种力量，激励引导它们参与到农村劳动力培训中。造就"促转干部"，做好"促转"工作。选拔一批"促转干部"深入农村，做好宣传鼓动工作，帮助农民解决实际问题。架起城乡结合的通道，实现对口支援。引导社会贤达、富商捐助培训事业。

7.5 小结

从以上分析可以看出，各国城市化的模式不尽相同，存在各自的特点，这些特点是与各国自身的经济发展模式相一致的。英国大规模的城市化过程始于工业革命和对海外市场的掠夺，庞大的市场需求决定了其通过圈地运动来推动快速的城市化过程；法国早期的城市化是建立在小农经济基础之上的，以致城市化进程相对缓慢；朝鲜战争后韩国通过外向型的经济战略，在较短的时间内实现经济的高速发展，其城市发展呈现出既迅猛又集中的特点；日本在出口导向的经济发展下快速实现城市化，实施高度集中的城市化模式。总之，经济发展的模式决定了城市化的模式，以及失地农民的解决方法。

从各国的经验来看，政府是通过制度安排来解决城市化过程中失地农民问题，法国在二战后城市化的快速发展得益于政府对农村教育、金融和手工业改造的支持，而日本则是通过国土规划以及对农村经济组织的扶持，建立社会保障制度和教育制度等缓解城市化过程中的个人和国家期望的差异。因此，城市化制度安排在解决城市化过程中的失地农民问题起着重要的作用。

城市化过程就是农业人口向非农人口转变的过程，是经济效率提高的过程，也是漫长的改造农民的过程，只有通过不断教育农民才能实现城市化健康持续的发展。因此，政府有责任去创造条件不断地引导农民对现代经济组织制度和生活方式的学习，不断地为农民城市化提供机会。

第8章　我国城市化过程中失地农民问题制度安排的改革与创新：案例分析

8.1　大城市城市化过程中的失地农民问题制度安排的创新

8.1.1　上海浦东新区征地安置制度的变迁与创新

8.1.1.1　上海浦东新区征地安置制度的变迁

浦东新区是中国经济大开发、大变革的前沿，也是中国农村在较短的时间里和在较高的起点上快速城市化的区域。开发开放 13 年来，浦东引进了 70 多个国家和地区的外商投资项目 7000 多个，投资总额近 400 亿美元；基础设施建设的投资超过 1800 亿元，近千幢大楼拔地而起，集中城市化面积已扩大到 120km²；年国民生产总值 1200 多亿元，占到了全市经济总量的 23%，经济建设、城市面貌、社会事业等各个方面都取得了翻天覆地的变化。配合这场大变革、大建设和大发展，浦东新区有一大批农业人口离开了土地。截至 2003 年 7 月底，新区共产生征地农业人口 22.8 万人，占到全市征地农业人口总量的 1/3。正是这些失地农民的大迁移，促进了浦东以超常规的速度向前发展。如何确保农民迁移后的生活成为上海市政府的重要课题。2000 年以前，上海浦东新区征地安置制度经历了两个阶段：

第一阶段："谁征地、谁吸劳"的作用、局限性和弊端

1990 年代初期，也就是浦东开发开放初期，对失地农民的安置主要采取了"谁征地、谁吸劳"的计划经济模式。开发公司大规模开发产生的征地劳动力，主要由开发公司组建的劳务公司一揽子包下来，采取待工待岗、创办安置型企业、劳务输出等形式予以安置。这对适应当时尚未完全市场化的用工形式，保障征地人员的利益，快速解决开发公司大规模开发的征地需求，发挥了重要的作用。

但是，随着开发建设的推进，这种安置模式遇到的问题是显而易见的。

（1）无法消化越来越大的安置数量。大量市政项目和配套项目，如果还是按照"谁征地、谁吸劳"的传统办法，显然无法消化。当时，征地劳动力"安置难"已被基层干部称之为"浦东第一难"。

（2）与劳动用工制度改革不相适应。1992 年邓小平南巡讲话发表后，劳动用工制度改革的加快推进。如果征地劳动力的安置还是按照传统计划经济的模式，由征地单位"包下来、养起来"，已经不适应形势发展的要求。

（3）劳动力结构性矛盾突出。浦东高起点的开发建设对劳动者的要求相对比较高，按照"谁征地、谁吸劳"的传统办法吸纳的征地劳动力无法配置到这些企业中去，从而形成

开发公司征地职工的长期待岗。

第二阶段："一次补偿，市场择业"及其存在问题

针对面临的问题，上海开始用市场经济的原则，引导失地农民通过市场择业，实现保障和就业相分离。1993 年，汤臣高尔夫球场征地需要安置 1000 多名征地劳动力，征地单位无法吸纳这么多的劳动力，于是上海研究推出了以"经济补偿＋社会保障＋就业服务"为主要内容的政府不包就业的安置办法，并在此试点。经过艰苦的宣传解释工作，居然得到了大多数征地劳动力的理解和欢迎。之后上海又扩大试点，在 10 多个项目、9000 多人的范围内进行试点，结果有 70% 的人员选择了这一安置办法。经过广泛试点和修改完善，这一安置方案被正式概括为"征地保障"安置办法，其基本要点是：由征地单位按规定每月为征地劳动力提供养老保险、医疗保险和独生子女费用等基本保障，并给予一次性经济补偿后，不再安排工作岗位，由征地劳动力自主择业、市场就业，简称为"两保障、一补偿"。

"征地保障"办法的实施，使失地农民经征地前较低层次的土地保障转为征地后较高层次的社会保障，保护了失地农民的切身利益；使征地劳动力资源的计划配置转向市场配置，符合市场经济的发展要求，既解决了征地开发建设项目"安置难"的困扰，也优化了征地劳动力资源的配置，为浦东第一轮的开发建设作出了重要的贡献。

"市场择业＋征地保障"办法主要有两方面问题：

一是安置成本不锁定，后期保障有风险。"征地保障"人员仍需要作为单位的职工按月缴纳社会保险费，必须落实一个单位进行长期管理，由于操作时间过长，征地单位无法锁定安置成本，而且各种变动因素会给征地劳动力的后期保障带来很大的风险。

二是市场就业不贯通，"低保"纳轨有困难。由于"征地保障"人员持有的《劳动手册》只能在区域范围内使用，他们还不能完全获得与城镇下岗、失业人员一样的就业服务。而且按照民政部门的有关政策，"征地保障"人员属于"单位人"，是有工资性收入的，因此，从条件上界定，"征地保障"中的特困人员很难纳入"低保"范围。

显然，这种安置模式下的失地农民，在很大程度上还依赖于原来的安置单位，尚未完全摆脱"单位人"的束缚。

8.1.1.2 上海浦东新区征地补偿安置工作的创新："两保障一补偿"

浦东新区政府还创新劳动力安置办法，使征地农民得到实实在在的利益保障。早在 1990 年代中期，浦东就实行以"经济补偿＋社会保障＋就业服务"为主要内容的政府不包就业的安置办法，由征地安置单位逐年按月为征地劳动力缴纳基本社会保险费，对征地养老人员实行养老资金全区集中统筹管理，解决了征地劳动力的养老、医疗保障；但征地安置单位不再为征地劳动力提供就业岗位，征地劳动力实行市场就业。这一办法开创了征地农民进入市场就业的先河。探索用市场机制解决征地农民的就业问题，建立城乡一体化的就业机制，确保了 20 多万征地农民的利益不受损害。

2000 年上海市政府在市劳动保障局的指导下，提出了"落实安置补偿，用于基本保障，适度生活补贴，进入市场就业"的改革思路，决定将征地安置办法向"完全社会人"阶段发展。

按照新的征地安置改革办法，对新产生的征地劳动力，由征地安置单位在征地安置时为其一次性缴纳 15 年的养老、医疗保险费；征地劳动力在落实一次性缴纳 15 年的养老、医疗保险费，领取一次性生活补贴，户籍"农转非"后，即可同时领取《劳动手册》，享受城镇居民同样的就业、培训政策；生活发生困难的，也可按规定向民政部门申请"低保"；对原已安置进入单位的征地劳动力，依法订立和履行劳动合同；安置单位确因生产经营或其他客观情况发生变化，无法安排已安置的征地劳动力生产或工作任务，确实难以继续履行劳动合同的，安置单位可以为其补缴足符合退休规定年限的社会保险费及规定的经济补偿金后解除或终止劳动合同；对征地养老人员，实行全区统一管理，以确保征地养老人员生活费按时足额发放和医疗保险费的落实。

按照新的征地安置改革办法，对新产生的征地劳动力，由征地安置单位在征地安置时为征地劳动力一次性缴纳 15 年的养老、医疗保险费；征地劳动力享受城镇居民同样的就业、培训政策；生活困难者，同样可按规定向民政部门申请"低保"。这个新的征地安置改革办法，切实保护了征地农民的基本利益。在城市化进程中，浦东新区的征地农民与市民享受同等待遇，成为真正意义上的城市人。

8.1.1.3 上海浦东新区征地安置新制度的绩效评价

新的征地安置改革办法，按照市场安置的原则，有效地促进了失地农民由"单位人"向"社会人"转换。

（1）新办法对征地单位、征地安置单位、委托安置单位的职责作了明确的界定。规定征地单位的职责是落实社会保险费，在给予征地劳动力一次性缴纳 15 年社会保险费用和一次性生活补贴后，征地单位不需要负担其他责任，相对锁定了开发成本，受到了征地单位的欢迎。

（2）新办法解决了失地农民的后顾之忧。由于征地前大部分农民已经在乡镇企业就业或从事个体经营（据调查，就业率接近 68.7%），大部分农民最为关注的不是失地后的就业问题，而是保障问题。因此，新办法适应了农民的这种需要，稳定农民原有的就业格局，肯定这种劳动力市场配置的结果，规定征地单位不再对失地农民进行就业安置，转变为由征地单位落实征地劳动力的社会保障，其中，女性 35 岁以上、男性 45 岁以上的征地劳动力与养老保障得到了全面接轨，真正解决了失地农民的后顾之忧，受到欢迎。

（3）新办法充分体现了政府的职能。新办法是市场取向型的安置办法，政府主要是对征地安置工作加强管理、加强指导，不再承担无限责任。为了加强土地资源管理，防止土地批准征用后，项目长时间不落实、不启动而使土地抛荒，新办法还规定从土地批文下达后的第 7 个月起必须要支付失地农民的生活过渡费，这也是对征地单位的约束，既保护了失地农民的利益，也保护了有效的土地资源，充分体现了政府的职能。

8.1.2 苏州新区征地补偿安置办法

近十年来，苏州加速农村城市化发展的进程，农村的产业结构、社会结构和生活方式都发生了巨大的变化。这种变化对广大农民既是一种难得的发展机会，也是不得不面对的挑战。目前苏州市待转移的劳动力且有本地户口的为 20 万。苏州市政府从践行"三个代表"、实现"两个率先"目标的高度，按照"南北挂钩、统筹城乡、市场运作、服务农民"的总体思路，大力开展农村劳动力转移工作。为加快富民强市，实现"两个率先"做出了积极贡献。

8.1.2.1 以安置农业人员为核心，采取商业保险结合一次性货币补偿安置的办法

苏州市区的征地补偿安置直接由市国土资源局负责办理，补偿安置方式和标准完全执行市政府苏府（2000）41 号文件规定，征地程序上严格执行"二公告一登记"制度。将征地后需要安置的农业人口划分为三个年龄段，确定为三种安置对象：被抚养人——年龄在 16 周岁以下（不含 16 周岁）；剩余劳动力——女性 16～35 周岁（含 35 周岁）、男性 16～45 周岁（含 45 周岁）；保养人员——女性 35 周岁以上、男性 45 周岁以上和残疾人。三种对象的数量，按征用土地前被征地单位上述三部分人员各占在册人员总数的比例确定。对需安置的农业人口根据不同情况采取不同方式安置：（1）对被抚养人实行货币安置。货币安置的标准为每人 6500 元，安置补助费由征地服务机构在规定的期限内支付给其监护人，并与监护人签订货币安置协议。（2）对剩余劳动力实行货币安置。货币安置的标准为每人 13000 元。对男性 40 周岁～45 周岁、女性 30 周岁～35 周岁年龄段的剩余劳动力，外加每人 5000 元的医疗保险费。安置补助费由征地服务机构在规定的期限内支付给每个被安置人员，并签订货币安置协议，被安置人员通过多种形式自主择业。医疗保险费由征地服务机构负责向保险公司投保，给以约定的住院医疗保险至 60 周岁。（3）对保养人员采用商业保险办法实行保养安置。由负责征地的单位为保养人员统一向保险公司投保，然后由保险公司按月发放保养金，标准为每人每月 170 元，并享有住院医疗保险。经批准安置的农业人口，办理农转非。

8.1.2.2 将被征地农民的安置纳入地区社会保障、失业保险和民政救济体系的补偿安置办法

像苏州工业园区将需要安置的农业人口按市政府苏府（2000）41 号文件规定确定为三种安置对象。对剩余劳动力以各镇就地安置为主，鼓励自谋职业。凡本人要求自谋职业的，由其提出书面申请，经公证处公证，园区公积金管理中心给予一次性经济补偿 1～1.2 万元/人，并发给待业证，不再参加待业保险。凡本人要求参加待业保险的，从用地之日起算发给待业金，标准为每人每月 180 元直至本人正式就业（一年以内就业的可领满一年），再次失业的经审查确认后从失业之日起算再发给待业金。待业金先由园区公积金管理中心支付到被征地镇财政专户上，再由镇财政专户按月发放给每个待业人员。对保养人员采取养老保险，从用地之日起，由园区公积金管理中心为每一个保养人员开设银行存折发给本人，每月向该存折汇入 160 元/人养老金，并给予约定的医疗保险费用。对被抚养人目前不给予货币补偿安置。经批准安置的农业人口，办理农转非。

部分地区对征（使）用土地实行对农民按亩补偿，每年结算，补偿到户，使失去土地的农户长期收益。每年土地的补助标准：600 元/亩、800 元/亩、900 元/亩不等。由各镇设立财政专户，提取年内返回的出让土地权属管理费和土地出让金的 20% 注入专户，按土地的补偿标准每年足额发放到户到人。同时，对集体经济组织给予一定土地补偿。对征地

涉及青苗补偿的，按耕地前三年平均年产值和农作物收益情况进行合理补偿。我们并不提倡这种补偿方式，今后政府的包袱越来越重，农民的保障不落实，与城市化相隔离。

将征地补偿安置费用集中进行投资运作，每年定期给农民分红的补偿安置方法：

吴江市、吴中区的部分地区采用这种方法。这些地区在尊重农民意愿、征求农民意见的基础上，有的由村集体经济组织集中使用征地补偿安置费，进行投资或建造标准厂房出租，每年年底各村民小组按实际被征地面积，领取固定分红回报，再分配到人；有的将征地补偿安置费分成若干股份，再具体量化到每个农民，资金由镇资产经营公司进行运作（一般将资金投入某个经营状况良好的企业），年终按当年获取收益、股权比例进行分配。这种征地补偿安置办法，由于受经济态势、投资环境、经营状况等的变化影响大，有较大的风险性和不确定性，缺乏长期保障。

8.1.2.3 从城乡统筹的高度理顺农村劳动力转移机制

苏州属于江南发达地区，按照市场经济原理合理配置人力资源，取消限制劳动力在城乡间和区域间流动的规定，打破就业的城乡壁垒和地区壁垒，逐步建立城乡统一开放的劳动力大市场观念已深入人心。据统计，今年一、二季度，通过苏州市职业介绍服务中心就业的城乡劳动力达到258710人，其中农村劳动力占67%。市政府围绕城市化，以城乡统筹、相互融合、互动发展的思路，寻求解决"三农"问题的良策。

（1）加快机构建设，健全农村劳动力转移组织体系。目前，苏州全市已普遍建立劳动力转移工作协调小组，进一步明确了劳动力转移工作协调小组成员的单位工作职责，普遍建立了协调小组例会制度、目标责任考核制度、情况通报和调研制度、调查统计制度等各项制度。

（2）强化目标管理，建立农村劳动力转移目标责任体系。市政府每年新增劳动力转移的目标任务，把农村劳务输出年度目标作为一项重要指标列入政府工作的考核指标体系，强化责任，落实措施，把目标分解到乡镇，任务落实到人头，确保各项工作的如期推进。市政府每年与辖区各镇及所属单位签订农村劳动力转移目标责任书，每年定期考核，其考核结果与评选先进直接挂钩。

（3）搭建市场平台，完善农村劳动力转移机构组织。发挥网络优势，努力构建城乡联动的绿色通道是转移农村女劳动力的保证。全市各镇每年都有序转移农民万余人，其中以劳务输出为主。重点在建立劳务培训、劳务接受基地和壮大中介、师资、骨干三支队伍及搞好政策、信息、培训、维权四项服务上下功夫。一是建立培训平台。在日前召开的再就业培训座谈会，市政府下属的苏州市干部学校再就业培训工作得到劳动部门肯定。保安、技工、保育员、家政、手工编结成为品牌，参加培训学员的就业率达70%。各县市区政府也依靠教育、劳动等部门重点开展了烹调、保安、服装裁剪、缝纫、编织及农村使用新技术培训，每年受训农民达12万人次。1996年以来，各级政府与劳动和社会保障局系统共举办了80多场多层次、小批量、针对性强的农民劳务招聘会，2774家用人单位提供了115024个就业岗位，10826名苏北农村劳动力进场求职，达成意向性协议8080人。二是建立信息平台。充分利用政府的网络，发展一大批农民干部，他们走西家、串东家，把收集到的用工信息无偿为辖区的外来劳动力服务。三是建立职介平台。2003年市政府及辖区

5 县市都设立劳务中介，昆山的农民就业服务中心已建立 10 个分部。为转移外地劳动力和农村富余劳动力，适时举办各种类型的招聘洽谈活动。9 年来连续开展农民劳务招聘专场，共有 12 万人达成就业意向。

8.1.2.4　苏州新区征地安置和社会保障工作

苏州城市化的加速发展以及各类开发区的大面积征地使失地农民的数量急剧增加。政府对失地农民的补偿，在上世纪 90 年代一般采用一次性"买断"方式，结果是"钞票用光，集体上访"的事情屡屡发生。这位官员说，"国家征地补偿制度的不合理是促成'土地换保障'改革的内在动因"。

（1）农村养老保险改革

2003 年苏州市委市政府出台了完善农村社会保障工作的试行办法，全面推进农村养老保险，建立纯农人员参加养老保险财政补贴制度和老年农民社会养老补贴制度，指导各镇做好了农村家庭成员基本情况调查工作，拟订了乡镇纯农人员农村养老保险费和老年农民社会养老补贴发放的业务操作流程，指导镇劳动保障所做好了纯农人员农村养老保险费的收缴和老年农民社会养老补贴的发放等业务工作。新制度的推进以后，全市各镇均完成了年初下达的农村养老保险指标任务，2003 年全年净增参保人数达 9.77 万。截至目前统计，全市农村劳动力为 74.93 万，其中企业职工 14.98 万、个体经营人员 4.5 万、纯农人员 22.21 万；已经参加养老保险的企业职工为 10.31 万，覆盖率为 68.80%；个体经营人员 2 万，覆盖率为 43.32%；纯农人员为 11.02 万，覆盖率为 49.60%；目前所有农村劳动力参保覆盖率为 57%；半数以上的农村老年农民能在春节之前领到社会养老补贴。农村养老保险改革的推进，是完善农村社会保障体系的历史性突破，从此，苏州市将逐步实现养老保险的应保尽保，苏州市到达养老年龄的老人将实现老有所养。农村养老保险已成为全市农村的热点话题，农保政策家喻户晓。农村养老保险制度改革也成为了苏州市"三农"工作中的亮点，江苏电视台、中央电视台对该市农村养老保险改革作了专题报道。

（2）社会保险信息管理系统建设

2003 年经过反复论证，确定了社会保险信息管理系统软硬件全面同步升级方案，在大投入、新起点、高标准的前提下，按照"五险合一"的业务流程实现社会保险业务操作系统的升级，在"三层架构"的基础上实现城乡社会保险经办机构计算机业务操作的一体化。2003 年社保处同相关单位密切配合，重点在社会保险业务流程重组整合、提供软件需求等方面做了大量工作。社会保险信息管理系统的全面升级为劳动保障信息化建设奠定了坚实的基础。

（3）失地农民养老保险安置

2003 年沿江开发区征地补偿安置办法作了重大调整，将原来的一次性货币安置改革为以养老保险安置为主、货币安置为辅的安置办法，全年共安置失地农民 22499 人，其中置换养老保险的人数为 12410 人；同时对 2001 年底前失地农民按照新政策进行了衔接安置，共涉及 11227 人。这是苏州市在失地农民安置工作上的重大突破，作为社会保险业务经办部门，认真做好了置换养老保险的具体业务工作，确保了沿江开发区失地农民安置工作的顺利实施。

8.1.2.5 苏州失地农民补偿安置的方式变迁的绩效评价

（1）探索采用留用地安置。按苏州市政府规定，征地补偿安置上可采用留用地的办法。最近，苏州市政府在出台农村十件实事的文件中再次明确了这一做法。要求有条件的地方在征用土地时按征地所需安置的农民数量，依照留用地所在地的土地级差收益和人均年收入1000元的标准确定一块留用地，可以征为国有，也可以保留集体所有性质，农民留用地的安排必须服从土地利用总体规划和城镇、村庄建设规划。被征地集体经济组织可以在留用地上建造标准厂房、物业用房，或自己经营或出租，每年获取固定的投资经营收益、租金收入，按一定比例和标准发给被征地农民，保障农民的生活。

（2）探索集体建设用地流转。去年，苏州市政府为控制征地范围，保障农民从集体建设用地上获得长久收益，出台了市府办（2002）76号文件精神，积极开展集体建设用地使用权流转试点。流转方式一种是实行年租制，一种是以集体经济组织入股方式，还有一种是一次性流转转让。实行年租制的，规定每亩租金不低于4000元，政府、集体经济组织与农民的收益补偿，原则上按2：4：4比例分配，确保农民每年在每亩土地上获取1600元收益补偿；实行以集体经济组织入股方式流转的，可保底分红，也可按一定的标准先行补偿安置后，视年收益情况进行分红；实行一次性流转转让的，按苏府（2000）41号文件规定对集体经济组织和农民进行补偿安置。通过开展集体建设用地使用权流转试点，切实保护集体土地所有者和农民的合法权益，保障农民每年获得稳定的土地收益，维护农村的稳定，实现经济的可持续发展。

（3）探索以股份制运作安置费。通过乡镇成立土地股份合作社、土地基金会等组织，集中征地补偿安置费进行资本运作，使农民获得长期的生活保障。苏州市一些经济比较发达，投资环境较为理想的乡镇，成立了土地股份合作社、土地基金会等组织，将征用土地得到的补偿安置费集中进行资本运作，而不直接发给被征地农民。这些征地补偿安置费，主要用来建造标准厂房，租金作为经营收益，实行保底分红加浮动分红的分配方式，使农民获得长期稳定的收入；还有些用来委托保险公司、证券公司进行投资基金运作、存入银行以及进行其他投资方式获得收益，每年分配给农民，使被征地农民的生活得到一定保障。

（4）探索农民宅基地制度改革。为保障城市化进程中农民对土地和宅基地合法权益，苏州市在做好征地补偿安置的同时，积极推进农民宅基地制度改革，使农民的生产生活有机地融入城市化大势中去。主要明确几条政策：一是在城镇规划内不再新批宅基地，符合享受宅基地条件的，通过预先安置动迁房解决；二是在城镇规划内因建设需要拆迁宅基地的，不再以宅基地安置，一律建动迁房安置；三是在城镇规划内农民翻扩建宅基地的，原则上实行预拆迁安置的办法；四是城镇规划区内规划为居住区的宅基地，可以征为国有后入市交易，也可以直接流转给符合享受宅基地条件的农民。这样，一方面使得农民宅基地在城市化进程中的价值得到显化，保护了他们的财产权；另一方面有利于农民的生活方式、生活质量融入到城市化的行列中去；第三还有利于集约利用土地，减少城市化过程中的重复建设，重复拆迁；再就是方便农民在加快城市化步伐中"出得了村，进得了城"。

8.2 珠江三角洲农村城市化地区土地制度的创新

8.2.1 顺德：农村集体土地管理制度的改革

顺德是珠江三角洲由乡镇企业推动的"自下而上"城市化模式的典型，被誉为广东"四小虎"之一。从改革开放初期到1990年代初，顺德以工业立市，大力发展商品经济和乡镇企业，使经济结构从农业经济为主转变为以工业经济为主，实现了工业化。到2003年止，顺德城镇建成区面积67.6km²，城市化水平达到55.8%。

顺德借2001年被国土资源部和国务院法制办列为农村集体土地管理制度改革试点的机遇，大胆创新改革，针对以往征地中存在的突出问题，如行政权力侵犯农民土地财产权、农民在集体经济组织内部的权利不落实、农民集体土地财产权利不能通过市场去实现等。顺德农村集体土地管理制度的改革，主要包括征地制度改革和集体建设用地使用权流转两大方面内容，通过"两化一流转"（即征地补偿趋向市场化、集体土地资产通过股份的形式量化和固化、集体建设用地可流转）等做法，为被征地农民创造良好的生存和发展条件，消除失地农民的后顾之忧。

8.2.1.1 调整建设发展思路

实行由"城乡一体化"向"城市化"的战略转移。一是工业区实行集约发展战略。为改变顺德早期初级工业化分散建设形成的"村村点火、处处冒烟"的局面，他们提出走"工业进园"的集约开发建设之路，对全区近200个镇、村级工业小区进行规划整合；同时，政府出台一系列优惠政策，鼓励新办企业在集约工业区落户和区外企业迁入集约工业区，并严格限制在非集约工业区内新办企业。二是在确保基本农田保护区总面积不减少的前提下，及时修编和调整土地利用总体规划，以更好地服务于经济社会发展和城市化建设的大局。三是采取大规模的基塘整治、异地开发耕地等多种措施，满足经济发展和城市化建设对建设用地的需求。

8.2.1.2 通过股份的形式量化和固化集体土地资产

主要包括开展农村区域重组和固化农村股份合作社股权、量化股份合作社资产等。这一改革既有利于保障农民现有利益，也有利于促进城市化的进程。因为农民迁入城镇后，其既有利益未受到影响，解决了农民的后顾之忧，同时促进了农民到城镇谋求发展，减少了对土地的依赖性。

固化村民宅基地，一次性下达村民住宅建设用地指标并逐年安排建设，解决了"有限的土地资源实行无限分配"的问题；取消村级分散建设的工业留用地指标，停止审批零星分散的非集约工业区的农用地转用，实行按征地面积比例提留建设用地的办法，给镇村发展留足用地。对因城市建设需要使用已实行村改居的股份合作社的土地或征用属村股份合作社的土地用作工业和商住用途的，分别按征地面积的10%提留给村、5%提留给镇作发展留用地。

8.2.1.3 征地制度改革：征地补偿趋向市场化

征地制度改革的目标，是建立能够更好适应市场经济发展和城市建设需要，显化农民集体所有土地的资产价值，体现土地价值的区位级差，充分保证农民利益，有利于农村稳定和发展的新型征地制度。为此，顺德统一并提高了征地补偿标准，依据国家、省有关土地管理法规，在广泛征求村、镇意见的基础上，顺德制定了《农用地转用、征用和有偿使用土地暂行规定》，对行政区域范围内征用土地的土地补偿费和安置补助费实行同一标准，结合顺德1997～1999年农业产值的实际情况，将征地补偿标准提高了47%。

合理分配土地补偿和安置补助费，按照《关于固化农村股份合作社资产的实施细则》，土地补偿费和安置补助费作为集体经济组织的资产，按集体占20%、个人占80%的比例进行量化，其中个人部分按所持股份一次性分配兑现，使农民的利益最快最直接得到落实。

8.2.1.4 集体建设用地使用权流转

首先是确立流转制度。集体所有建设用地使用权的流转，是指集体所有建设用地的使用权通过有偿、有期限转让（包括作价投入和交换等）、出租等方式，使土地使用权发生转移或实际使用人发生变更的行为。具体做法是：

（1）流转的集体建设用地必须符合土地利用总体规划和城镇建设规划，发生流转前须由土地所在村委会和镇一级土地管理部门确认所有权人，权属无争议。

（2）集体建设用地流转必须通过合同约定使用年限，但最高不得超过同类国有土地使用权出让的最高年限，再次流转的年限不得超过合同约定的剩余年限。

（3）流转的集体建设用地不得用于房地产开发建设，使用者如需改变原土地用途，应当取得土地所有者同意和区主管部门批准，并重新签订流转合同。

（4）建立集体建设用地基准地价，并由区政府定期公布，作为政府核收集体建设用地使用权流转收益金的依据。

其次是规范流转管理。一方面，由区规划国土局负责对集体建设用地的土地所有权和使用权进行调查审定，经区政府审核同意后核发集体建设用地所有权证、房地产权证或土地使用证；另一方面，集体建设用地流转必须签订统一印制的流转合同，并经区规划国土局审查备案后方能生效。顺德还根据实际情况，针对首次流转、纯土地再次流转、已办房地产权证的集体建设用地流转三种不同流转类型，制定了一整套办事程序①。

8.2.2 南海：土地股份制

南海是广东"四小虎"之一，也是珠江三角洲自下而上城市化模式的典型。

8.2.2.1 让农民以土地权利参与工业化

1992年以后，南海地方政府（县、乡两级）利用大量本地和外地资金投资设厂的机

---

① 边防军. 广东顺德农村集体土地流转改革调查：为集体土地打造入场券［N］. 中国房地产报，2004（4）.

遇，在通过国家征地参与工业化和城市化的同时，也认可集体经济组织在不改变土地所有权性质的前提下，统一规划集体土地，然后统一以土地或厂房向企业出租的方式，打破了国家征地垄断农地非农化的格局。到 2002 年，南海全市工业用地共 15 万亩，其中非经征地改变集体所有制的土地 7.3 万亩，几乎占了一半。南海市的农村工业化在其启动、成长和壮大的过程中，它在生产要素的组合与利用，政府、集体与农民在工业化的参与和利益分配上，都显示出一种新模式，即南海模式，在此模式下集体经济组织和农民以土地股份制的方式分享了农地非农化过程中土地的级差收益。

南海市政府还把土地股份制规范为以下两条：（1）进行"三区"规划，把土地按功能划为农田保护区、经济发展区和商住区，以保护农田和实施城镇规划；（2）将集体财产、土地和农民的土地承包权折价入股，在股权设置、股红分配和股权管理上制定章程，用以约束村股份组织的经营活动。同时，南海还宣布土地股权的分配是终身的，并可继承。

根据国务院发展研究中心研究小组的调查，南海土地股份制的效果是明显的。第一是以集体土地启动工业化，降低了工业化的门槛，对珠江三角洲地区探索新型工业化道路具有促进意义。第二是与国家征地不同，集体在上交了与土地有关的各项税费以后，可以收益土地租值，并由全体农户按股权分享。第三是将农民的土地承包权变成永久享有的股份分红权，既保留了家庭承包制的合理内核，又将农民的土地收益权延伸到了土地非农化过程[①]。

地方政府在采用国有出让方式征用土地的同时，又在不改变土地集体所有权性质的前提下，最大限度地将非农建设用地留作农村集体使用。南海这种分配土地的方式，既保障了各方建设用地，又让农民利用土地参与了工业化进程，使整个工业化进程得以加快。南海的农村工业化靠土地的资本化得以形成气候。在土地资本化的过程中，既有地方政府利用国家征地制度的推动作用，也有农村集体充分利用灵活的土地政策来加速当地工业化进程的作用。具体而言，地方政府通过国家征地制度所获得的低价土地建设城市，配套工业发展的整体环境，吸引大的投资；集体、农民则用租地方式吸引中小企业。两个层次的努力形成了上下游相关的产业链，增强了产业和地区的竞争优势，带来了土地的进一步升值和巨大的财富效应，为整个南海工业化的提升创造了条件[②]。

8.2.2.2　股权的改革

从 1996 年开始，南海以股权配置、股权界定、股权流转为突破口，对农村股份合作制进行大胆探索和改革。几年来的实践证明，股权改革较好地解决了农村发展中存在的一些问题，为农村产权流转，资本运营逐步融入到市场经济的轨道提供了前提条件和实现可能：

一是化解农村股份合作制因人口变动而引发股权纠纷的矛盾。如平洲街道办事处实施

①　体转让悄然试水［N］. 中国财经报，2004. 4.
②　国务院发展研究中心课题组. 南海模式：让农民以土地权利参与工业化［J/OL］. http：//www.ccrs.org.cn，2003 - 05 - 15

固化股权改革后，有 1000 多名"外嫁女"及其子女取得或保留了股权，从而使困扰多年的股权纠纷得到妥善解决。股权固化后，股权不会因户籍注销或退出承包土地等原因被剥夺，农民持有股权可通过股红分配增值。这样，农民吃下了"定心丸"，从而使农村剩余劳动力向二三产业转移，为农村城市化聚集资金创造了条件。目前，南海区农村已有 76.5% 的劳动力从事第二、第三产业，总人数达 49.1 万人。

二是突破了股权设置由无偿配股向有偿购股的转变。按照新规定，在固化股权时无偿送股的股东，必须按每股资产净值的一定比例有偿配股，新增股东要享受集体收益分配，必须按相应档次现金购股，可以少购或不购，不许多购。如平洲街道办事处，以 1999 年 12 月 15 日为固化股权时限，此前在册的股东按年龄分档次无偿送股，此后原始股东晋升档次增股和新增股东入股，全面实行现金购股。

三是突破农村股权由封闭向开放的转变。由于允许农村股权在一定范围内流转、继承、赠送、抵押，从而使股权的封闭性得以开启，农民可以"持股进城"。目前，南海全区已有 485 个股份合作组织实行"生不增、死不减"或"固化股权、出资购股、合理流动"的做法。这为农民转变身份，择业迁徙创造了条件，也为农村产权合理流动提供政策支持，加速了农村产权市场的形成。

四是促进农村资源优化配置。首先是推动农业适度规模经营，农村股份合作制实现了农村集体土地所有权、使用权和承包权三者分离，种养能手参与竞投承包土地，可获得更多的土地经营权。目前，全区农业规模经营有 4000 多户，面积达 17 万亩，直接带动和辐射种养面积近 20 万亩。其次是壮大农村股份合作组织发展集体经济来源。特别是通过股权界定，出资购股的方式，使农村股权由"虚股"变为"实股"。目前，全区农民出资购股金额达 1777.49 万元，集体经济不断发展壮大①。

8.2.3　对顺德、南海模式的评述

顺德的征地改革切实保障了农民权益，增加了农民收入，特别是通过确立农村集体建设用地使用权流转制度，承认农民的土地财产权，并显化了农民集体土地资产价值，使农民长期、稳定的利益切实得到保障②。

南海的农村工业化模式将土地非农化的级差收益保留在了集体内部。集体只经营土地、厂房，不经营企业，既保障了集体土地级差收益的增值，又避免了因集体办企业所致的企业产权制度模糊和社区集体资产的流失。在自愿、合法、有偿的原则下将农民的土地承包权变成可以永久享受的股票分红权，从而有利于农民土地使用权和收益权的分离，既保障了农民对土地的收益权，又加速了农民的"洗脚上田"和向二三产业转移③。

不仅承认了土地在作农用时，农民对土地的收益权，而且承认现在的股权持有者也有权享有土地在作非农使用以后的级差增值收益。这既延伸了农地承包制下农民对承包土地长期而有保障的土地权利，也使他们的土地承包权益因为制度创新而得到加强。地方政府

---

① 南海：股权改革破解"新三农"[N]. 华南新闻，2004.3.

② 陈韩晖，张晓峰. 顺德土地管理新突破：可持续发展保障农民长期享有地租收益 [N]. 南方日报，2004.3.

③ 国务院发展研究中心课题组. 南海模式：让农民以土地权利参与工业化 [J/OL]. 广东建设信息网，2003.5.

在采用国有出让方式征用土地的同时，又在不改变土地集体所有权性质的前提下，最大限度地将非农建设用地留作农村集体使用①。国务院发展研究中心学者刘守英指出，南海模式表明，工业化过程中，农地转变为非农用地未必非要采用国家征地的形式。南海模式解决了不通过征地即能解决集体的公共品投入问题，解决了农民对土地级差收益长期分享的问题，同时也解决了政府行为问题②。

但南海模式与现行的法律存在冲突。第一，我国的土地管理法规定，"国家对建设用地实行征地制度"，"任何单位和个人进行建设，需要使用土地的，必须依法申请使用国有土地"，"依法申请使用的国有土地包括国家所有的土地和国家征用的原属于农民集体的土地"。而南海模式中非农建设用地的所有权仍然掌握在集体手中，并没有转为国有。第二，我国土地管理法第六十三条规定：农民集体所有的土地的使用权不得出让、转让或者出租用于非农业建设，但是，符合土地利用总体规划并依法取得建设用地的企业，因破产、兼并等情形致使土地使用权依法发生转移的除外。而实际上南海模式所采用的股份合作制主要并不是农村集体组织自建乡镇企业，而主要是通过在集体土地上自建厂房，然后出租或者干脆出租土地，这明显违反了土地管理法第六十三条的规定。另外，股权的社区化倾向也使其作为资本的功能弱化。从集体资产作价评估到确认股东资格，从股权设置到股份分配，从存量配股到增量扩股，从股权管理到股红分配，从股份合作经济组织经营管理到收益分配，都严格限制在社区范围之内，社区之外的个人和法人资本不能进入，社区之内的股权不能流出。这种格局，使社区股权凝固，不具有流动性，弱化了股权的资本性功能，造成了产业布局的分散和资本规模狭小，影响了人口与资本的流动和产业的集中与升级。另外，个人股权只是分红依据，不能转让、继承、赠送、抵押，农民退出社区，其利益得不到补偿，使股权具有极高的社区福利性。这实际上阻碍了农村工业化和城市化的步伐③。

集体土地在转变为非农建设用地后，在不改变所有权性质前提下进行的出租、转让等流转行为，是明显违反现有法律的。土地出租既然不合法，那么出租合同在法律意义上也是无效合同，一旦当事双方出现纠纷，受损失最大的一定是集体组织和农民。

顺德和南海土地流转和农村建制的试验，是把农村诱致性城市化中的利益通过制度安排固定出来，并逐渐从体制上促进农民向市民的转化。事实上，这些地区农村城市化的成果，仍不足以支持这种转变，因为农民在收入的稳定上，生活的方式上都没有激励的来源④。

8.3 小结

我国处于经济转型阶段，经济发展模式的变化使得原有的城市化模式和制度安排不能够适应现在城市化需求，这导致了各种的城市化制度安排的探讨和改革实践的出现。这些

---

① 赵奉军. 我国农村土地征用制度改革的三种模式 [N]. 中国经济时报，2004. 1.
② "新圈地运动"末路——失去家园 [J]. 财经，2003. 8.
③ 赵奉军. 我国农村土地征用制度改革的三种模式 [N]. 中国经济时报，2004. 1.
④ "新圈地运动"末路——失去家园 [J]. 财经，2003. 8.

探讨和实践都是当地政府根据自己经济发展的特点，针对当地实际情况和具体问题的解决方案。如顺德和南海在农村工业化快速发展的情况下，通过股权固化和集体土地流转解决土地收益的分配问题，浦东的经验是在国有经济占主导的情况下对失地农民进行有组织的安排；广州则是利用市场对土地的需求通过留用地把失地农民收益保障交给市场。

可以认为这些探讨都是不完全的，农民仍然依赖土地实现非农化，使农民失去了学习和适应现代组织的激励，农民也不可能实现真正的城市化。因此，面对不断出现的失地农民问题，需要从国家层面进行城市化的制度设计，完善失地农民城市化的制度安排。

第9章　广州大学城（首期）失地农民城市化制度协调模式的探讨

9.1　失地农民城市化的制度安排框架

通过对我国城市化与失地农民问题产生的新制度经济学的分析，发现城市化制度安排与变迁不匹配和城市化的制度供给与需求的不均衡是我国强制性失地农民问题产生的重要原因。结合国内外解决失地农民问题制度安排的案例分析，得出我国失地农民城市化制度安排的分析框架，如下图：

在此基础上，进一步认为政府应该通过创新的制度安排，提高政府在强制性失地农民城市化制度安排中的供给，通过建立以下机制实现强制性失地农民真正的城市化：

（1）建立合理的征地补偿和利益分享机制。寻找政府、征地主体、失地农民间最佳的利益联结，建立合理的征地补偿和利益分享机制。通过建立科学的评估体系，使征地补偿的资金能够为失地农民提供居家安置、生活发展的基础和条件；按照征地数量的一定比例，为被征地的农村集体单位提供经济发展留用地，留用地的区位要与城市发展的功能分区相结合，鼓励农村集体组织按照城市规划要求，兴办二、三产业，发展集体经济，解决失地农民的就业、生活和发展问题。

（2）建立医疗、养老社会保障机制。在目前农村社会保障基本处在空白的情况下，尽快把失地农民纳入城镇社会保障体系，实现与城镇社会保障的对接。建立失地农民养老和医疗保险制度，其资金筹措应按国家、集体、个人及市场征地主体"四个一点"的思路解决，明确各类征地主体无论作何种用途的土地征用，均应在土地收益中留出一块作为农民失地后的社会保障基金，并专户储存、专门机构管理。引导农民从土地补偿资金中拿出一点，有条件的集体经济组织补贴一点，政府拿出一点，购买基本医疗和养老保险。除此以外，对退休年龄段农民因其已基本丧失劳动力，安置补偿标准应适当提高，对一时安排不了工作的，要为失地农民办理失业保险，对享受二年失业保险待遇后依然缺乏就业能力、生活困难的，要让他们享受当地的最低生活保障待遇。

（3）建立教育培训保障机制。加大对被征地地区的教育投入，做到失地农民的子女入学与城镇居民的子女教育的一视同仁，享受国家九年制义务教育所赋予的所有权利；加大以职业技术、岗位技能为重点的就业培训和现代市场经济知识教育，提高失地青壮年农民转岗就业能力，对中年以上的失地农民进行一般服务技能培训，提高他们在市场中的能力，建立健全的以职业技术教育为主的、多层面的农民职业技能培训网络体系。

（4）建立失地农民就业扶持机制。政府要积极探索多种形式就业安置办法，即把就地安置、招工安置和失地农民自谋职业等安置形式有机地结合起来。政府通过建立职业介绍机制，常年为失地农民就业和再就业服务。同时要制定相应的政策措施，扶持失地农民就

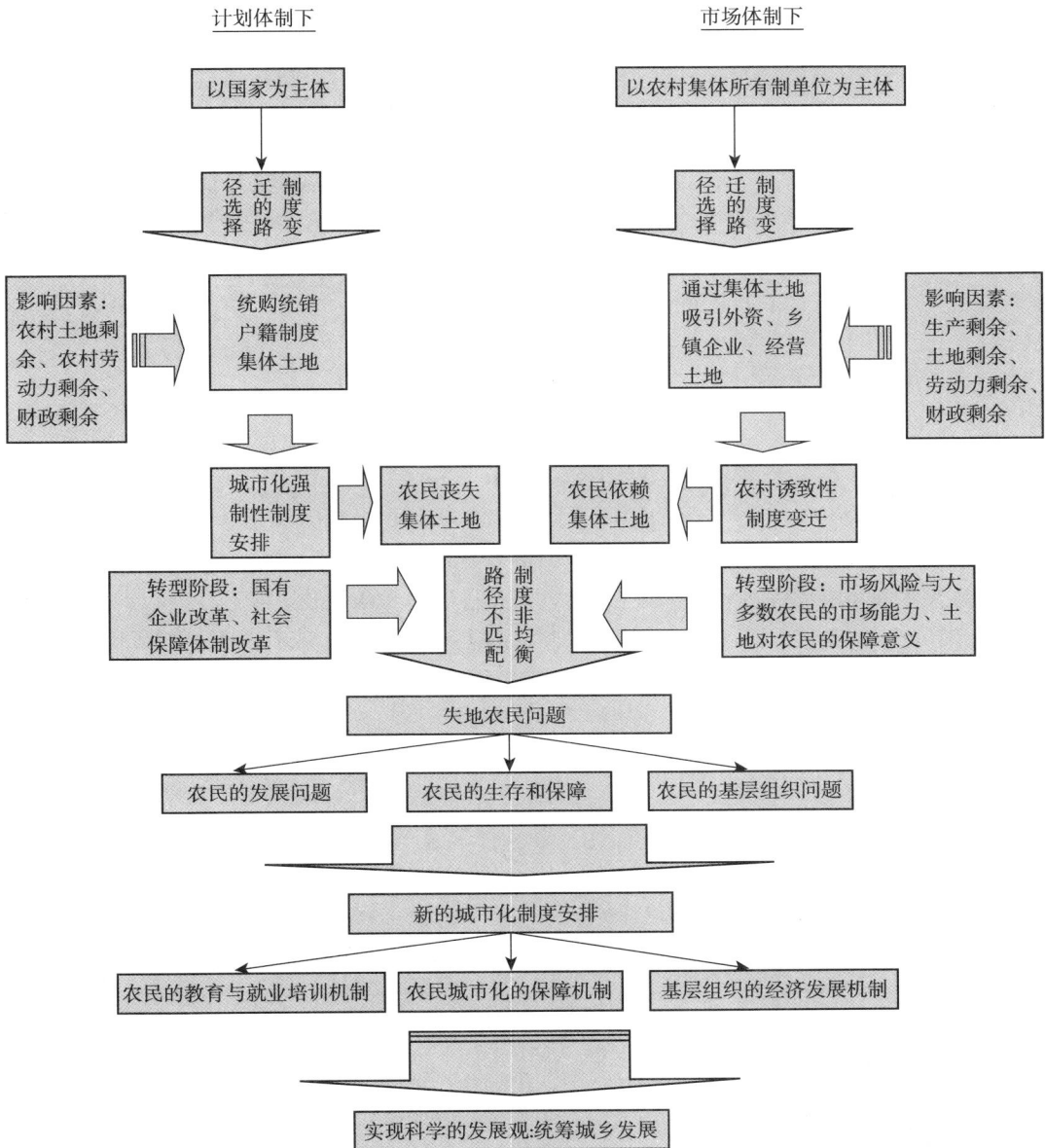

图 9.1　分析框架

业。就业不仅是解决失地农民长久生计的重要措施，也是改造和教育农民融入城市、适应城市生活方式、实现城市化的重要途径。

（5）建立指导和扶持农村经济发展的机制，促进农村基层组织社会管理职能和经济职能的分离。通过集体资产的股份固化，把经济发展职能从农村基层组织的职能中分离出来，促进农村基层组织向城市社区的转变，建立面向市场的经济组织。政府加大对经济组织建设的辅导和财政上的支持，解决好农村集体经济的主体问题、运作机制问题。以政府为主导建立非盈利的经营组织，并逐步通过市场化的运作，帮助农村集体经济组织对预留用地、房屋等集体经济资产收益进行经营，引导和帮助失地农民积累资产，促进集体资产保值、增值，使集体资产的收益和增值成为预防失地农民贫困和减少家庭不安全感方面的重要保障。

番禺是广州城市化快速发展地区，是广州总体战略规划确定的城市新的中心区。随着城市化的快速推进，将产生相当数量的失地农民，解决失地农民问题成为当务之急。在以上研究的基础上，结合当地失地农民问题的实际调查，制定了解决城市化过程中城乡协调的一整套措施，即《关于进一步加强新时期"三农"工作的若干意见》（见附件 B），并在解决广州大学城失地农民的问题中进行具体实践。

9.2　广州城市发展与广州大学城规划建设

9.2.1　建设广州大学城是广州实施"南拓"战略的要求

八十年前，孙中山先生在五山地区选址约 15000 亩建设高教园区，这是广州第一个大规模的、集中的高教园区。这个"七十年不落后"的超前规划，保证了广州市大学园区七十年的发展用地和广州作为华南地区文化教育和科研中心的地位。

广州历来是广东省乃至华南地区高等教育的中心。广东省现有普通高校 53 所中的 32 所位于广州，占 60%；26 个研究生培养单位中的 21 个位于广州，占 81%；54 所成人高校中的 31 所位于广州，占 57%；1999 年，全省普通高校在校生 23.9 万，其中约 72.6% 在广州，招生比例更是极高，占全省的 85.5%。从目前的情况来看，广州地区高校的发展大致分为两种模式：

大分小。即在异地建分校。如中山大学、暨南大学珠海分校，相当于高校建设一个"五脏俱全"的子校。

小聚大。几所大学合并为一所大学或一所实力较强的吞并几所实力较弱的大学，亦称"大学联合体"。如新广州大学就是由原来的广州大学、华南建设学院（西院）、广州教育学院、广州师范学院等合并而成。新广东工业大学则由原广东工业大学、广东省机械学院、华南建设学院（东院）等合并而成。

《中共广东省委关于制定全省国民经济和社会发展第十个五年计划的建议》提出了"广东省要大力发展教育事业和开发人才资源，要率先基本实现社会主义现代化，教育是基础，人才是关键。必须坚持把教育摆在优先发展的地位，把培养人才作为一项重大的战略任务切实抓好"。《广东省教育事业"十五"计划和 2015 年规划纲要》（送审稿）提出，2005 年，全省高校适龄人口入学率要达到 16%，全省普通高等教育在校生达到 60 万，其中 40 万安排在广州，比 2002 年的 15 万增加 166.7%，广州华南地区文化教育中心的地位将更为突出。

经过连年扩招，广州地区现有高校的空间发展潜力已经得到了充分挖掘，各种物质资源匮乏。广州市中心城区用地已远远不能支持高校再发展的需要，高教发展与用地紧张之间的矛盾十分突出。根据国家有关高校用地指标的要求，2000 年广州只有华南农业大学、华南理工大学、暨南大学用地规模可以达标，但显然难以满足 2005 年发展规模的要求。

广州市若要进一步扩大高校在校生人数，就必须解决用地问题。

由于多年来城市用地的快速扩张，原来处于城市郊区的高校用地目前已成为繁华的市区。根据级差地租理论，这些高校不太可能在其周围扩大用地。

为寻找办学出路，广州地区的高校纷纷到空间开阔、地价便宜、政策优惠的其他城市办分校。如中山大学、暨南大学已在珠海市成立分校；广东商学院、华南师范大学等学校也拟在其他城市成立分校区，这势必造成广州市高校资源和高校产业的流失，长此以往必将影响广州华南地区文化教育中心城市的地位。

校区分散，带来诸多不便。对高校而言，校区分散带来的诸多不便不利于自身的发展。首先，每个分校区都要兴建教学楼、办公楼、图书馆、学生宿舍等，重复建设势必造成国家财力物力的浪费，不利于教育资源和文化氛围的共享。其次，新老校区之间联系不便，对教学带来诸多负面影响，如老师每天浪费在不同校区之间的往返交通时间会影响到教学的质量。

为了解决广州高教发展空间的供需矛盾，使广州市现有大学形成集约优势，巩固广州市作为华南地区文化教育中心的地位，广州必须谋求高教发展新空间。参照和借鉴国内外高教发展经验，建设大学城就是其中一个较为有效的途径。

众所周知，高等教育对经济增长的巨大推动作用。高等教育本身具有很强的关联和扩散效应，除其本身对经济增长做出贡献外，还可以带动高科技产业、商业、服务业、房地产业、旅游业等产业的发展。广州市的综合经济实力多年来一直在国内大城市中名列前茅，但广州市和广东省教育事业发展的整体现状却无法与其作为一个经济中心的地位相匹配。据2000年统计数据，广东全省适龄人口高等教育入学率11.35%，低于全国平均水平；每万人口拥有的普通高校在校生仅排全国第13位。改革开放以来，珠三角地区的整体经济发展迅速，产业结构升级和高新技术发展已经引起人才需求结构的巨大改变，社会对知识型、技术型人才的需求越来越迫切。建设广州大学城将有利于广东省教育事业的发展，有利于广州市更好地迎接知识经济时代的挑战，在新的国家和城市分工体系中谋求新的发展空间。

广州城市总体发展战略规划提出了"南拓北优、东进西联"的空间发展方针。其中，"南拓"方向将大力发展基于知识经济和信息产业的设施和新兴产业区，广州大学城位于南拓轴上，是南拓轴上的重要节点之一。广州大学城建设也为开启南拓发展提供了动力，并实现对珠江的跨越，跳出旧城，开发新区，按照新城标准进行开发建设，优化城市布局，完善和补充了城市功能；从长远来看，广州大学城的建设必然会带动周边的土地开发和科技产业的发展，大学城的人才储备可为今后南拓的发展提供必需的人才资源，并推进学、研、产一体化和高新技术产业的发展。总之，大学城对于引导广州市城市空间及产业布局结构的优化都将产生重要作用。广州大学城的重要使命是不仅要解决由于"扩招"带来的高校用地困难问题，还要通过大学城的建设实现对"南拓"城市空间发展战略的实质推进。

9.2.2 广州大学城规划设计

9.2.2.1 广州大学城选址

从国内几个城市大学城建设的经验来看，大学城的选址既要求和城市中心区及原高校区保持较便利的联系，便于学生与社会的联系，又要求用地比较独立，便于建设和管理。

根据广州市政府关于拟在广州兴建"广州新大学城"的要求和选址工作部署，2000 年 8 月底、9 月初，广州市城市规划局到番禺、花都、从化、白云区现场勘察了新造小谷围、化龙中部、化龙复延、海鸥岛、沙湾凤山、榄核北部、狮岭的联星、花山的花城圩、神岗的湖田和莲塘、街口的井岗以及萝岗村和龙水库等十二个地点，经论证初步确定了花都的狮岭、花都的花山镇、番禺新造小谷围、从化中部四个选址方案。2000 年 12 月 20 日，国内外著名规划专家对广州新大学城选址进行了充分的论证，专家们认为应增加对原五山高校区及规划中的广州新城地区的选址比较研究。2000 年 12 月底至 2001 年 1 月中旬，广州市城市规划局又增加了对五山地区和石楼地区的调研和比较研究工作，同时也充分征询和听取了广州高等教育管理部门和高等院校校长的意见。在前期研究和论证的基础上，2001 年 3 月广州市委常委会议讨论并通过将新造小谷围岛及其南岸地区作为广州大学城的选址。广州大学城西邻洛溪岛、北邻生物岛、东邻长洲岛，与琶洲岛举目相望，用地相对独立，地理环境独特，规划面积 43.3km^2。大学城距广州市中心约 17km，距市桥约 13km，距广州新城约 17km。

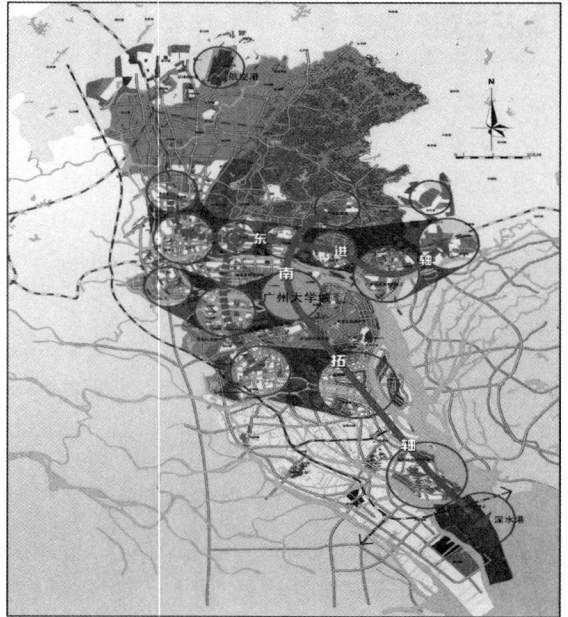

图 9.2 城市空间结构关系图

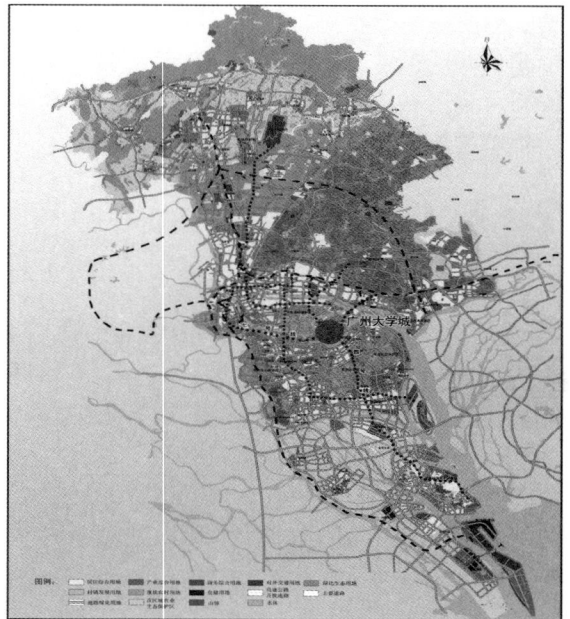

图 9.3 广州大学城区位图

（1）在广州城市空间发展关系上，广州大学城选址正好位于广州的南拓轴上和都会区中，与广州市城市战略，发展规划所确定的发展思路相一致，有利于实现良好的城市功能互动，提高广州城市建设的综合效益，而且土地供应量相对充足。

（2）在广州产业空间发展关系上，广州大学城位于以 IT 产业为特色的广州新兴产业轴上，通过轴上的产业实体互动，形成"学、研、产"一体化的城市创新基地，有利于知识创新、产业创新和科技创新，提高广州市的综合竞争力。

（3）在交通区位上，广州大学城位于"广州高速公路交通、轨道交通、普通道路交通、宽带网络信息交通"四位一体的城市交通网络体系中，大学城的多元交通需求可以得到最大程度的满足。另外，距离广州城市中心区较近，学生心理距离也较近。

（4）在文化区位上，广州大学城附近既有以黄埔军校为代表的近代史迹文化，又有以徐荫山房和宝墨园为代表的传统与现代岭南园林文化，还有以琶洲国际会展中心和广州生物岛为标志的现代岭南生态文化，更有广州各高校的校园文化，周边地区浓郁的文化氛围有利于广州大学城校园文化的建设。

（5）在广州旅游网络体系中，广州大学城正好处在"三线一中心"的东南水乡旅游线上，校园文化与旅游的结合将使广州大学城成为广州旅游的一个新亮点。

该地区主要的不利因素是小谷围岛近期建设的基础设施的"门槛"较高，前期基础设施投资量较大（进岛只能靠轮渡）。

9.2.2.2　发展定位与策略

大学城的定位已经越来越和大学城所在的城市定位结合在一起，广州大学城已不仅仅是满足于解决广州高教发展空间的供需矛盾，更肩负着促进高教资源的优化配置，实现城市发展战略的重任。在此意义上，广州大学城的发展应从优化城市功能，完善城市空间布局，推进高等学校体制改革，合理配置高等教育资源，构筑城市发展竞争力等多视角出发，而不是局限于解决由于高校扩招所导致的高教事业发展与大学校区用地不足的矛盾。

通过对广州大学城发展概念的分析，结合广州市经济、教育等发展的现状和趋势，并且按照《广州城市建设总体战略概念规划纲要》、《国家大学科技园区"十五"发展规划纲要》等方面的要求，广州大学城的定位确定为：国家一流的大学城，华南地区高级人才培养、科学研究和交流的中心，学、研、产一体化发展的城市新区；面向21世纪，适应市场经济体制和广州国际性区域中心城市地位、生态化和信息化的大学城。

大学城发展策略应与其所在的城市或其所辐射区域范围的产业结构，城市发展方向、策略相融合。鉴于广州大学城对广州市未来产业结构、城市发展方向都将产生重要影响，大学城发展战略的制定必须和城市总体发展战略规划、经济发展规划等相关规划紧密结合起来进行。广州市大学城的建设应满足以下三方面需要：满足高等教育自身发展的需要、塑造广州新城市空间形态与结构的需要以及拉动区域经济及产业发展的需要。

9.2.2.3　高校发展策略

（1）近期发展策略：优先解决由于"扩招"带来的高校用地不足的矛盾

目前，广州市因合并、扩招等因素需进行空间调整的原有大学（如广州大学、广州中医药大学等），或因用地不足，或因用地较为分散，均在寻找合适的发展空间，这些学校对迁入大学城都具有极高的热情。这些学校可以作为大学城建设的先锋与龙头，带动大学城发展。

（2）长远发展策略：优先吸引名校、著名科研机构和理工科院校，适度发展国际远程教育

　　与北京、上海相比，广州的高校无论是数量上还是质量上差距均较大，广州大学城要想脱颖而出，一方面应注意吸引国内名校或著名科学研究机构来大学城，通过采取设立分校、合作办校、共建研究生院等多种形式，开展高等教育，提升大学城的教学科研水平和社会影响力；另一方面，应优先引进和高科技产业相关的理工科大学和研究机构，尤其应重点扶植和培养那些对发展经济起重要作用的学科，如电子信息技术、生物工程技术、新材料技术、工业制造技术、新能源技术、光机电一体化技术等。

9.2.2.4　产业发展策略

　　（1）以发展教育产业为基础

　　在整个华南甚至更大区域内，广州处在教育市场最密集、最核心的位置。在高校"扩招"的背景下，扩招人数的大部分份额（而且质量较高）将由广州承担。广州大学城在此难得的"扩招"背景中面临强大的市场推力，同时广州未来的发展特别是"南拓"的发展将需要大量的基础性人才。高校"扩招"和广州城市"南拓"战略为广州发展教育产业提供了最佳基础和难得时机。

　　（2）依托教育，发展相关产业

　　教育作为一项产业，在城市经济增长的过程中正发挥重要的作用。大学城在建设初期，应抓住"扩招"的机遇，大力发展教育产业，充分重视教育产业化发展的趋势，教育产业与文化产业、房地产业、商贸服务业、旅游业等联合发展的带动效应，遵循市场经济规律，促进教育的产业化运作，构建并引导教育产业链良性循环。

　　（3）学、研、产互动

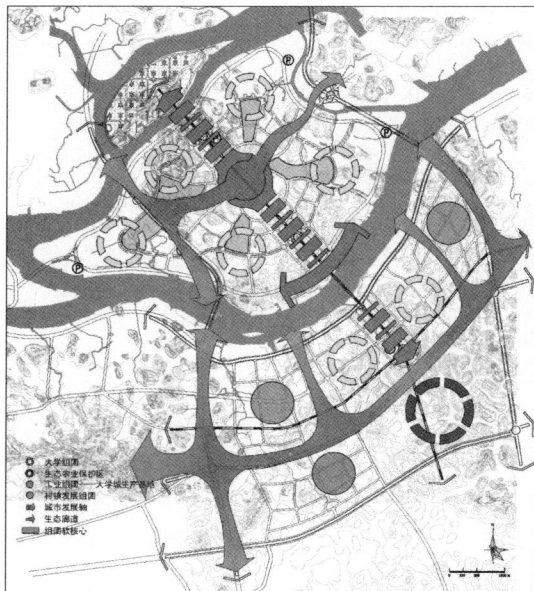

图9.4　广州大学城规划结构示意图

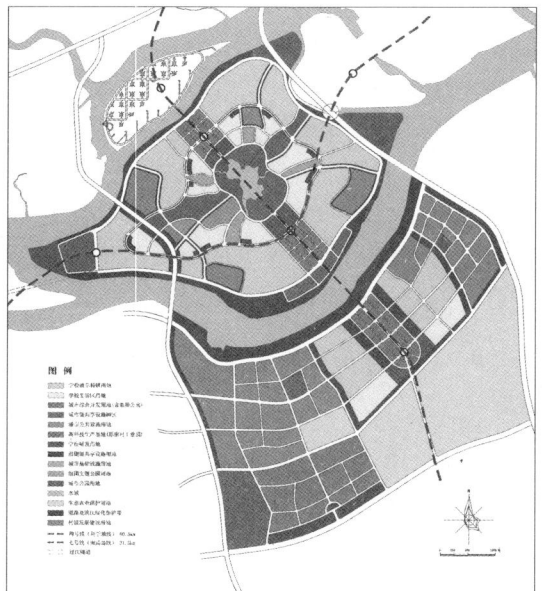

图9.5　广州大学城土地利用规划图

产学研一体化的实质在于依靠学校比较成熟的研究成果和人才，大大降低产品初期开发的成本和风险。当大学城经过一定的发展积累，具备一定的高科技研发能力后，应注意吸引、孵化众多的科技企业，建立各种校企联合体，形成一个高科技产业园区，利用园区内高科技产业的聚集效应，创办若干规模大、效益好、知名度高的科技企业。这样，一方面大学容易把最先进的科研成果和市场最需要的创新结合起来，避免出现科研成果无法转化为产品或者转化出没有市场的产品；另一方面大学城还可充分利用企业的研发资金。

总之，广州大学城应坚持以教育产业带动高新技术产业、以高新技术产业促进教育产业的方针，使大学城的教学、科研和生产形成"产业链"高效运转，拉动广州现有的第三产业和高新技术产业增长，进而推动广州市产业结构升级。

9.2.2.5 广州大学城的空间结构和功能布局

广州大学城的规划设计采用了"TOD"的发展理念、"组团生长"的结构理念、"网络组织"的功能理念、"生态优先"的设计理念和"数字化"虚拟城市理念。

广州大学城的规划结构重视大学城作为一个特定功能的新城区的"城"的特征和其作为一个大学集中地的特点。以资源的分级共享为原则，其空间结构层次为城→组团→校区。大学城作为一个特定功能的新城区的"城"的特征集中体现在依托南北向交通干道和地铁站点形成的带状发展走廊上。在两个地铁站点的辐射范围内，布局了大学城的城市级

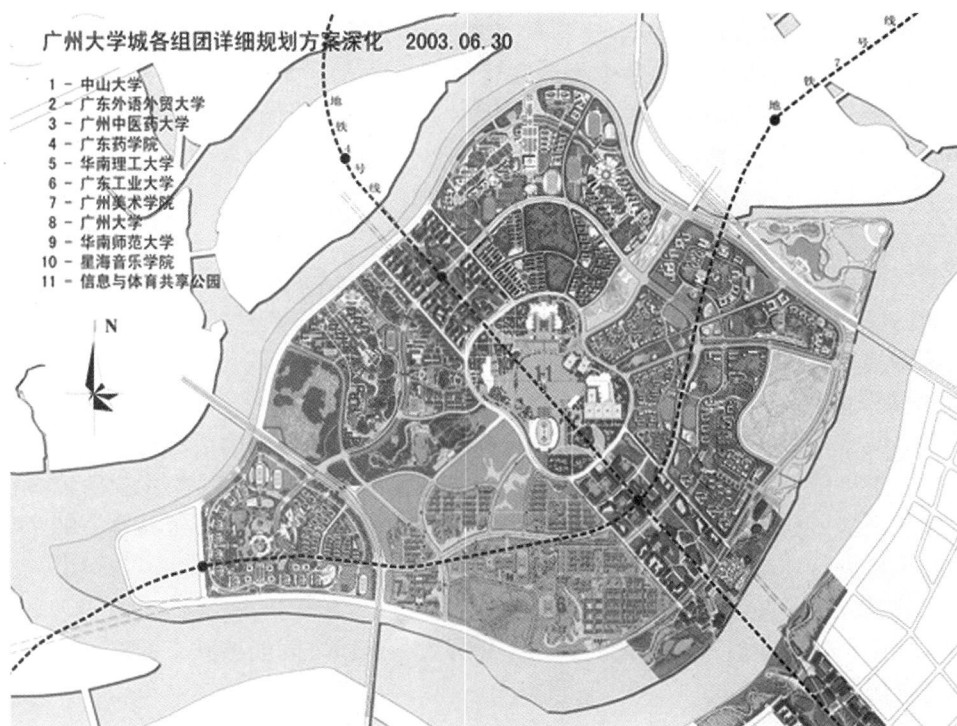

图9.6 广州大学城总平面图

共享设施，包括传统意义上的商业中心和大学城所特有的中心。校区作为大学城的基本功能单元组合形成分散的组团式结构，各组团围绕"软核心"（生态公园）设置组团级资源共享设施，组团具有自组织生长的可能性。

小谷围岛采用"发展走廊＋组团软核网络"的布局结构。南北向长达 4 公里的发展走廊上，聚集了商业金融设施、公共服务设施等用地，与位于岛中心的大型生态公园和体育中心等共同增强了大学城的活力。同时，岛上 5 个大学组团通过轨道交通衔接形成"软核网络"。小谷围岛南岸地区亦采用组团式布局结构，通过过江隧道和地铁与小谷围岛相联系，预留了两个大学组团和相对独立的三个功能组团。

9.2.2.6 规模和指标

广州大学城的指标体系充分体现了大学城集约化、资源共享、后勤社会化、生态化、数字化、人性化和可持续发展等特点。广州大学城规划范围约 43.3km^2，其中可建设用地面积约 35km^2。大学城规划人口为 35～40 万人（包括村镇人口），其中学生人口约 18～20 万人，教师人口约 1.5～2 万人，员工人数约 3 万人，高科技产业从业人口约 2 万人左右，村镇人口 5 万人，不可预测人口 3.5 万人。广州大学城的规模比较适宜新城开发的模式。

广州大学城规划将 18～20 万学生划分为 7 个组团，每个组团形成 2.5～3 万学生，2km^2 用地规模，每个组团中教学与学生生活用地比例约为 2：1。这种组团规模有三个优点：（1）1～3 万人左右规模是传统意义上较大规模综合大学的上限，可继续划分为 1500 亩（综合大学）、1000 亩（专科学校等）、500 亩（分校区）等较小模数，可根据实际需要灵活组合。（2）3～3.5 万人学生生活区达到居住区人口规模，可按居住区标准配置基础设施与部分公建。（3）广州大学城规划中，2km^2 辐射范围距共享核心距离均基本不超过 500m，在步行舒适范围以内。

9.2.2.7 共享设施布局

大学城的规模和建设目的影响着大学城共享设施的布局。广州大学城肩负着带动城市向南拓展的使命，其共享资源不仅要为大学城本身服务，也要为大学城所在的区域服务。广州大学城共享资源的配置分为下述三个层级：

（1）城市级共享资源

城市级共享资源应与城市有着最为直接的交通联系，其共享的范围与城市的交通条件密切相关，它将依托地铁及南北向便利的交通条件，形成发展走廊，集中设置商业服务业设施、文化设施、科研设施等，面向全社会共享。广州大学城的城市级共享资源主要由政府和社会力量进行建设。

（2）组团级共享资源

指主要由高校和政府进行建设的、若干相邻大学组团之间能够共享的教学设施，如组团级体育设施等。

（3）校区级共享资源

校区级共享资源是由学校、科研机构自己建设的，可在校区之间共享的资源，如专业

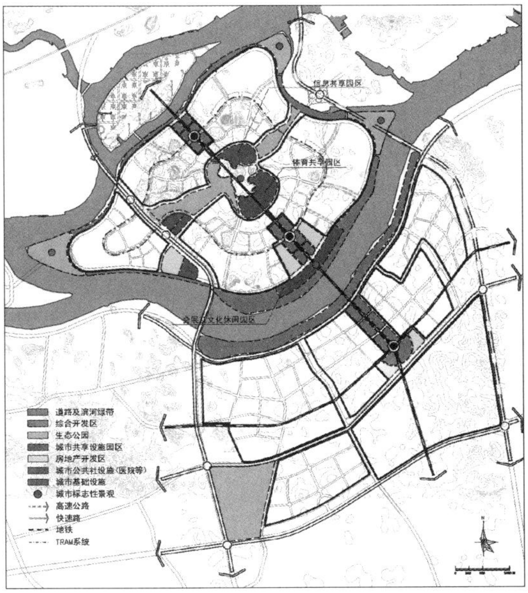

图 9.7　共享设施分布图

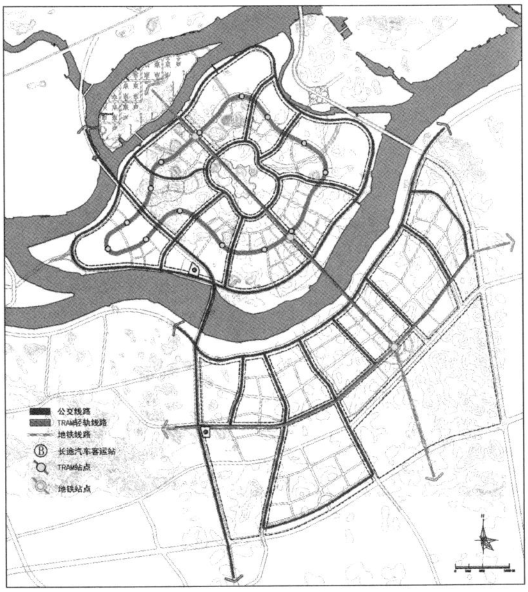

图 9.8　交通规划图

实验室、教学基地等。

9.2.2.8　道路交通系统

大学城的对外交通主要通过南北向的京珠高速公路、小谷围岛中部南北向交通干道、城市中部快线和岛南东西向的滨江快速路、兴业大道、金山大道来解决。

小谷围岛内采用环形加放射的道路网络。主要道路为三条环路，其中外环路主要解决小谷围岛与城市之间的联系，中环路主要解决各校区组团之间的联系。小谷围岛南岸地区的道路网络采用格网式布局。小谷围岛南北两岸的交通联系通过两条隧道及地铁四号线解决。

为保持小谷围岛良好的生态环境，岛上大力提倡公共交通、自行车和步行交通，并特别注意外部交通与内部公交的转换，以有效地减少岛内对小汽车的需求和依赖。

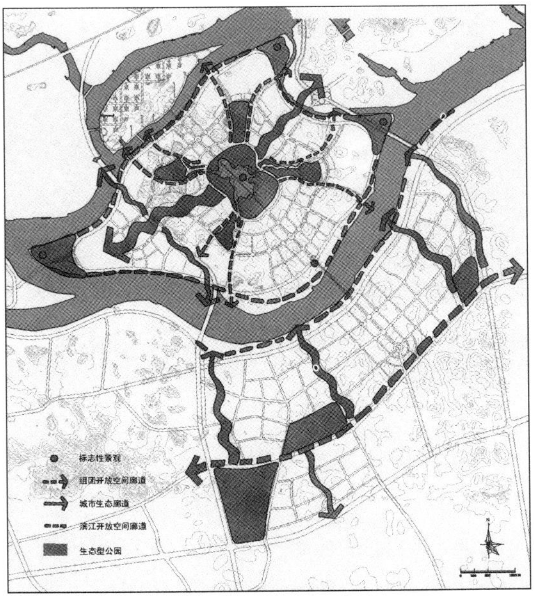

9.2.2.9　绿化景观系统

小谷围岛绿化系统呈中心放射加廊道的结构，以生态公园为中心向四周发散、渗透，

图 9.9　开放空间与绿化系统分析

并与珠江和周边城市生态廊道相通。

9.3　广州大学城（首期）失地农民安置规划

广州大学城采取政府统筹、大学配合和社会各界参与的开发建设模式。政府主要负责基础设施的建设和统筹大学城市建设规划，各高校配合大学城建设指挥部完成校区教学和科研设施的建设，企业和社会的其他组织负责服务体系的建设以及高科技产业的投资与开发等。小谷围岛入驻了中山大学、广东外语外贸大学、华南理工大学、广州中医药大学、广东药学院、广东工业大学、广州美术学院、广州大学、华南师范大学和星海音乐学院10所高校，共14万学生，第一批学生于2004年9月入驻广州大学城。广州大学城的开发建设采用相对集中的、快速的城市化模式，短时间内迁移（并）岛内农民，是一种典型的强制性制度安排。

9.3.1　广州大学城（首期）村民安置规划方案

图9.10　小谷围岛现状照片

9.3.1.1　现状分析

（1）现状用地及建设概况

广州大学城（首期）小谷围岛以低丘陵冲积平原为主，现状城市化水平较低，多为农业用地和林地，岛上分布南亭、练溪、郭塱、穗石、贝岗、北亭六个行政村，其主要面积见表9.1，主要的用地类型有农用地（耕地、园地、鱼塘和林地等）、三类工业用地，岛上还包括了一些房地产开发项目，如占地500亩的艺术村，华南碧桂园等。用地情况详见表9.3。

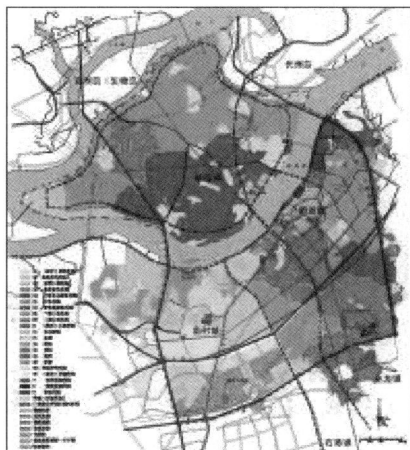

图 9.11 土地利用现状图

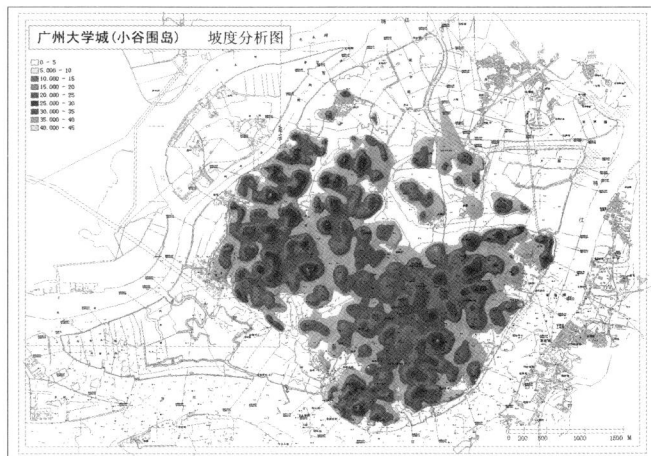

图 9.12 坡度分析图

小谷围岛用地统计表（根据地图数据统计） 表 9.1

村名	用地面积（万 m²）	村域内未使用的可建设用地（万 m²）
南亭	295.9	2.0
北亭	366.0	1.5
郭塱	99.82	2.4
穗石	401.9	1.35
贝岗	374.1	3.0
练溪	125.0	2.0
南村镇	81.7	
属于长洲的陆地	48.0	
总计	1792.42	12.25

小谷围岛现有建筑概况统计表 表 9.2

岛上现有建筑幢数	7193（幢）
岛上现有总建筑面积	82.8049（万 m²）
岛上现有建筑基底总面积	52.1654（万 m²）
小谷围岛现有土地开发强度	
全岛现状建筑毛容积率	0.0462
岛上现状村落建筑容积率	0.86
岛上现状村落平均建筑净密度	54%（数字地图随机抽样计算）
岛上村落建设总用地现状面积	96.6026（万 m²）

＊说明：岛上村落建设总用地现状面积＝岛上现有建筑基底总面积÷54%

小谷围岛用地情况表（番禺国土局提供数据）　　　　　　　　表9.3

用地类型		面积（km²）		比例（%）	
农用地	耕地	10.43	7.38	59.5	42.1
	园地		1.30		7.4
	林地		1.09		6.2
	鱼塘		0.66		3.8
建设用地		5.00		28.6	
未利用地		2.09		11.9	
合　　计		17.52		100.0	

（2）人口现状

图9.13　现状照片

　　根据新造镇镇政府提供的有关统计数据，截至2001年底，新造镇镇域内小谷围岛上常住村民约14048人，3858户，户均3.64人，2001年底前符合国土一户一宅分配条件但未获分配总户数为459户。各村常住村民人口统计见表9.4。

　　征地拆迁前6个行政村经济情况。由于小谷围岛四周环水，大学城开始建设前靠渡轮出入，交通十分不便，岛上6个行政村的农民主要经济以农业为主，基本没有工业。岛上村民的生活水平不算高，经济略高于新造镇全镇的平均水平。新造镇是番禺区经济发展较落后的镇，是区政府扶持的困难镇之一。

　　征地拆迁前6个村村民的就业途径。由于岛上的土地大部分承包给外来人口耕种，征地拆迁前，村民的就业途径主要有：一是承包农地从事农业生产；二是在岛上做些小生意；三是外出打工或做生意。此外，还有一定数量不从事任何工作的村民。

图 9.14 现状照片

小谷围岛行政村人口统计表 表 9.4

行政村名称	常住户口村民总人口	其中		总户数	过去 5 年平均每年增加户数（户）
		13 周岁（含）以上未婚男性总人口（人）	11 周岁（含）以上未婚女性总人口（人）		
南亭	2742	300	350	709	15
北亭	3905	352	384	1088	36
郭塱	721	213	207	206	2
穗石	3158	450	400	867	32
贝岗	2514	276	336	717	12
练溪	1008	104	117	271	4
总计	14048	1695	1774	3858	101

（3）现状基础设施和公共设施配套情况

小谷围岛对外交通与外界无路桥相通，全部依靠轮渡，岛上只有一条宽约 7 米的水泥路通往长洲。岛上基础设施基本为空白，现有公共配套设施包括村委会、市场、小学、幼托、公园等，具体规模及位置见表 9.5。

小谷围岛行政村已建公建设施规模及配置情况 表 9.5

村名	已建公建设施规模及配置情况									
	村委		市场		小学		幼托		公园	
	个数	总面积（m²）	个数	总面积（m²）	个数	总面积（m²）	个数	总面积（m²）	个数	总面积（m²）
南亭	1	800	1	600	1	18000	1	150	1	1800
北亭	1	264.2	1	2111	1	1254.5	1	205	1	1666.5
郭塱	1	159.6			1	918.27				
穗石	1	1633			1	20535				

续表

村名	已建公建设施规模及配置情况									
	村委		市场		小学		幼托		公园	
	个数	总面积（m²）	个数	总面积（m²）	个数	总面积（m²）	个数	总面积（m²）	个数	总面积（m²）
贝岗	1	1598	1	3500	1	4300	1	1200	1	3000
练溪	1	159			1	5330	1	1300		
总计	6	4613.8	3	6211	6	50337.77	4	2855	3	6466.5

9.3.2 广州大学城（首期）村民总体安置规划

大学城选址确定后，小谷围岛上原六个行政村绝大多数村民要求留在岛上安置并预留发展用地。于是基层政府在充分调查和听取意见的基础上提出了村民全部保留的安置方案。

同时，广州市政府和规划部门则从大学城长远发展和土地综合利用的角度编制了村民全部搬迁的安置方案，即六个村全部搬迁至小谷围岛南岸的新造地区安置。

鉴于村民与政府所提出的搬迁安置方案完全不一致，广州市城市规划局组织相关单位开展了各个层面的调查和听证，综合考虑小谷围岛的历史、人文景观、自然环境等方面的因素以及村民的意愿，经过多方、多次协调，最后形成《小谷围岛村民安置规划方案》：以相对较大的穗石村、贝岗村、南亭村、北亭村为基础，保留四个村民集聚点，共有村民 1802 户，近 6000 人，除保留区以外的所有村民（2730 户 8890 人）均搬迁到岛外安置。

（1）小谷围岛各村规划用地推算。

小谷围岛村民生活用地推算面积见表 9.6。

（2）小谷围岛各村经济发展留用地面积推算。

小谷围岛上现有用于房地产开发建设的土地包括珠江碧桂园物业发展有限公司的 2500 亩土地、番禺德舜房地产有限公司的 1000 亩土地、新造镇房地产有限公司的 952.55 亩土地（其

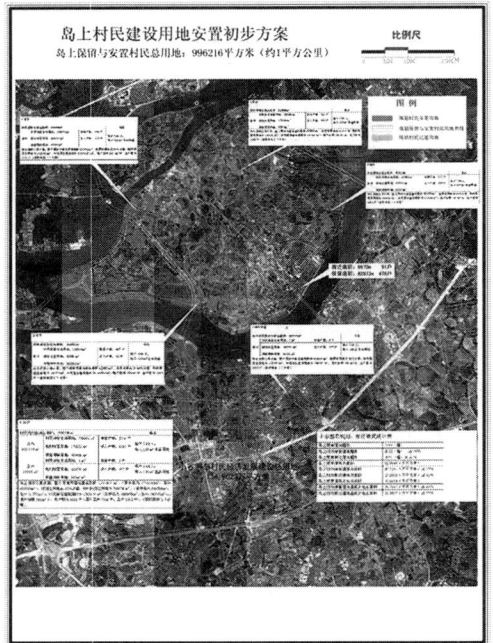

图 9.15 村民建设用地安置方案

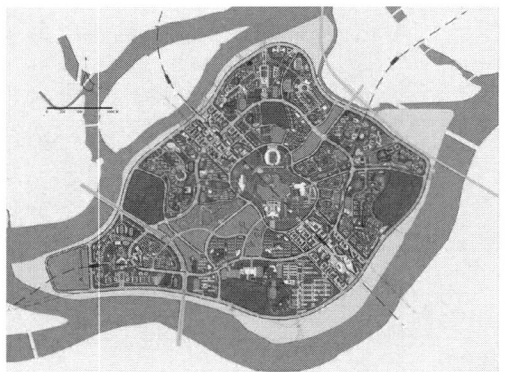

图 9.16 总平面图

小谷围岛村民生活用地推算面积 表 9.6

行政村名	人口（人）	户数（户）	目前所需村镇生活用地面积（m²）		预计十年后人口（人）	十年后村镇生活用地面积（m²）		需增加发展用地面积（m²）	备注
			按80m²/人计算	按120m²/人计算		按80m²/人计算	按120m²/人计算		
南亭村	2742	709	219360	329040	2882	230560	345840	11200～16800	在岛内安置
北亭村	3905	1088	312400	468600	4105	328400	492600	16000～24000	
穗石村	3158	867	252640	378960	3320	265600	398400	12960～19440	
贝岗村	2514	717	201120	301680	2643	211440	317160	10320～15480	
小计	12319	3381	985520	1478280	12950	1036000	1554000	50480～75720	
练溪村	1008	271	80640	120960	1060	84800	127200	4160～6240	在岛外安置
郭塱村	721	206	57680	86520	758	60640	90960	2960～4440	
小计	1729	477	138320	207480	1818	145440	218160	7120～10680	
合计	14048	3858	1123840	1685760	14768	1181440	1772160	57600～86400	

* 说明：1. 人口数量按照 0.5% 的自然增长率计算

　　　　2. 按照《广州市中心村规划编制和审批暂行规定》，新造镇 6 个行政村属于第 2 类中心村，人均生活用地指标为 60～80m²/人；根据番禺区村民建设用地的规定，村民建设用地为 120m²/人。小谷围岛上村镇生活用地为 1036000～1554000m²，岛外安置村民的生活用地为 60640～90960m²。

中 271 亩用于艺术家之村，已建成，386 亩已平整好土地）。扣除房地产开发建设用地和岛上村民生活用地，开发小谷围岛征用村镇用地面积为：

$$1792.42 \times 10000 - （2500 + 1000 + 952.5）\times 667 - 1036000 = 13918383（m²）到$$
$$1792.42 \times 10000 - （2500 + 1000 + 952.5）\times 667 - 1554000 = 13400383（m²）$$

广州市区和番禺地区农村征地预留给村经济发展用地标准不同，广州征用土地按照 8%，番禺市按照 15%，如按照 10% 计算：

$$10\% \times （13400383～13918383）= 1340038～1391838（m²）\approx 134～139（hm²）$$

预留给村经济发展用地全部统一在岛外的南村镇安排。

根据"广州大学城发展规划"，结合 2001 年小谷围岛实测数字地图测算，小谷围岛规划保留与搬迁的户数、安置用地面积统计数据如表 9.7。

小谷围岛保留与搬迁户数、安置用地面积统计表 表 9.7

村民规划生活总用地面积：1900590m²			备注
岛内规划生活总用地 161.1259 万 m²	村民保留生活用地：736661m²	保留户数 2316 户	
	规划安置用地：465192m²	迁入户数：1065 户	每户 3.64 人；每人 120m² 生活用地
	预留周转用地：409406m²		

续表

村民规划生活总用地面积：1900590m²			备注
岛外规划生活总用地 28.9331 万 m²	村民保留生活用地：0m²	保留户数 0 户	
	规划安置用地：208790m²	迁入户数：478 户	每户 3.64 人； 每人 120m² 生活用地
	预留周转用地：80541m²		

* 说明：如全部按公寓计算：整个用地可建总建筑面积3231003m²（其中岛内2739140m²，岛外491863m²），按居住用地占 40% 计算，则村民居住用地为760236m²（其中岛内644504m²，岛外115732m²），村民居住建筑面积为1292401m²（其中岛内1095656m²，岛外196745m²）。每户按照150m²计，总户数为8616户（其中岛内7304户，岛外1312户）（容积率按1.7计算）

小谷围岛村民经济发展规划用地全部在化龙镇解决，总用地面积为 134.9023 万 m²。

9.3.3 小谷围岛保留村民安置规划

（1）总体布局

小谷围岛保留相对较大的穗石村、贝岗村、南亭村、北亭村，以这四村为基础，以规划道路和城市绿带为边界，将其划为相对完整独立的地块，限制村落的无序蔓延。同时将小村以及零星的村民住宅，向各自所属行政村的大村集中聚居点集中。在岛上建成四个较完整的村民集聚村，在四个集聚村中，将延续大学城发展规划整体结构布局，结合大学城功能需求，发展相关产业，形成功能互补的用地布局，增设公共服务设施、市政设施及相应配套基础设施。其中每个集聚村设置 1 个小学、2～3 个幼儿园。改善村民居住环境，提高环境品质、保证大学城的整体水准，将村镇规划成为高档次、功能合理的新区。

规划将不再沿用村镇规划的概念和标准。规划改造后的居民将完全脱离第一产业，转向第三产业，居民就业安置问题和建设控制引导问题，将在改造规划中得到体现和解决。从根本上实现劳动力、土地进入市场，实现真正意义上的城市化。因此，在规划中对住宅用地（其中带有盈利性质的公寓用地）、配套设施用地如集中商业、办公、娱乐、学校及医疗卫生等用地作了合理而均衡的分配。

（2）南亭保留区

南亭保留区用地是在保留的原南亭自然村村民集聚点的基础上，规划出的相对完整独立的地块。现有公共配套设施包括村委会、市场、幼托、公园等，但均不具备规模，难以适应新区的规划要求。

南亭村采用方格道路网结构，贯穿东西向与两条南北向的区内主干道，将小区划分成 5 个组团。通过弧形次干道将各组团又密切联系在一起。内主干道路宽为 12～15m，次干道路宽为 7m。

规划用地东面的两个组团为拆迁安置区及商业住宅区，西面的两个组团为学生公寓、专家教师楼；南面组团为中心商务区，分别布置了大型商业中心、办公商业办公楼、配套综合楼、幼儿园、医疗卫生站、警务室等，为村民提供良好的就业机会。

在空间道路上的分离，减少人与车的相互干扰，为步行者提供一个舒适、安全、生态的步行环境。

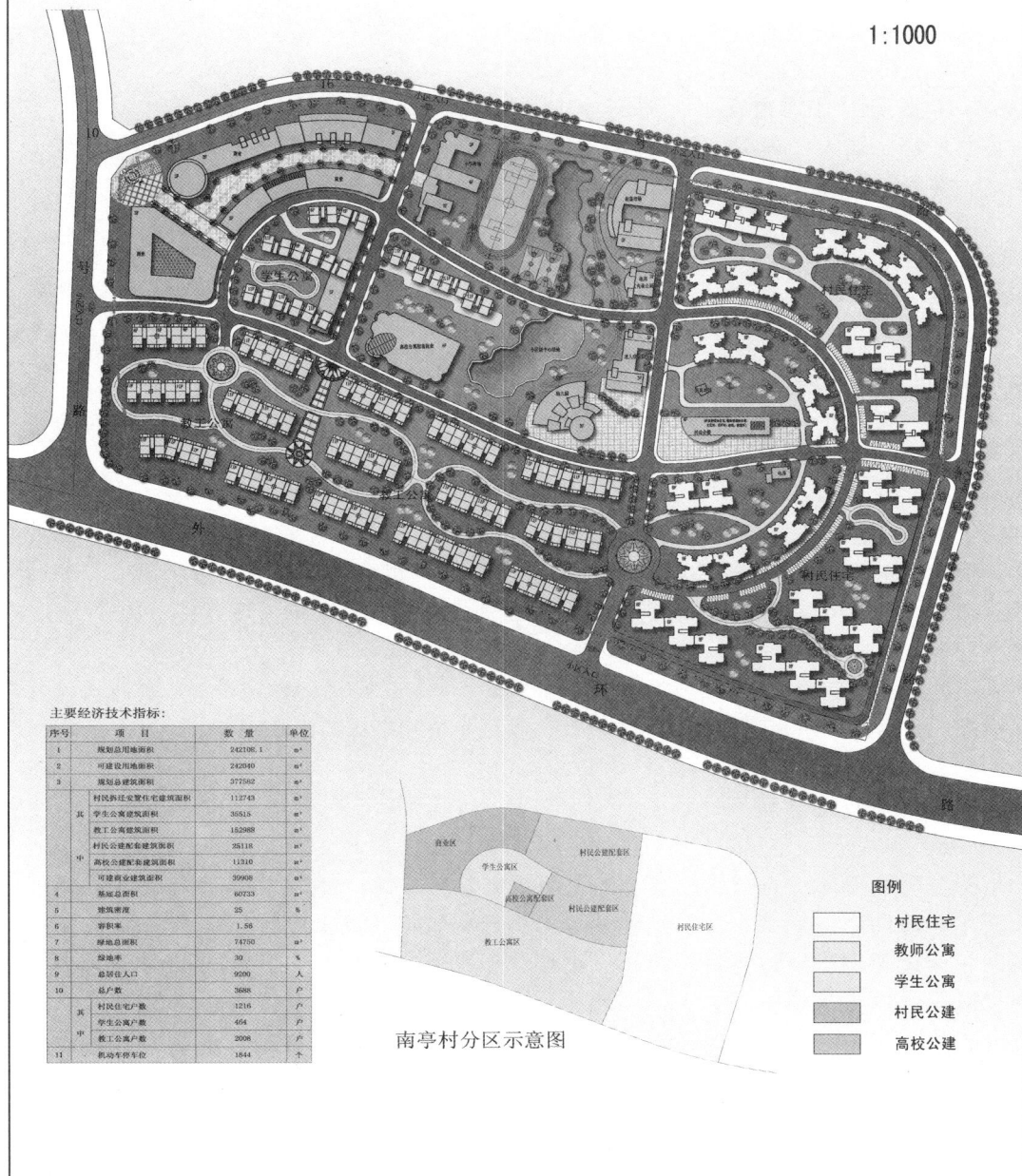

图 9.17 南亭保留区规划平面图

（3）北亭保留区

北亭村采用方格道路网结构，贯穿东西向与两条南北向的区内主干道，将小区划分成 5 个组团。通过弧形次干道将各组团又密切联系在一起。内主干道路宽为 12～15m，次干道路宽为 5～7m。

规划用地北面为商业区，西面为学生公寓、专家教师楼，南面为住宅部分，中心部分为公共服务，分别布置了大型商业中心、村委办公楼、老人疗养院、幼儿园、医疗卫生站、警务室等。

（4）贝岗保留区

贝岗村位于大学城北部，北侧为中环路，南侧为内环路，规划用地面积为 119269.2m²。

小区由一条南北向的 S 型区内主干道贯穿，路宽 15m。用地从东北角到西南角设计了一条景观带，将小区划分成南北两大块，从而形成了功能分区明确，脉络清晰的规划格局。小区在满足拆迁安置户的基础上，充分

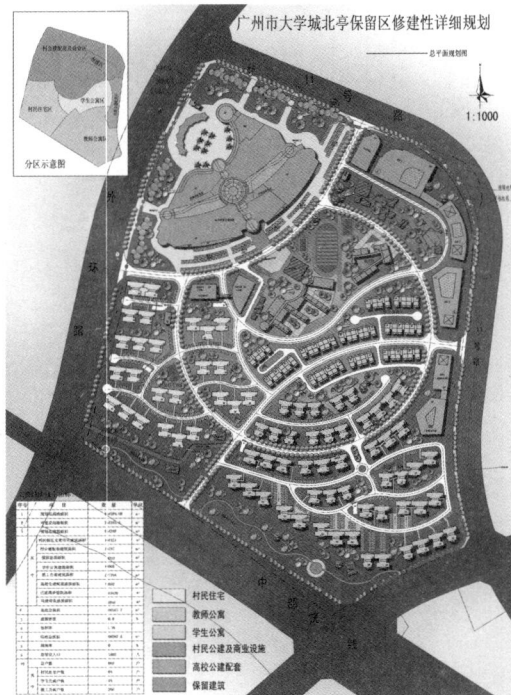

图 9.18　北亭保留区规划平面图

利用土地价值进行适当开发，包括商业住宅、学生公寓、专家教师楼；为了调整产业结构，引导村属经济发展，提供村民就业机会，在小区北地块布置了学生公寓、专家教师楼；在小区东北角景观带两侧分别布置了大型商业中心、办公商业综合楼、医疗卫生站、警务室等。

小区重点打造精品户型，主要采用一梯四户，8 层带电梯的住宅设计，体现高尚住宅区标准。公寓则采用套间式和酒店式设计，满足业主和市场的不同需要。

（5）穗石保留区

穗石村位于大学城东部，处于 15 号路、6 号路与外环路之间，规划用地面积为 371960.3m²。

穗石村采用环状与网状相结合的道路规划结构，结合地块北高南低的地势，充分利用东北部的山头，将小区明确地划分为拆迁安置区、商业住宅区、公共服务区、公寓区，通过弧形次干道再将 4 组团又密切联系在一起，使其在分区的同时又有必要的内在联系。内主干道路宽为 15m，次干道路宽为 9m。规划用地北面集中布置了大型商业中心、村委办公楼、幼儿园、医疗卫生站、邮政、警务室等。东面组团结合保留的建筑设置了村委办公楼、老人疗养院，小区规划的合理性使土地价值得到充分体现。中心商务区的中心绿地与组团绿地组成小区的绿化系统，为小区提供优雅、宁静的生活环境。

公共服务设施的建设水平成为城市现代化的衡量标准，也是衡量城市人居环境质量的重要指标，完善的新区公共服务设施是新区功能系统高效运作的有力保障。在新区规划

中，布置了一处小学，通过校车服务于另外三个新区。体现居民新区公共服务设施共享的精神，这也与整个大学城的统一规划、协调各类设施相一致，使公共设施使用效率最大化。

在大学校区用地紧张的情况下，规划新区合理地布置了学生、教师公寓，并设置了和学生、教师平常生活密切相关的基层公共服务设施，例如文化娱乐设施、车库、零散商业等，形成合理的基层服务网络。

对具有人文特色和保留价值的建筑进行扩建、改造，在延续其建筑风格的基础上，强化其使用功能，形成新区的服务用房如居委会、警务室、老人院等。

小区重点打造精品户型，主要采用一梯四户、一梯三户，8层带电梯的住宅设计，体现高尚住宅区标准。公寓则采用套间式和酒店式设计，满足业主和市场的不同需要。

图 9.19　穗石保留区规划平面图

图 9.20　谷围新村鸟瞰图

9.3.4　谷围新村规划与设计

位于大学城发展走廊上的郭塱村、练溪村整体迁离小谷围岛，安置于新造镇与化龙镇交界处北约村、崇德村、秀发村和化龙镇莘汀村四村，兴建的安置区——谷围新村现状用地多由丘陵和山塘构成，地势总体呈南高北低，最大高差达23m左右，起伏较大，自然环境优美。

谷围新村东临规划的京珠高速公路，南临兴业大道，西面和北面为两条道路红线为40m的规划路。总用地面积约73.62hm²，合1104.3亩；规划用地约70.16hm²，合1052.4

亩。建筑面积约 59 万 m^2，有别墅式住宅 1516 套，公寓式洋房 1628 套；人均用地 62m^2，绿化率高达 32%；机动车停泊位 2200 多个。小区以公共绿化带作为分割，形成合理和优美的居住邻里空间。

（1）规划原则和总体构思

以人为本，合理规划。规划强调功能分区及物质设施布局合理，满足人们对居住社区的生理需求和心理需求。

坚持社会效益、经济效益和环境效益的统一，营造出高质量的居住生活环境，实现居住社区的可持续发展。

强化开发建设和规划实施的过程控制，加强规划控制的有效性和规划管理的可操作性。

总之，通过合理规划和严格控制，本小区力求建成布局合理、分区明确、配套完整、交通顺畅的现代化居住区。

（2）用地布局

安置区由七大部分组成，包括：中央配套区（含中学、幼儿园、医院、活

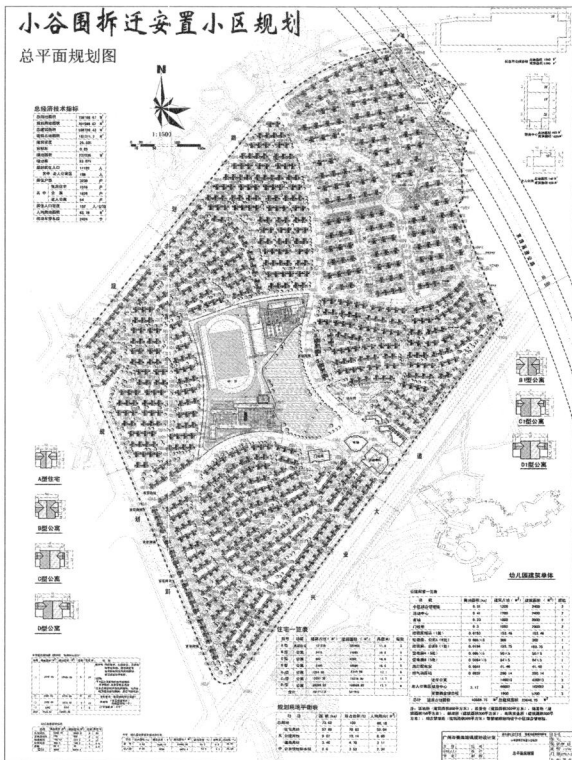

图 9.21　小谷围拆迁安置小区规划总平面图

动中心、商务中心、26000m^2 的人工湖公园等）、五个居住组团（分别为瑞丰园、永康园、和乐园、双桂园、昌华园）、老人公寓和酒店。小区以中心配套区为核，环绕布置多、低层住宅，形成向心凝聚的总体布局。

中心配套区：以设置 36 个班，容纳 2000 多人的标准建设的新造中学、按照市一级标准进行建设的新造中心幼儿园、医院门诊所、市场、文体活动中心、小区综合管理处等公建设施为主体构成，布置于小区的几何中心，服务半径合理，配套设施完善，方便便捷，能最大限度地满足居民日常生活需求，新造镇中心小学解决本区小学生就学需求。

图 9.22　谷围新村实景图之一

图 9.23 谷围新村实景图之二

图 9.24 谷围新村实景图之三

西南居住组团：以 A 型低层住宅和 B、C、D 型公寓为主体构成。西边临规划路布置 B1 - B14、C1 - C4、D1 - D4 共 22 栋公寓楼，层数 5 层，首层设置为商铺，居住户数 176 户，居住人口 616 人；中心布置 A0 - A260 共 261 栋 A 型低层住宅，居住户数 522 户，居住人口 1827 人。建筑沿道路灵活布局，整体呈南北朝向。本组团居住总户数为 698 户，总人口为 2443 人。

东南居住组团：以 A 型低层住宅和 D 型公寓为主体构成，西边临规划路布置 D5 - D8 共 4 栋公寓楼，层数 5 层，首层设置为商铺，居住户数 32 户，居住人口 112 人；中心布置 A261 - A413 及 A 加 1 - A 加 4 共 157 栋 A 型低层住宅，居住户数 314 户，居住人口 1099 人。本组团居住总户数为 346 户，总人口为 1211 人。

西部居住组团：以 A 型低层住宅为主体构成。分布 A414 - A562 共 149 栋 A 型房，居住户数 298 户，居住人口 1043 人，户均基底面积 80m^2，户均建筑面积 216m^2。建筑多呈正南北朝向，日照、通风良好。

北部居住组团：以 A 型低层住宅为主体构成。分布 A563 - A753 共 191 栋 A 型房，居住户数 382 户，居住人口 1337 人。

图 9.25 谷围新村实景图之四

东北居住组团：以 B1、C1、D1 型公寓为主体构成，分布有 B15 – B17、C11 – C159、D11 – D176 共 142 栋公寓楼，层数为 6 层，底层架空停车，居住户数 1420 户，居住人口 4970 人。

东北老人公寓区：占地 2.17hm²，以老人公寓、健身中心、配套商业综合楼为主体构成，共布置 94 套老人公寓，按户均居住 2 人计算，本区可安置老人 188 人。

（3）道路和绿地系统规划

本规划意在给居民创造一个良好的居住环境，通过 24m 的 Y 型小区主干道和 15m 的小区次干道将七大分区紧密联系，使小区成一有机整体。

小区出入口结合周边道路设置，并充分考虑景观要求。主出入口结合现状道路设在兴业大道上，另设两个次出入口及两个消防通道出入口。小区内道路分级设置，功能明确，交通流畅、便捷。小区道路按照道路的车流大小，划分为不同等级，主干道宽 24m；次干道宽 12～15m；宅间路宽 4～6m。区内道路系统灵活顺畅，建筑随着道路和地形灵活组织布局，有利于改善区内的日照通风和景观。小区规划配置机动车停车位 2424 个，非机动车位 4625 个。

居住区将绿化体系融入乡村环境背景里，充分利用地形并保留部分池塘，以营造南方特色的景观效果，并渗入居民日常生活空间中，体现居住环境自然化的构思。

目前，已有 2906 户，近万名村民入住了谷围新村，所有配套的设施设备均已投入使用。

（4）主要技术经济指标

规划用地平衡表 表 9.8

	项目	面积（hm²）	所占比例（%）	人均用地（m²）
	总用地	73.62	100.00	66.18
其中	住宅用地	57.89	78.63	52.04
	公建用地	9.67	13.14	8.69
	道路用地	3.46	4.70	3.11
	公共绿地和水域	2.60	3.53	2.34

总技术经济指标 表 9.9

总用地面积		736168.67m²
规划用地面积		701568.67m²
总建筑面积		596726.43m²
建筑占地面积		181211.2m²
建筑密度		25.83%
容积率		0.85
绿地面积		232038m²
绿地率		33.07%
规划居住人口		11192 人
	其中：老人公寓区	188 人
居住户数		3238 户
其中	低层住宅	1516 户
	公寓	1628 户
	老人公寓	94 户
居住人口密度		152 人/hm²
人均用地面积		65.78m²
机动车停车位		2424 个

注：规划用地面积为总用地面积扣除 24m 和 40m 道路用地面积。

住宅建筑一览表 表 9.10

型号	功能	建筑占地（m²）	建筑面积（m²）	高度（m）	层数
A 型	低层住宅	121279	327455	11.8	3
B 型	公寓	2415	11095	16.5	5
C 型	公寓	882	4282	16.5	5
D 型	公寓	2100	10020	16.5	5
B1 型	公寓	1234.80	6710.90	17.7	6
C1 型	公寓	13257.30	73378.30	17.7	6
D1 型	公寓	20269.20	108968.80	17.7	6
合计		161437.3	541910		

公建配套一览表 表 9.11

功能		用地面积（hm²）	建筑占地（m²）	建筑面积（m²）	层数
小区综合管理楼		0.51	1200	2400	2
活动中心		0.41	1200	2400	2
市场		0.23	1000	2000	2
门诊所		0.3	1000	2000	2
垃圾压缩站（1 处）		0.0153	153.46	153.46	1
垃圾房、公厕 A（6 处）		0.005×6	50×6	50×6	1
垃圾房、公厕 B（1 处）		0.0194	193.75	193.75	1
变电房 A（5 处）		0.005×5	50×5	50×5	1
变电房 B（5 处）		0.0084×5	84×5	84×5	1
路灯配电室		0.0041	41.40	41.40	1
燃气调压站		0.0937	290.14	290.14	1
老人公寓区	老年公寓	2.17	140×13	420×13	3
	健身中心		460×2	1020×2	3
	配套商业综合楼		1900	5700	3

总计　建筑占地面积 10688.75m²　总建筑面积 23648.75m²

注：1. 派出所（建筑面积 800m²），居委会（建筑面积 200m²），储蓄所（建筑面积 150m²），邮政所（建筑面积 300m²），电讯营业所（建筑面积 200m²），综合管理处（建筑面积 200m²）等管理用房均设于小区综合管理楼。

2. 燃气调压站用地面积 937m²，近期临时作液化气罐站使用。

中学、幼儿园主要技术经济指标表 表 9.12

项目	用地面积（hm²）	建筑占地（m²）	建筑面积（m²）	建筑密度（%）	容积率	绿地率（%）
中学	4.93	7509.18	24495.28	15.2	0.5	35.89
幼儿园	0.56	1896	6672.4	33.8	1.2	35.0

9.4 广州大学城（首期）失地农民补偿安置机制的探讨

9.4.1 大学城征地补偿标准

9.4.1.1 征地补偿安置费标准按照国家规定的上限确定

根据 2001 年番禺区制定征用土地补偿费用计算办法规定："征用土地以区统计部门每年计算的平均年产值作为土地补偿费和安置补助费的计算依据"。广州大学城征用番禺区新造镇小谷围岛土地，是前三年农业平均年产值（每亩 4329.04 元）作为大学城征地补偿安置费的测算标准。

按照省国土厅的指引，广东省征用农村集体土地时，土地补偿倍数取值的一般做法是：经营性用地取中限以上，公益事业用地可不超过中限，但不得低于下限。大学城用地属公益事业用地，可以取中限或下限。番禺区考虑到大学城建设周期短、小谷围岛各村土地均为全部征用等情况，为了保障失地农民的实际利益，在具体补偿办法中的各项补偿均按上限取值。例如，法律规定水田的土地补偿倍数为 8~10 倍，鱼塘为 10~12 倍，广州大学城项目均按上限的 10 倍和 12 倍取值。**小谷围岛各类土地平均每亩补偿约 6.47 万元，是番禺区目前为止同类征地中补偿额最高的。**

征用农村集体土地补偿安置费测算标准 表 9.13

土地地类	2000、2001、2002 三年平均产值（元/亩）	土地补偿费		安置补助费		青苗及其他地上附着物补偿费（元/亩）	合计
		倍数	金额	倍数	金额		
1. 水田		10	43290.4	6	25974.24		72264.64
2. 其他耕地		8	34632.32	6	25974.24		63606.56
3. 鱼塘		12	51948.48	6	25974.24		80922.72
4. 其他农用地	4329.04	7	30303.28	5	21645.2	3000	54948.48
5. 未利用地		4	17316.16	3	12987.12		33303.28
6. 农民集体所有非农业建设用地		8	34632.32	6	25974.24		63606.56

9.4.1.2 土地性质的确定按照有利于农民的方式操作

在确定有争议的农民土地性质时，广州大学城项目征地时，按照"对土地性质有争议的，如土地部门拿不出有效证明的，按照承包该土地的农民提出的土地性质进行补偿"的原则操作，尽量满足征地农民的利益要求。

按照《国土法》的有关规定，国家征用土地的补偿标准以国土部门登记的类别确定。小谷围岛原有土地由于土地登记不够完整，土地现状与耕种的实际情况有很大的差距。大学城征地补偿时，为最大限度地照顾农民利益，在确定有争议的农民土地时，按照现状和农民申报的类别确定。

9.4.1.3 青苗补偿费统一标准支付

青苗补偿费是指国家征用土地时，农作物正处在生长阶段而未能收获国家应给予土地承包者或土地使用者以经济补偿。其他地上附着物补偿费是指因征地导致被征用土地上各种地上建（构）筑物的拆迁和恢复，林木的迁移或砍伐等，国家给予所有者补偿费用。

这次广州大学城征用小谷围岛的土地，其青苗和其他地上附着物的补偿（住宅、房屋另行计算）经测算，按被征用土地总面积为计算依据，不管土地上是否存在青苗及附作物，一律按每亩3000元的标准计算，直接支付给被征地的村，由村根据各土地承包者或所有者的情况，统筹支付给土地承包者和地上附着物的所有者。

9.4.2 拆迁补偿标准

小谷围岛拆迁补偿是根据法律法规的有关规定，结合番禺区的实际情况，参考《广州市地区近郊农地、厂矿企业征地拆迁补偿项目表》，依据番禺区房地产评估所提供的各类住宅房屋的测算价，以及在2002年番禺区组织专业队伍对小谷围岛地籍详查后提供的各类房屋建筑及其他附着物等情况综合测算，来确定各类房屋及其他附着物的各项补偿标准的。《广州市番禺区广州大学城项目征地拆迁补偿安置办法》将征地拆迁范围内的建筑物及其他附着物分为三大类（房屋类；简易（临时）房屋、棚类；水池、水井、水塔、杂项类），分类对被拆迁人进行补偿。对房屋类，根据房屋建筑的不同结构划分为框架结构、混合结构、砖木结构三种房屋，每种建筑结构的房屋，又根据不同的建筑和装修标准划分不同的等级，根据不同的结构和等级制定相应的补偿标准。其中：框架结构划分为1~6等，每平方米补偿标准由六等的530元至一等的850元；混合结构划分为1~6等，每平方米补偿标准由六等的480元至一等的750元；砖木结构划分为1~3等，每平方米补偿标准由三等400元至一等的500元。简易（临时）房屋、棚类以及水池、水井、水塔、杂项类，也根据不同的补偿项目制定了相应的补偿标准进行补偿。重要的一点是，《广州市番禺区广州大学城项目征地拆迁补偿安置办法》规定："产权证齐全的以房地产主管部门核发的房地产权证所登记的事项作为补偿依据。"对于被拆迁房屋建筑面积、结构等与房地产权证登记的事项不一致存在异议的村民，可提供建房时申请用地、规划、报建等相关报批资料进行核对，如属核发房屋产权证有错漏的，则根据核定的实际情况进行补偿。征地拆迁中确实发现房地产部门登记的房屋面积与村民提供的数据有不一致的地方，按照上述规定，村民只要能提出有力证据，就可以按照自己提出的标准进行补偿。

房屋类　　　　　　　　　　　　　表 9.14

补偿项目	等级	装修标准	补偿标准（元/m²）
框架结构	一等	外墙贴釉面砖或纸皮石，内墙面高档装修及吊顶天花，楼地面铺石材或木地板。厨厕铺高级瓷砖，门窗采用铝合金窗，镶板或夹板门，室内水电排水设施齐备	850
	二等	外墙贴釉面砖或纸皮石，内墙面及天花抹灰扫白，楼地面铺彩釉地砖。厨厕铺马赛克，门窗采用铝合金窗，镶板或夹板门，室内水电排水设施齐备	750
	三等	外墙贴玻璃马赛克，内墙面及天花抹灰扫白，楼地面铺彩釉地砖。厨厕铺马赛克，门窗采用铝合金窗，镶板或夹板门，室内水电排水设施齐备	680
	四等	外墙为水刷石，内墙面及天花抹灰扫白，楼地面铺彩釉地砖。厨厕铺马赛克，门窗采用钢（木）窗，镶板或夹板门，室内水电排水设施齐备	630
	五等	外墙煽灰，楼地面用水磨石。厨厕铺马赛克，门采用水泥框夹板门，窗为水泥框钢（木）窗，室内有水电设施	580
	六等	外墙未装饰（清水墙），内墙未装饰（清水墙），楼地面未抹水泥砂浆，门窗未安装，未安装室内水、电及给排水设施	530
混合结构	一等	外墙贴釉面砖或纸皮石，内墙面高档装修及吊顶天花，楼地面铺石材或木地板。厨厕铺高级瓷砖，门窗采用铝合金窗，镶板或夹板门，室内水电排水设施齐备	750
	二等	外墙贴釉面砖，内墙面及天花抹灰扫白，楼地面铺彩釉地砖。厨厕铺马赛克，门窗采用铝合金窗，镶板或夹板门	680
	三等	外墙贴玻璃马赛克，内墙面及天花抹灰扫白，楼地面铺彩釉地砖。厨厕铺马赛克，门窗采用铝合金窗，镶板或夹板门	630
	四等	外墙为水刷石，内墙面及天花抹灰扫白，楼地面铺彩釉地砖。厨厕铺马赛克，门采用铝合金窗，镶板或夹板门	580
	五等	外墙煽灰，楼地面用水磨石。厨厕铺马赛克，门采用水泥框夹板门，窗为水泥框钢（木）窗	530
	六等	外墙未装饰（清水墙），内墙未装饰（清水墙），楼地面未抹水泥砂浆，门窗未安装，未安装室内水、电及给排水设施	480
砖木结构	一等	外部装修处理，内部设备完善的庭院式或花园式房屋	500
	二等	一般外部没有装修处理，室内有专用上下水等设备的普通砖木结构房屋	450
	三等	结构简单，材料较差，室内没有专用上下水等设备	400

　　简易（临时）房屋、棚类以及水池、水井、水塔、杂项类，也根据不同的补偿项目制定了相应的补偿标准进行补偿。

简易（临时）房屋、棚类　　　　　　表 9.15

序号	补偿项目	补偿标准（元/m²）	序号	补偿项目	补偿标准（元/m²）
1	砖墙木梁瓦房	280	5	铁杆解铁架星瓦棚	140
2	土墙瓦顶厕所	300	6	铁柱角铁架石棉瓦棚	135
3	砖墙沥青棚	130	7	砖墙星瓦棚	180
4	竹沥青纸棚	60	8	砖柱木梁石棉瓦棚	150

续表

序号	补偿项目	补偿标准 （元/m²）	序号	补偿项目	补偿标准 （元/m²）
9	木架石棉瓦棚	90	12	木柱木架顶架塑料网荫棚	40
10	铁架塑料瓦棚	100	13	水泥柱竹木架塑料网荫棚	70
11	角铁星瓦棚	70	14	木架沥青棚	70

水池、水井、水塔、杂项类 表 9.16

序号	补偿项目	补偿标准 （元/m²）	序号	补偿项目	补偿标准 （元/m²）
1	水塔（含在天台作水塔用途的大水缸）	150	11	墙砖砌围墙	43
2	花槽	35	12	双隔内批外洗围墙	85
3	砖砌排水沟	30	13	双隔砖砌围墙	55
4	砖砌水泥块盆景基	50	14	门顶（包过梁）	120
5	阁楼	280	15	阳台亭	250
6	铁皮飘板	120	16	水池（混凝土）	300 元/m³
7	飘板（混凝土）	120	17	储水池（有盖、室外）	380 元/m³
8	单隔内批外洗围墙	59	18	双隔砖砌水泥批荡水池	230 元/m³
9	单隔砖砌围墙	28	19	水井（含抽水设备）	2500 元/口
10	墙砖砌内批外洗围墙	78	20	柴火灶	120 元/个

9.4.3 确保"居者有其屋"

1. 政府投资在岛外建设安置房，并根据农民的要求确定户型和分配原则。岛外安置房（即"谷围新村"）的规划设计是根据省、市关于建设高标准的大学城安置房的要求，按现代住宅的标准进行设计的，在设计过程中充分考虑了地形、环境、居住习惯以及未来发展的需要。安置房中，连体别墅房的成本价为每平方米 1443.22 元，公寓式住宅的成本价为每平方米 1189.42 元，小区房屋成本均价为每平方米 1200 元，包括土地费用、房屋及道路、绿化、水电等公共性设施所需的费用，这些费用计入成本价由村民负担。公共配套设施部分包括学校、幼儿园、管理楼、文娱活动中心、市场、医院、变电房、垃圾房、公厕等设施建设费用由政府承担，不计入成本价。因此，每平方米 1200 元实际上还不够安置房的建设成本。拆房搬迁户需要在岛外安置区（谷围新村）购房的，可按登记的先后次序在划定区域内自由挑选房屋。

2. 为确保拆迁安置户能买得起同样面积的新房，政府制订奖励办法，凡在征地单位规定的时限内自愿迁出拆迁区的拆房搬迁户可享受下列奖励：

以征地公告发布之日止，属农村在册合理人口（包括迁出户的现役义务兵、在外读书、劳教、劳改人员），迁出岛外安置的，每人奖励安置补贴20000元。

拆房搬迁户按被拆房屋房产证面积或享受有证待遇的房屋面积每平方米奖励600元购房补贴。

对无产权证或证件资料不全，但同时符合以下三个条件的房屋，在拆迁时按合法可报建面积100%补偿和奖励：（1）2001年5月20日前建成的；（2）2001年5月20日前向镇建委递交了有关报建资料的；（3）经审查报建资料，符合当时办证条件的。

按照以上规定，根据房屋类拆迁补偿标准平均约为每平方米600元，加上拆房每平方米600元的奖励，搬迁的村民完全可以在谷围新村购买同等面积的住宅。此外，根据《广州大学城征地拆迁安置补偿办法》，家庭人口少或经济困难，无能力购买别墅式住房的村民，可以选择购买公寓式住宅；确实无能力购买安置房的特困户，由政府和所在村另行解决，以确保"居者有其屋"。

9.4.4　统筹建立失地农民社会保障制度

建立失地农民养老保障体系，解除农民对失去土地后养老问题的担忧，减少因养老问题产生的城市化阻力；同时，失地农民最终要纳入城市居民范畴，为他们提供养老保障，有利于城乡养老保障的顺利接轨，铺通建立城乡一体的基本养老保障制度的道路。但是，由于农村和农民的现金收入水平普遍很低，尚不具备建立以个人缴费为主的社会保障体系的条件，全部费用由国家承担也不现实。因此要使失地农民享有完善的养老保险体系，必须探讨如何健全失地农民的养老保障制度的问题。

在城市，为推进和健全社会保障体系，当年养老保险基金收支余额的不足部分和城市最低生活保障支出的不足部分由政府财政和国有资产变现收入来弥补，国有资产属于全民所有，农民也应有分享其变现所得的平等权利。因而，失地农民的养老保障体系，在基金的筹集方面，可模仿城市养老保险基金的筹集方式，由政府、集体、失地农民个人共同出资、合理负担。养老保险费的交纳标准和养老金的发放标准应随着经济发展水平作相应的调整，使失地农民既履行应尽的义务又享受分享经济发展成果的权利。

因广州大学城项目的建设而需要搬迁的小谷围岛农民有近3000户，村民最为关心的就是征地搬迁后的生活出路和养老保障问题。对此，政府从广大农民利益出发，制定了《新造镇小谷围岛全征地人员社会保险试行办法》（下面简称《试行办法》）。根据《试行办法》，凡属新造镇小谷围岛农村在册的劳动者，男满16未满60周岁，女满16未满55周岁的人员，须参加社会养老保险，缴纳养老保险费和医疗保险费，次月享受基本医疗待遇；《试行办法》实施前已经达到退休年龄的农民可以一次性缴纳15年的养老保险费和一次性缴纳过渡性医疗保险费，从缴费的次月起按规定享受番禺区基本养老保险待遇和基本医疗待遇；所有参保农民社保经费的缴纳按村集体负责60%，番禺负责40%的比例分摊，其中村集体负责部分从村的征地款解决。也就是说，小谷围岛被全征土地的农民在达到法定退休年龄时，可以像城镇退休职工一样办理退休手续，享受社会养老待遇，从而解决了他们对医疗和养老的后顾之忧。

《试行办法》的实施，基本解决了小谷围岛搬迁村民养老和医疗保障的后顾之忧。2003 年，新造镇为首批 11122 名失地农民购买了社会养老保险和社会医疗保险，2004 年又为第二批 106 名失地农民办理参保手续。继续引导被征地各村和被征地的农民把一定比例的征地补偿款用于购买社会保险和医疗保险。

对于生活确实有困难的村民按城镇居民待遇给予最低生活保障。番禺区已将小谷围岛各村纳入低保村民的生活最低保障标准调整为每月 300 元，并开展了村民生活困难家庭摸底调查及救济款的落实工作。

为了解决搬迁农民的医疗保障问题，在政府引导下，搬迁的各村与中国人寿保险公司广州番禺支公司合作，签定了农村合作医疗合同，开始了农村医疗合作制度改革的步伐，村民普遍反映热烈。2004 年 11 月，小谷围街道办事处成立了新型农村合作医疗管理委员会，下设办公室，开展建立和完善新型农村合作医疗制度工作。为农民建立了初级卫生保健体系，缓解了农村看病难和因病致贫、因病返贫的情况，对维护新造镇的社会稳定，促进社会经济协调、稳定发展起到了积极的促进作用。

农村居民可以享受到城镇居民同等的社会保障，在国内社会保障制度的探索方面开创了先河，在城乡二元化的管理格局中实质上是一种制度创新。当然，这种社保、医保模式由政府主导，参保农民的主动性不足，也是一个重要问题。据统计，截止到 2005 年 7 月 18 日，小谷围 6 个行政村 11227 名参保人员中续保的只有 3077 人，仅占 6 个行政村参保人员的 27%，总人口的 21%。究其原因，大致有四个方面：一是大部分参保人员距退休尚有相当长的时间，眼下得不到保障金，因而积极性不高；二是部分家庭背负着子女读书等沉重负担，每年应缴纳的保险费对他们来说也是一笔不小的开支，想续保但家无余财；三是一些村民听信闲言，对现行保障制度不信任；四是部分村民外出务工，在外参保。因此，虽然覆盖失地农民的社会保障制度已经建立，仍需考虑失地农民的实际情况加以完善。

9.4.5　失地农民就业培训

（1）对小谷围岛失地农民实行一次性免费就业培训

在小谷围岛总数 8963 人的劳动力中，小学文化程度的有 3853 人，占了总人数的 43%，而初中文化程度的有 4451 人，占了总人数的 50%，大专文化以上的只有 55 人。由于失地农民的文化素质不高，缺乏基本的劳动技能，在土地以外的其他工作岗位的竞争中处于劣势，大部分难以找到新的就业机会。因此，解决失地农民就业难题，除帮助就业安置外，提高失地农民的整体素质既是当务之急，也是长久之计。只有通过素质教育和职业培训，提高失地农民的综合素质，建立全新的就业观念，鼓励其积极参加就业培训，提高劳动技能，适应企业的用工要求，努力通过劳动力市场寻找就业机会，才有利于失地农民尽早就业，从根本上解决失地农民的生活保障问题。

对失地农民的培训，一是要建立健全的失地农民教育培训机构，由相关部门共同参与实施，明确各部门工作职责；二是要注重针对性、实用性和有效性，要适应就业市场的需求和变化来进行，形成"以培训促就业，以创业促就业"的良好机制；三是要加大失地农民培训的宣传力度，以调动失地农民接受培训的积极性和主动性。四是要有过硬的政策措施和经费保障，如实行分层负担培训费用、免费开展培训服务等；五是在提高他们就业技能的同时，还要教育和引导他们树立正确的就业观念，鼓励他们自主创业、自谋职业，多途径实现就业，注重提高他们的法律意识和科技文化知识水平。

政府针对失地农民的现状和特点，加强政策引导和资金扶持，对小谷围岛失地农民实行一次性免费就业培训的优惠政策，加大对农村富余劳动力的培训力度，形成以培训促进创业的良性机制。截止2004年12月，一共举办了四期农村富余劳动力就业技能培训班，开设了园林绿化（养护）工、厨工、宿舍管理员、商品营业员、出租屋管理员、文秘、电脑初级班等7个专业，共有1010人报名参加了培训，579人通过学习考试获得了上岗资格证书，120人正在接受培训，200人通过培训后走上了工作岗位。

（2）通过安排施工协管员解决就业问题

在大学城征地拆迁和建设过程中，按照每户一人的原则，招聘了2000名施工协管员，以使近45%的家庭有成员就业，参与大学城的建设。

（3）制订培训就业优惠政策，探索新的劳动力就业组织方式

一是制订培训就业优惠政策。番禺鼓励企业优先招聘具有番禺户籍的村（居）民。凡用人单位招用本区劳动力，并签订1年以上劳动合同的，由区再就业专项资金给予一年的工伤保险补贴，补贴标准以区上年度职工月平均工资的60%为基数，按0.5%的比例计算。

二是探索新的劳动力就业组织方式。此外，根据目前的城市环境和现实情况，建议研究出台相关优惠政策，扶持广州大学城征地各村创办各类专业公司，组织本村劳动力到广州大学城从事市政、园林绿化等各种服务。

三是制定优惠政策，鼓励吸收当地失地农民的各类服务公司到大学城从事服务活动，如物业管理、保安、市政维护、环卫清洁等，同时相应限制那些不吸收当地农民的服务公司进入大学城进行经营活动。

9.4.6　指导和扶持村经济发展

（1）预留15%的经济发展用地

为了保障被征地各村村集体经济的发展，为失地农民提供长远的生存与发展基础和条件，政府确定按照番禺地区的标准，给小谷围岛各村按征地面积的15%在小谷围岛南岸化龙镇征用4806亩土地预留给村，作为征地后各村的经济发展用地。留用地可按划拨性质，不收取出让金。在符合规划的前提下各被征地村将留用地用于发展工业或商业用地等非农产业。同时，引导各村对留用地统一规划，综合开发，实现土地资本的有效增值，发挥出经济效益和社会效益。

（2）征地款留取发展经济基金

小谷围岛各村按番禺区的规定留取土地补偿费的20%作为村集体经济发展基金，以保障村集体经济的发展和失地农民的长久生计，并依据有关法律法规规范基金的使用和管理。

（3）政府成立农村集体资产经营服务和管理的非赢利机构，指导、协助各村经营和管理集体资产。

政府组建独资或控股的非赢利机构为村民代理经营土地和物业，其经营宗旨为，在保证了农民基本收益的情况下，亏损由公司承担，盈利则在除去经营成本外，政府股所得的分红返还给农民。

9.4.7　实施股份固化

集体股权固化是被征地农民分享村集体经济发展带来的收益的重要保障。政府以规范和完善征地补偿款的分配和管理为切入点，指导在各村进行股权固化工作。通过《股份合作经济社章程》确定每个村民的土地权益。一是实施股份固化，有利于明晰集体资产的权属关系，保障股东的合法利益，调动股东参与集体经济建设的积极性；二是合理解决农村历史遗留问题，如外嫁女问题，计生问题，大学毕业生、被判刑、送劳动教养、送强制戒毒等人员的股份红利分配问题；三是鼓励农村人口向城镇集聚，促进农业劳动力向非农产业转移，加快推进农村城市化进程；四是完善各项经济管理和监督制度。广州大学城征地拆迁安置后，岛上4个保留村的股份固化进程加快，大部分村到目前为止已制订《股份合作经济社章程》，基本上完成股份固化工作，明晰了产权，确保农民利益。

9.4.8　保留村改造和改制

（1）旧村改造

为了实现经济发展类型的转变，从旧村改造工作着手，番禺成立小谷围岛保留村旧村改造综合管理领导小组，以协助、指导各保留村加强物业经营，加快旧村改造工作，通过统一规划设计，腾出部分土地建设商业区，使村集体经济能够融入到大学城经济中去，最大限度发挥保留区用地的经济效益和社会效益。

旧村改造带来的是保留村物质环境的改变，包括对旧村进行科学规划以盘活土地资源；拆除村民旧房建新居，建立完善的生活配套设施，改变村容村貌；利用区位优势开发保留村内剩余空地实现土地增值和集体资产的增加，解决村民的生活出路和长远发展难题。大学城4个保留村的改造，按照"政府推动、村为主体、整体推进、分步实施"的原则进行，旧村改造的全部收益归村集体所有。

（2）农村改制

农村改制主要是"村改居"，即撤销村委会改设居民委员会，全村农民成建制地转为城镇居民。小谷围岛4个保留村参照广州市"城中村"改制的优惠政策，一是"农转居"后，免收城市增容费和其他有关费用；二是"改制后的'城中村'的市政基础设施管理纳入市政统一管理范围，维护费由区市政维护费承担"；三是"城中村"转制后的居民，享受与城市居民同样的社会保障；四是在计划生育问题上，明确了在转制前，符合生育条件的育龄夫妇已领取的第二胎生育指标继续有效，从村民委员会改为居民委员会之日起，四周年内可按间隔期规定再生育一个子女；五是在农村集体土地的处置上，规定了实施改造的"城中村"，在农民成建制转为城市居民后，村行政管辖范围内的集体土地，一次性转为国有土地，在转为国有土地上所建设的房屋，可以办理注有"国有出让"的房地产权证，并能在市场上交易，从而提高土地的市场价值。

（3）观念改变

保留村改造和改制目的是实现真正的城市化，而城市化的标志不应只是物质形态的改变，还须包括居民思想观念、心理状态和生活方式的改变，也可以说是文明程度的提高。要实现这一点，除依靠宣传教育等方式，物质生活水平的提高对村民文明开化有推动作用。

9.5 广州大学城（首期）失地农民城市化制度安排的实施评估

作者尝试运用思考与研究的成果，以解决广州大学城失地农民制度安排的实践为实证案例，通过新的制度设计，探讨失地农民问题解决的途径，以实现城市化过程中的城乡协调发展，并试图在实践过程中不断地对城乡关系的制度安排的设计进行完善和提升。

广州大学城失地农民问题解决的制度安排是基于实现城乡制度安排的一体化。概括起来有三个出发点：

（1）使失地农民享有和城市市民同样的居住条件、社会服务和社会保障条件。让失地农民能够分享城市化带来的成果，在失地农民失去作为保障意义的土地资源以后，能够有长期的基本生活保障；

（2）把失地农民作为弱势群体进行扶持。长期城乡分割下的二元结构导致了农民面对市场经济的时候大部分往往缺乏市场能力，在城市化过程中失地农民往往是弱势群体，政府应在法律允许的范围内，在实际可操作的条件下，尽可能地提高补偿的标准，同时在公共财政上向失地农民倾斜；

（3）扶持和指导失地农民不断地融入城市生活、非农业生产中去。政府应通过经济、法律、行政等手段，建立扶持和指导解决失地农民长久生计（如就业、发展集体经济等）的激励机制。同时也要建立规范农村集体和个人行为的约束机制，使失地农民能够尽快地融入城市生活，实现城市化。

9.5.1 实施效果的评估

从广州大学城开始建设至今已经有 3 年的时间，从这一阶段的实践来看，制度安排的整体设计是有效的，在此，对以上的制度安排实践的效果进行一个简要的评估：

9.5.1.1 已经实施制度安排

（1）在规定允许的范围内及实际可操作条件下，征地拆迁安置的补偿标准和条件，充分考虑农民的要求，尽可能提高征地拆迁安置的补偿标准。大学城的征地补偿标准是各类土地平均每亩补偿约 6.47 万元，是番禺区目前为止同类征地中补偿额最高的，款项全部支付到位。

（2）通过奖励、补助等措施使拆迁安置的失地农民能够以旧房"换取"同等面积且设施配套的新房，使失地农民"居者有其屋"。并按照城市小区配套的标准，建设道路、绿化、水电等市政基础设施和中小学、幼儿园、医院、活动中心、市场、公园等公共服务设施，使"谷围新村"成为具有良好的居住环境和配套设施齐全的城市居住区。同时通过改造小谷围岛内保留的旧村的道路、饮用水、排水、绿化等市政基础设施，以改善旧村的居住环境。

（3）制定支持和鼓励失地农民参加社会保险的政策措施，对符合规定的失地农民（16岁以上）共11122人参加社会养老保险，给予缴纳保费一次性40%的补助。对16岁以下的失地农民纳入新型农村合作医疗统筹安排。

（4）提供免费就业技能培训，介绍、推荐和安排失地农民的就业。根据大学城建设和管理的需求，有针对地举办园林绿化、物业管理、厨工、宿舍管理、商品营业、出租屋管理、电脑等多个专业的免费就业技能培训班，共有1010人报名参加了培训；同时，安排广州大学城建设指挥部办公室采用"一户一人"的办法从被征地农民中招聘了2000名施工协管员，组织大学城各高校物业管理公司和市政园林绿化定向在失地农民中招聘了500多人，有近45%的失地农民家庭有成员就业，参与广州大学城建设与管理工作。

9.5.1.2 未落实的制度设计

（1）安排就业的保障激励政策。大学城建设过程中在被征地农民中招聘施工协管员，解决了在大学城建设期间相当一部分失地农民的就业问题，据调查，这项措施也得到失地农民的好评，到2005年10月，由于大学城主体工程接近完工，施工协管员的工作已完成，大学城指挥部解聘了这2000名农民。按照当时的制度设计，即制定"相关优惠政策，扶持广州大学城征地各村创办各类专业公司，组织本村劳动力到广州大学城从事市政、园林绿化等各种服务"并"鼓励吸收当地失地农民的各类服务公司到大学城从事服务活动，如物业管理、保安、市政维护、环卫清洁等，同时相应限制那些不吸收当地农民的服务公司进入大学城进行经营活动"，准备在大学城建设基本完成，在大学城各个大学进入招生办学时，按照上述政策安排，把协管员转为各个学校的治安管理员，提供相对稳定的就业岗位。由于未能主动与学校对接，并建立相应的激励和约束机制，致使此项制度设计未能落实。

（2）指导和扶持村经济发展的政策。一是村经济发展留用地问题。按照制度设计，即"为了保障被征地各村村集体经济的发展，为失地农民提供长远的生存与发展基础和条件，政府确定按照番禺地区的标准，给小谷围岛各村按征地面积的15%在小谷围岛南岸化龙镇征用4806亩土地预留给村，作为征地后各村的经济发展用地。留用地可按划拨性质，不收取出让金。在符合规划的前提下各被征地村将留用地用于发展工业或商业用地等非农产业"。由于村经济发展留用地的报批手续未能与大学城的用地报批手续同步推进，致使至今村经济发展留用地的报批手续尚未落实。二是村经济发展的扶持政策和组织建设问题。根据制度设计，即"政府成立农村集体资产经营服务和管理的非赢利机构，指导、协助各村经营和管理集体资产"。希望通过组建一些独资或股份的非赢利性的机构，帮助农民抓住大学城的发展过程中的大量商机发展经济。由于涉及面较广，没有抓住有利时机，以及村经济发展留用地的报批手续尚未落实，而没有实施。

（3）社会养老保险的保险费续交问题。虽然在政府的支持下失地农民参加了社会养老保险，缴纳了首期保险金。由于失地农民对参加社会养老保险的作用和意义认识不足，参保的积极性不高，同时就业安置以及村经济发展安排未能落实，相当部分的失地农民没有相对稳定的家庭收入，致使至 2005 年 12 月续保人数只有 3055 人。

9.5.1.3 实施评估

（1）为失地农民提供了一个良好的城市化的基础，创造一个与城市居民同等的生活环境和居住条件。

（2）有关失地农民长久生计的制度设计没有得到落实。长久生计问题包括就业和村经济发展等是失地农民关心的核心问题，尽管有了一个制度安排，但由于政策没有被制度化，导致失地农民长久生计问题没有解决；据调查，这些问题实际上也是现在失地农民反应最突出的问题。

第 10 章　结束语：中国城市化制度安排的思考

10.1　城市化制度安排需要从国家层面统筹制定和协调

　　广州大学城解决城市化过程中失地农民问题的实践，是在对中国城市化制度分析的基础上，制定的解决城市化过程中失地农民问题的制度框架，涉及到失地农民关心的主要问题，较大程度上体现了失地农民在城市化过程中的意愿。但这些制度安排在实施过程中却没有得到完全的落实。这是因为失地农民的制度安排仅仅在市辖区政府层面进行调整推进的能力是有限的，有些障碍是无法克服的。

　　首先，失地农民的城市化制度设计涉及到对国家现行城乡制度安排的调整，如农村社会保障制度与城市社会保障制度的对接问题，村经济发展留用地与建设项目报批手续同时报批的问题等。其次，实现失地农民的城市化，单纯依靠政府的作用是不够的，需要营造一种在政府为主导下，社会各方共同参与的激励和约束机制，采用经济、法律、行政等手段去推进，这也是制度设计的重要特点之一。三是，制度的设计需要明确和规范各级政府的作用和责任，把个人行为转变为组织行为。

　　因此，失地农民、城乡发展不协调、城乡矛盾加剧等问题的解决要从我国城市化方针、政策、城市化道路及总体制度安排上去思考。

10.2　中国城市化的制度变迁与城乡空间的关系演变

10.2.1　城市化制度安排与城乡空间关系

　　弗里德曼对城市化过程的分解，实际上是把城市化视为物质空间城市化和人的城市化之间相互作用的复杂系统，这个系统是由物质空间和制度环境两部分决定的。

　　城市化过程包括两个部分，物质空间的城市化，是农业人口向非农业人口的转化，是非农产业向城市空间的转移，是人口由乡村空间向城市空间的转移，也是乡村景观向城市景观的转化。与此相对应的是制度环境的转化，由构成乡村空间的制度体系向构成城市空间的制度体系的转化，制度转化的实质是人的城市化过程（如图10.1）。

　　城市空间制度体系是城市空间运行的基础。城市空间制度体系集中体现了现代制度体系的特点，由现代的企业制度、现代居住体系和现代组织制度等组成，现代企业制度为城市人口提供就业机会和现代生产方式，是城市经济增长的主要源泉；现代的居住体系为城市居民提供了现代的生活方式的空间，它由市场化的土地价格和房屋价格调节居民的空间分布和居民需求；现代的组织制度是城市居民通过宪法等规章制度形成的人与人之间的关系，是城市空间得以维系的保障之一。正是这些制度体系构成了城市现代化的空间以及现代化的生产和生活方式。

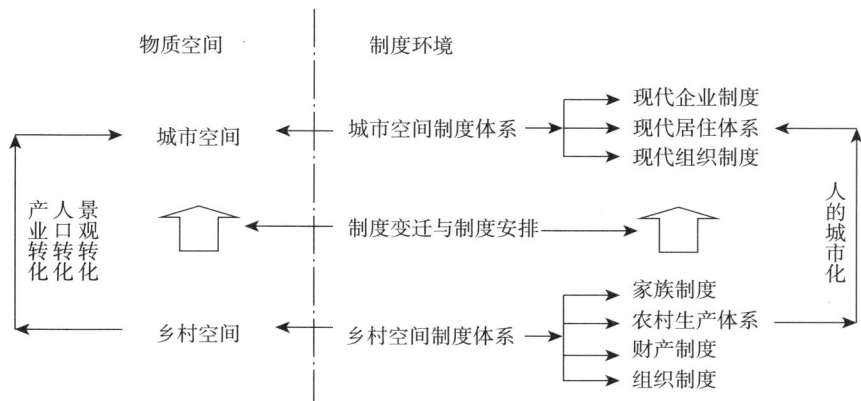

图 10.1　城市化过程

　　农村空间制度环境决定了乡村空间的形态特点和农民的生产、生活方式具有传统社区的特点。农村家族制度维系着农村居民之间的关系，构建了低密度的聚落形态；农业地方政府和组织对农村生产活动具有影响力，通过对农村生产体系的改进，促进农村生产率的提高和农民收入水平的提高，通过教育体系的建立，提高农民的文化和生产技能，财产制度保证了农民和土地的固定关系，不仅使土地成为农民最大的财富来源，而且形成了分散的生产空间。

　　由于城市化不仅是一个空间结构的转化过程，而且还是一个制度变迁的过程，在这个过程中人的转化是空间转化的主体，制度变迁是空间转化的保障。因此，制度环境的转化就构成了物质空间转化的基础。其中制度安排和制度变迁对人的城市化过程具有重要的调节作用，是现代制度环境和传统制度环境的转化环节。

　　（1）为农民的城市化提供一个适应的机会，通过在农村建立现代教育体系，提高农民适应现代企业生产方式的能力，打破家族式的社会交往体系，建立适应现代生活方式的社交规范和网络；

　　（2）为农民的城市化提供城市生活的空间，通过城市空间的有效扩展，为农民城市化提供就业机会和可以承受的居住环境，为人的居住地的迁移提供条件，提高农民城市化实现的机会并防止城市问题的出现；

　　（3）为农民的城市化提供组织制度安排，这主要包括财产制度的转变。农村财产制度向城市现代组织制度的转变是农民城市化过程中脱离土地的重要环节，对农民城市化过程中生产资料、生活资料和保障资料的安排产生影响，可以帮助农民摆脱传统的生产、生活方式，有效的进入到城市化的进程中去。

　　为此，要解决城市化过程中出现的问题，需要在国家层面制定出一整套系统政策，由国家制定出一个制度的集合，各地区再根据自己的特点制定出相应的实施办法，由于各地区城市化水平、经济发展水平和城市化过程中遇到的问题不同，具体的制度安排可以是不同的，而且可以在发展中不断改进和创新。本文对广州大学城失地农民城市化制度安排的实践可以为国家层面的制度安排提供一些有益的启示。

10.2.2 不同的城市化制度导致了城乡空间及人居环境差异

城乡空间是城市化过程中两个相互作用的空间系统，在城市化过程中这两个空间系统之间的关系与国家的城市化制度密切相关。我国正处在经济转型时期，经历着由计划经济向市场经济的转变，面对城市化过程中出现的大量问题，亟需建立一个城乡统筹的城乡关系。

根据我国城市化制度的变迁，可以把我国城市化制度安排导致的城乡空间关系和相应的人居环境分成三个阶段：

（1）计划经济时期，城乡分割的、稳定的二元城乡空间

在强制性的制度安排下，形成了我国城乡二元结构，同时也构成了城乡二元的空间结构，而且这种结构是稳定的，相互独立的，城就是城，乡就是乡，但城市是相对现代化的人居环境，而乡村保留着传统的、低质量的人居环境。城乡空间从生产方式、生活方式和景观上来看都是对立的。

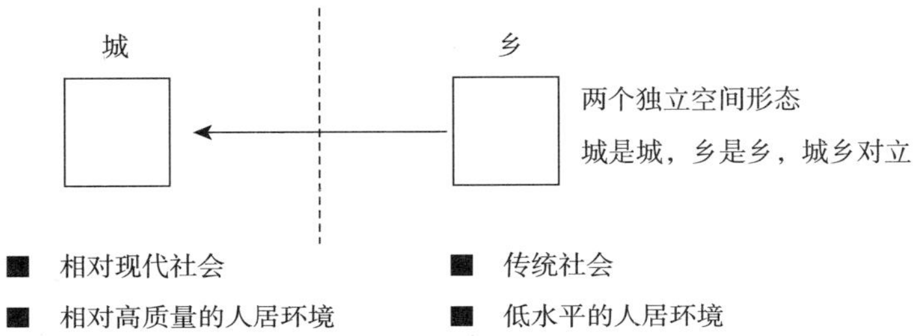

图10.2 计划经济时期城乡分割的二元城乡空间

首先，城乡人口是不能自由流动的。户口制度以及相应的以单位为主体的生产制度和保障制度使城市居民被固定在城市空间中，而农村集体所有制把农民固定在土地上，人口的迁徙由于受到户籍和农村集体所有制的限制，几乎不能实现。

其次，国家发展战略以城市工业化为主导，大量投资进入城市空间，造就了以工业化为主的城市景观和相对现代化的生活方式，但总体上，城市化滞后于工业化。城市化的成果并不涉及到农村，农村保持着传统的生产与生活状态以及聚落景观。

第三，城市化是在计划的安排下实现的，工业化在国民经济计划下推进，城市化所需要的土地，由国家向农村征收，相应出现的失地农民，由国家将农村户口转变为城市户口，并把农村劳动力迁移到城市中，安排在企业就业，享有城市的社会保障体系。也就是说市化过程中的产业转化、人口转化是通过有计划实现的，人的城市化只在城市中实现，城市空间和乡村空间通过强制性的制度安排进行联系，少量的农村人口在制度安排下实现城市化，城市化对乡村空间没有影响。

（2）转型时期，城乡混合、分散的城市化空间

改革开放以后，我国通过经济体制改革全面推动经济发展，但为了避免南美国家在城市化过程中出现的过度城市化问题，国家对城市化制度只是进行了渐进性的改革，一方面是城市数量和规模的大量增长，另一方面是在全国范围内农村城市化的出现，城乡空间出现混合的状态，城市化出现分散的格局。

首先，转型期间，户籍制度没有发生根本的变化，但出现了"离土不离乡"的政策，农村剩余劳动力可以进城务工，也可以发展乡镇企业，同时外商直接投资在城市和乡村布局，对低价的劳动力提供了大量的需求。在这个时期，城市化受到计划和市场双重影响，改革开放带来快速的经济增长和快速的城市化。城市快速扩展需要大量的土地，城市寻求低成本扩展，大量征用低成本的农田，同时，城市以单位为主的就业和社会保障制度处于改革之中，国家不再计划安排失地农民就业和保障，使人的城市化过程受到阻碍，因此形成城中村和失地农民问题。

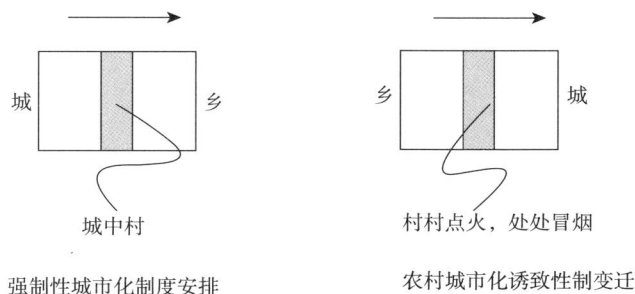

图 10.3　转型时期城乡混合的二元城乡空间

其次，诱致性的制度变迁，导致在乡村地区初级工业化的出现，自发性地沿交通蔓延的城市化空间。也就是说在农村出现工业化的过程和自发的景观变化，但由于这种变化是不完全的，乡村居民的身份没有改变，生活仍然维持传统的方式，局部出现传统与现代相混合的景观。

第三，在转型阶段，城市化的含义更多的是生产的扩展和增长，人的城市化在这个过程中被忽略，其结果是出现城市中具有农村的景观和生活方式，在农村具有工业化初期的特征，城市化的问题不仅在城市中出现而且在农村也出现了。

（3）城乡统筹的城市化过程中的理想的城乡空间关系模式

城乡二元空间结构和分散的城市化空间不可能实现城乡统筹发展。理想的城市化模式是在实现城乡产业转化、人口就业转化和景观转化的同时，实现人的城市化，城市得到健康的、集约的发展，农村生产率提高，实现生产、生活方式的现代化，城乡空间将保持两个独立的空间体系，但与计划时期不同的是，城乡空间都具有现代化的特质，城乡空间在相互平等下相互作用，互为基础。

首先，城市空间与乡村空间的协调，需要制度环境转化相配合，通过城市化的制度安排，促进人的城市化有序进行，在城市与乡村空间之间建立健康的循环系统，实现生产要素的自由流动和合理的配置。

其次，城乡有序的发展模式，实现既要集中又要分散的发展策略。有序地扩大城市的规模，使城市的经济发展和空间发展能更多地容纳农村剩余劳动力，缓解乡村地区紧张的人地关系，促使农民实现"离土又离乡"，通过城市文化、技术的转播，实现农村地区的生产、生活的现代化。

第三，物质形态的城市化更多地由市场力量来决定，政府实施宏观调控；人的城市化

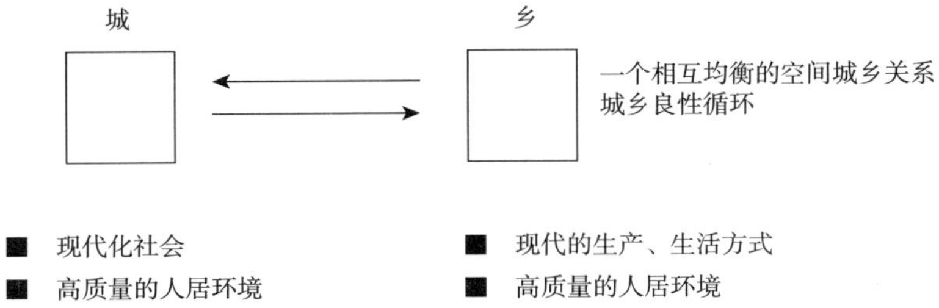

图 10.4　城乡统筹的城乡空间

需要政府的制度安排来保证，使农民在城市化过程中能够享受到城市化的成果，这样才能实现城乡统筹的城乡空间关系。

10.3　城市规划的研究内容和方法需要注重制度的研究和分析

城市规划是城市政府为了实现空间资源配置和调控的制度安排，从霍华德的"花园城市"以来，城市规划学就一直不懈地在对城市理想空间进行探讨，目的在于实现资源的合理配置和社会福利的最大化。

要实现这一目的，就必须实现对国家、集体和个人经济行为、社会行为的规范和引导，城市规划正是通过对政府和个人强制性和引导性的行为规范，实现国家目标、个人目标和空间配置的一致性。为此，城市规划需要注重制度的研究和分析。当前我们必须研究与社会经济发展和城市化进程相适应的城市规划的制度安排。

10.4　失地农民城市化制度安排需要注重对社会文化等非正式规则的研究

制度是通过一系列规则界定人们的选择，约束人们之间的相互行为关系，从而促进社会进步和经济增长。从制度提供的规则来看，可以分为正式规则和非正式规则[①]。

正式规则是指人们有意识地创造的一系列政策法则。包括政治规则、经济规则和契约，以及由这一系列的规则构成的结构，从宪法到成文法和不成文法，到特殊的实施细则和个别的契约等，它们共同约束着人们的行为。正式规则具有强制力。

非正式规则是人们在长期交往中无意识形成的，并构成代代相传的文化的一部分，是传统的积累和沉淀，它包括价值信念、伦理规范、道德观念、风俗习性、意识形态等因素。其中风俗习性，是前人长期积累的经验而形成的榜样。

本文对失地农民城市化制度的研究主要是对正式规则的研究，通过政府对失地农民的城市化制度的安排，促进失地农民的城市化过程。

正式规则和非正式规则在制度变迁的过程中是相互制约和相互促进的。正规的制度只有

---

① 卢现祥. 西方新制度经济学［M］. 北京：建筑工业出版社，2003：38.

在与非正式规则相容的情况下，才能发挥作用①，当非正式规则的变迁滞后于正式规则的变迁，将会加大正式规则的实施成本，影响正式规则实施的效果；如果正式制度能够得到非正式规则变迁的支持，将会极大地提高正式规则实施的绩效。因此，非正式规则对于实际的制度变迁过程具有重要影响，实际制度变迁过程总是在正式制度变化与非正式制度变化的统一的和互动的过程中进行。从长期来说，个人行为的非正式规则决定着正式规则的演变，即使一个经济体的正式制度结构有了整体性的变化，其实际结果如何也要取决于新建立的正式规则同那些只能逐渐改变的非正式行为规则之间的互动关系的变化。J·布坎南认为："文化进化已形成或产生了非本能行为的抽象规则，我们一直依靠这些抽象规则生活，但并不理解这引起的规则。""文化进化形成的规则……是指我们不能理解和不能（在结构上）明确加以构造的、始终作为对我们的行为能力的约束条件的各种规则。"② 人们无意识或有意识的按照约束条件的要求行动，在非正式规则和正式规则所形成的框架内追求经济生活的最大利益，从而有效地减少不确定性和降低交易成本。同时，这一框架是动态的，自身是能动的。为适应人的价值需要，随着各种非正式规则边际的、缓慢的嬗，正式规则也得以变迁，最终使文化所影响和形成的约束条件发生变化，从而使人们创造活动的自由度不断扩大。

在我国经济转型时期，正式规则的变迁与非正式规则的变迁往往是不同步的，而且非正式规则滞后于正式规则的变化。这是由于国家可以通过短时间的强制性安排实现正式规则的变迁，但非正式规则由于根源于历史与文化，其转变需要经历一个较长的时期，可能出现与正式规则不相容的现象，其结果是影响正规制度的实施，使实施的结果大打折扣。从我国改革开放的经验来看，虽然我们制定了许多市场化的正式规则，但这些规则在实施过程中往往出现效果不佳的现象，这与我国长期形成的非正式规则和市场经济规则不相容是存在密切关系的。

失地农民的城市化不仅需要正式规则的安排，还需要促进非正式规则的变化。从近三年的农村城市化制度安排的实施情况来看，大学城失地农民中长期存在的非正式规则影响到了制度安排的实施效果，如长期从事农业劳动和农村生活所形成的价值观、生活习惯等直接影响到其短时期内很难适应工业生产和城市生活的要求，导致出现不习惯按时上下班的工作制度、不愿意受企业规章制度的约束以及对技术培训不感兴趣等问题，这影响了失地农民城市化的进程。产生这些问题的原因在于影响失地农民城市化的非正式规则的变化存在着以下三个特点：

（1）失地农民城市化的非正式规则的变化是一个长期的过程。非正式规则在农村地区表现为农村的生产方式、生活习惯，如对土地资源的强烈依赖，独户的居住习惯，自由的工作时间，宗祠的崇拜等。这些非正式规则是农民在历史上长期形成的传统，在短时间内往往不易发生变化。在面对失去土地而不得不面对城市化过程的时候，表现出对传统的依恋，同时由于长期的城乡分割，城市化过程中的现代的观念和生活方式很难一下子被传统的原农村居民所接受。因此，需要通过教育等一系列正式规则的实施逐步地改变那些传统生活方式的文化与习俗。

（2）失地农民非正式规则的变迁是一个自然演变的过程。非正式规则的变迁需要一个

① 卢现祥. 西方新制度经济学 [M]. 北京：建筑工业出版社，2003：255.
② J·布坎南. 自由、市场与国家 [M]. 北京：北京经济学院出版社，1988：115 – 116.

过程和文化的递进，包括失地农民思想文化的现代化的启蒙、思想解放运动以及法律的文化氛围和现代化生产生活方式的积累和沉淀。在这个自然演变的过程中，正式的规则起着一个外部约束和推动的作用。面对这样一个自然演变的过程，我们仅仅重视失地农民的外部环境的改变是不够的，包括失地农民文化在内的非正式规则的演变在失地农民城市化过程中仍然占有重要的地位。

（3）失地农民非正式规则的变化需要适应正式规则的变迁。非正式规则是正式规则的扩展和细化，我国的城市化制度的建立不仅仅是正式规则的建立、创新和完善的过程，也是非正式规则的建立过程。在制定失地农民城市化的制度安排的时候，要不断地改变传统的农村非正式规则与失地农民城市化正式规则的偏离程度，使非正式规则成为失地农民城市化的促进力。

大学城的规划和建设已经为大学城保留村的农村人口的城市化提供了一个较好的外部空间环境，也相应地建立了一系列失地农民城市化的制度安排，但非正式规则仍然保留着传统的特色，并滞后于正式规则的变迁，这也是失地农民城市化制度安排的效果不如预期的原因之一。因此，在今后的研究中需要进一步加强对失地农民城市化非正式规则的研究：

（1）失地农民城市化方式的多样性。我国地域广阔，由于各地区发展历程的差异和经济发展水平的差异，地区文化呈现出多样性的特征，不同的传统积淀和习惯风俗导致了失地农民城市化的非正式规则都存在各自的特点。因此，需要从各地的实际情况出发，探讨具有地区文化特点的城市化制度安排。

（2）失地农民城市化是长期的过程。在农民向市民的转变过程中，失地农民城市化的非正式规则的变化需要一个积累的过程。因此，在制定失地农民城市化制度安排的时候，不能急于求成，把失地农民城市化的自身意愿和非正式规则变迁的途径结合起来，逐步促进失地农民城市化非正式规则变迁的演变。

（3）失地农民城市化需要全社会的努力。在失地农民城市化的过程中，非正式规则的变迁是失地农民城市化的基础。非正式规则的变迁是一个自然演变的过程，从这个意义上讲，整个社会是推动非正式规则的变迁的主体。为此，需要把政府、社会组织和市场的力量结合起来，通过共同的努力，为失地农民城市化营造社会文化氛围，推进非正式规则自然演进的进程，促进失地农民文化的现代化，加快失地农民城市化的进程。

10.5 本文的创新之处

（1）以制度分析的方法，建立城市发展过程中失地农民城市化的分析框架，从制度安排的角度探讨失地农民问题产生的原因。

（2）对国外城市化过程中的失地农民问题与城市化制度安排，以及我国城市化过程中失地农民问题制度安排的改革与创新进行案例分析。

（3）在上述研究的基础上，提出解决失地农民城市化的制度安排，并具体对解决广州大学城（首期）建设中出现的失地农民城市化问题进行实践，对实施的结果进行评价。

（4）思考我国城市化制度安排对城乡空间形态及人居环境的影响，分析不同制度安排下的城乡空间模式。

广州番禺区征地农民城市化意愿的调查

根据城市化制度变迁的分析框架，城市化对农民而言，首先面临的是作为生产资料和生活方式的土地被非农产业征用。在改革开放以前，自上而下的城市化过程，政府对农村土地的征用，首先解决的是农民的就业安置问题。农转非成为农民摆脱低收入的农村生活，获得城市户籍，进入城市的主要手段，也是城市规模扩大和城市化水平提高的主要途径。

随着改革的深入，特别是城市中国有企业体制和用人制度的改革，自上而下城市化过程中，国家虽然仍然保留农转非的指标，为部分被征地的农民提供城市户籍，但已经不可能为农民提供类似"铁饭碗"式的城市就业机会。城市户口对农民的就业、保障和生活的意义大大降低。随着城市化的制度变迁，在沿海发达地区出现的大规模自下而上的城市化，在这种以房地产开发、乡镇企业发展和外商直接投资的过程中，农村出现了以出让、出租和股权等形式把农业用地转化为非农用地，而同时，农民很少直接参与到这些被征用土地的生产活动中，农民仍然在原居住地上生活、工作，实际上，农民并没有由于城市化而彻底地改变自己的生活状况，他们只是利用征地的实物补偿和现金补偿，改善了自己的生活条件，并成为临时非农业劳动力大军的一部分。

事实上，在快速城市化地区，无论是自上而下的城市化还是自下而上的城市化，对农民的意义就在于长期赖以生活的农地被征用，农民从城市化过程中的直接收益是征地补偿，必须依靠自身对生产方式和生活方式进行改变，而无法依赖城市化过程实现这种转变，也就是说，农民在城市化过程中被边缘化了，游离于城市化的自上而下和自下而上的过程以外。

本章将通过对广州番禺区被征地农民生活状况的调查分析，揭示在番禺这个快速城市化地区，农民城市化的意愿。

1. 样本与调查方法

- 番禺城市化的基本概况

番禺区位于广州市南部，珠江三角洲的中部河网地带，东临狮子洋，与东莞市隔洋相望；西以陈村水道和洪奇沥为界，与佛山市南海区、顺德区、中山市相邻；北隔沥窖水道，与广州市中心片区相接；南滨珠江出海口。番禺区总面积 1313.8km²，其中陆地852.3km²，约占总面积的 65%。河涌及外围水域 461.5km²，约占总面积的 35%。陆地中平原 717km²，占 84%，丘陵山地 135km²，占 16%。可概括为"一山三水六平原"。

据第五次全国人口普查（2000 年 11 月 1 日）公布资料，全区总人口 163.14 万人，人口密度为 1242 人/km²，城镇人口占总人口的 73.19%。全区共 20 个镇，分别为市桥、石基、沙湾、钟村、大石、南村、新造、化龙、石楼、莲花山、榄核、灵山、大岗、潭州、东涌、鱼窝头、黄阁、横沥、万顷沙、新垦。另加南沙经济技术开发区和珠江管理区。共有 305 个村民委员会，50 个居民委员会。

2000 年全区国内生产总值（GDP）294 亿元，较 1999 年增长 11.2%，其中：第一产业增加值 24.3 亿元，增长 6.5%；第二产业增加值 154.5 亿元，增长 11.6%；第三产业增加值 115.2 亿元，增长 11.5%；第三产业占国内生产总值的比重分别为 8.3%、52.5% 和 39.2%。人均国内生产总值达 32004 元，增长 7%。工农业总产值 595.9 亿元（不含省、广州市属），增长 11.4%。根据 2000 年全国第五次人口普查结果，番禺区的总人口为 163.14 万，城镇人口占总人口的比重为 73.19%，即采用国际通用的人口普查法，得出番禺区城市化水平为 73.19%。以户籍总人口中非农业人口的比重作为衡量城市化水平的指标，2000 年番禺区非农业户籍人口占户籍总人口的比重为 40.47%。

由于处于珠江三角洲中心位置，番禺区的经济增长得地理区位之利，承多年修桥筑路之功。1991～1996 年，"三来一补"企业外向拉动使番禺经济连续多年保持 30% 以上的增速，该地区以镇、村为经济发展主体，初步集聚形成按镇为单位的 53 个工业点，平均每镇约 2.5 个，并按邻近村为基础分布，空间布局十分分散，有较明显的交通指向特点，并由于行政区划的限制，形状多不规整，53 个工业集聚点的面积约 92.97km^2，比广州市原八区的现状工业总用地（48km^2）及 1996 年广州市城市总体规划所确定的原八区工业总用地（76km^2）还大。

20 世纪 90 年代后期，广州城市南拓，使房地产、旅游等产业异军突起，第三产业在番禺产业结构中占了近 40% 的比例。番禺北部地区房地产开发方兴未艾，发展趋势由大石、钟村向南村地区蔓延，已经成为接纳广州城市居住功能外延的重要地区。但是以村镇招商引资为特点的房地产开发，规模过大且各自为政。

由于番禺正处在急剧城市化的初期阶段，经济增长主要依赖村镇经济的发展和外商直接投资，城市化呈现自下而上、各自为政、以村镇经济发展为主的发展模式，这种发展模式有效地调动了地方发展经济的积极性，城市化的过程呈现以各镇为中心的向外扩展过程（见图 A.1）。

在 20 世纪 80 年代和 90 年代曾极大地促进了番禺社会经济的高速发展，但在基本完成工业化初期阶段，工业化进程进入以发展资金、技术密集型产业为主的工业化中期阶段，质量不高。

番禺在城市化过程中出现大量的失地农民，约有 61 个村，10 万人的农用地被完全征用，约有 54 个村，7 万多农民的农用地被 50% 征用（不含全征地农民），城市化带来农民的失地现象较为显著。

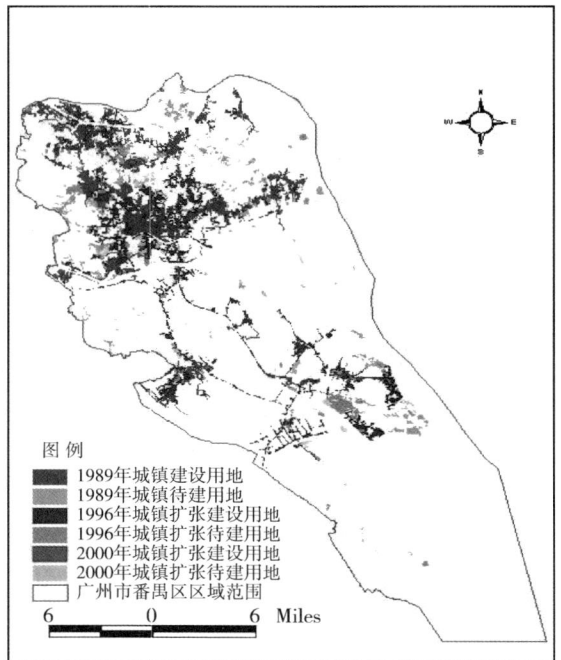

图例
■ 1989 年城镇建设用地
■ 1989 年城镇待建用地
■ 1996 年城镇扩张建设用地
■ 1996 年城镇扩张待建用地
■ 2000 年城镇扩张建设用地
■ 2000 年城镇扩张待建用地
□ 广州市番禺区区域范围

6　　0　　6　Miles

图 A.1　番禺区城镇变迁趋势图

● 番禺区城市化过程中农民收入状况

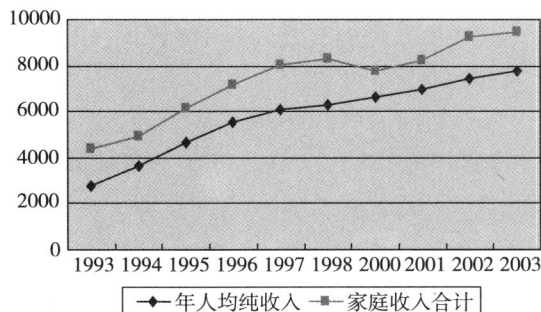

图 A.2　农民年均人收入（元）

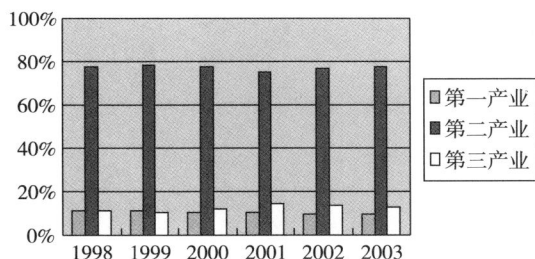

图 A.3　各产业占总收入的比重（%）

自改革开放以来，番禺经历了快速城市化的过程，到 2003 年，约有 60% 的农民从事第二、三产业，农民的人均收入达到 9000 元，从调查中发现，近几年来番禺农民呈现以下特点：

1）在 1993～2003 年的十年间，番禺区农民的人均收入整体上呈缓慢上升趋势。

2）农民收入主要来源于第二产业，如图 A.2、图 A.3 所示番禺在城市化过程中，农村集体经济快速发展，通过产业结构的调整，大力发展二、三产业，促进了农村集体经济的发展，农村集体所得纯收入大幅增加。1998～2003 年这六年的统计数据显示，第二产业是番禺区农民收入的最重要来源。

事实上，番禺政府十分注重对农业基础设施的投入，但并没有改变农业收入在农民收入中的比例不断减少的趋势，在 1993～2003 年的十年间，政府每年对农业投入的增长率与农业产值的增长率没有明显的相关关系，换言之，政府对农业投入的增加或减少对农业产值的变化不起明显作用。

总之，番禺农民收入的增长幅度在下降，农民收入稳定在一定的水平上，集体非农土地的收入的好坏直接影响了农民收入的增加。因此，在城市化过程中，为农村提供集体非农用地的多少，直接关系到农民的收入状况，农民仍然是依靠自己的集体所有土地维持生存的。

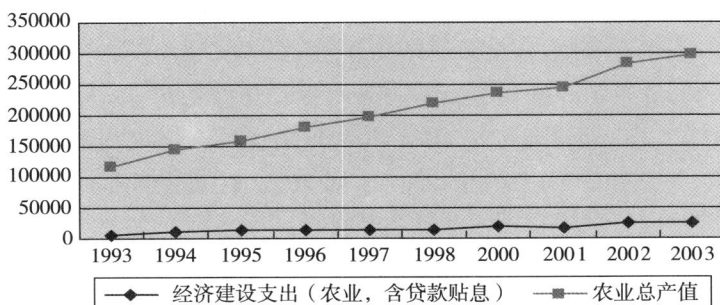

图 A.4　政府投入与农业增长

● 调查方法简介

本次调查采用截面抽样调查的方式，对番禺城市化发展较为快速的大岗、大石、南村、石楼四个镇进行了随机抽样调查，共发问卷 1600 份，得到有效问卷 1011 份，其中大岗镇占 23%，大石镇占 39%，南村镇占 20%，石楼镇占 18%。

针对城市化过程中，农民土地被征用以后出现的就业、保障等问题，本次问卷内容分为六个部分：被征地农民的基本情况、征地前后的生活收入变化、就业情况、征地款使用情况、社会保障和征地安置的意见。

从抽样的样本来看，这四个村的土地被房地产开发征用的农民最多，约占 25%，另外，乡镇工业开发用地占 21%，市政建设占 18%，城市工业开发占 3%。此外，还有 22%的结果表示村民根本不知道自己被征土地的用途。因此，从被征用的土地类型来看，"自上而下"和"自下而上"城市化都在这四个镇出现，具有一定快速城市化的代表性。

● 样本基本情况

样本中男性占 75.02%，女性占 24.98%；平均年龄 42.31 岁，20 岁以下的占 0.2%，20 ~ 39 岁占 43.12%，40 ~ 49 岁占 25.51%，50 ~ 59 岁占 19.39%，60 岁以上的占 11.78%。被征地农民中，初中文化程度占了 51%，其次是小学及其以下占了 26%，高等教育占 4%，由此可见，被征地农民的主要文化程度不高（见图 A.5）。样本中农民基本处于已婚状态，达 88.05%，显示被征地农民都有赡养人口。在被调查的村民中，有 77%的村民表示本村还有未被征用的土地，有 20%的村民表示本村已经无地可征，另外有 3%的村民不知道是否还有未被征用的土地。

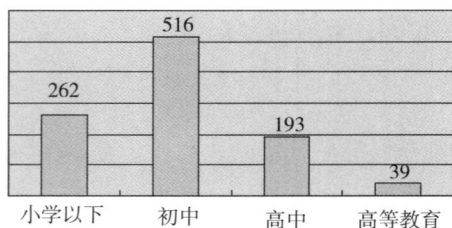

图 A.5　样本文化程度

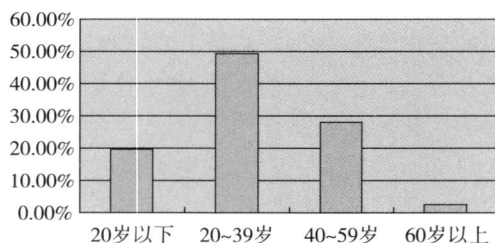

图 A.6　第一次征地时年龄

被征地时农民的年龄分布来看，20 ~ 39 岁年龄段的占最大比重，达到 49.5%。40 ~ 59 岁年龄的占 28.3%，大部分处于就业年龄段。

总体来说，在快速城市化地区，被征地农民文化程度较低，存在一定家庭赡养责任，大部分具有劳动能力。但如果我们把 40 ~ 59 岁年龄段的人定义为就业比较困难的人群，那么在征地安置工作中有近 28.1%的人在当时属于就业困难人群。因此，被征地以后，农民的就业和收入保障是征地后农民考虑的主要问题。

2. 广州征地农民城市化的意愿分析

● 就业状况与就业意愿

（1）征地前后的就业情况

本题设置为多项选择，总体统计被访对象提到的每种就业的次数。调查统计被提及次数最多的还是务农，达到了 607 次；无职业者和从事其他职业的人也较多。在乡镇村队企业和私营企业里工作的比较少，分别为 76 次和 95 次。征地前自己当老板的最少，只被提及 30 次。详见图 A.7。由调查可知，征地以前农村中绝大多数的人还是以务农为主要职业，在各种生产、服务型企业中就业的农民非常少，这与农村中以农业为主的经济结构是紧密相连的。

征地以后的就业状况同样设置为多选，以统计各种职业被提及的次数。调查统计在各种职业中，依然是务农被提及的次数最多，达 273 次。其次是选择做临时工的次数，达 216 次。选择合同工的有 140 次，做"二房东"在家租屋收租的最少，只有 29 次。详细比较见图 A.8。

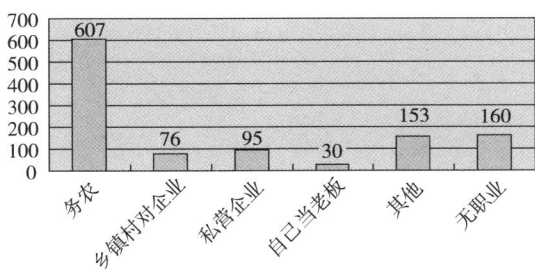

图 A.7　征地前就业情况　　　　图 A.8　征地后就业情况

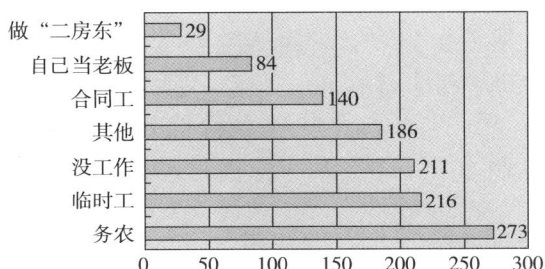

从征地前后就业状况调查的对比，可以清楚地发现，尽管征地以后务农仍然是最大多数农民从事的职业，但是从绝对数量上来讲，已经大大减少了，从征地前被提及 607 次到征地以后的 273 次，减幅达 55.02%。这是城市化过程给农民就业方式带来的巨大变化，被征地的农民无法继续务农而选择其他渠道就业。从调查结果来看，进入企业工作的农民绝对地增多了，合同工和临时工数量得到很大增长。另外，选择自己当老板的人也得到大幅度增加。征地迫使农民进行工作方式的转变，这种转变明显地表现为由土地向非土地劳动，由农业向工、商业的转变。同时不能忽视的是，在征地后的就业状况中，无工作的人数和临时工人数占了约 40%，显示农民在向非农产业转化的过程中，就业仍然存在较大的障碍，收入不稳定，成为征地以后农民城市化的重要问题。

番禺是外商直接投资和乡镇企业较发达的地区，这些推动本地农村城市化的主要力量，却不能充分吸收被征地后农民的就业。在这次调查中发现，大部分企业却认为招收本地工比外来工好，原因一是本地工相对稳定，管理相对容易；二是使用本地工可节省食宿方面的设施开支；三是从感情的角度，尤其是一些本地人办的企业，都希望能为解决本村村民的就业出一分力，因此，大部分企业在招工时，都希望招本地工。而实际上，在企业工作的本地工较少，究其原因，一是本地工嫌企业工资太低，据一些企业介绍，一般工人月工资 600～800 元，熟练工 1000～1200 元；二是劳动强度大，特别是一些劳动密集型企业，工作时间长，经常加班加点，有的还是计件制，工作比较辛苦；三是由于农民长期的生活习惯，不能适应企业的工作制度，农民觉得在企业打工困身，家庭其他副业无法兼顾；四是观念上的影响，本地工不愿与外来工一起工作，更不愿意在外来工的指挥下工作。因此，企业每年招工时，就会出现企业想招，本地农民却不愿来的现象。五是农民的素质不适应企业的要求，在征地农民中，年纪轻、学历高的农民比较容易找到工作，但这部分人所占的比例较少，而大部分农民是属于年龄偏大、学历偏低、技能偏弱的"三偏"人员，他们无法适应岗位需要和企业要求。

（2）被征地农民对就业的期望

从对就业期望的调查中可见，在明确表示了工作意向的人群中，期望在服务型行业和生产性行业就业的人最多，整体达到21%。其中愿意在工业生产性行业中工作的人多于愿意在服务性行业中工作的人。愿意在政府机关工作的人其次，占19%。再次是选择愿意务农的，占18%。愿意在金融、中介机构就业的最少，只占整体的3%。另外有39%的人选择其他类型的工作（见图A.9）。

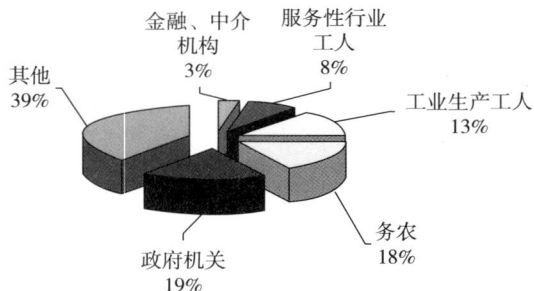

图 A.9　对工作的期望

从中有两个发现，被征地农民中就业愿望倾向于政府机关的占了样本数的1/4，但国家在征地后几乎不会提供这一类型的就业，另外约有18%的农民仍然选择务农，说明有不少农民担心非农产业就业不确定性的风险，同时明白自身水平无法满足非农产业就业的要求，因此，仍然寻求收入较低，但相对稳定的务农工作。从被征地农民对就业的期望调查来看，农民的就业愿望与市场需求存在较大的反差，现有的劳动力市场不可能为农民提供合乎愿望的就业机会，使得被征地农民对长期收入感到担心，必然会引发对现时收入即征地补偿款的高度重视。

（3）被征地农民就业稳定性分析

随着我国对就业体制的改革，劳动力的使用越来越市场化，征地农民受自身文化水平与技术能力的限制，以及我国经济发展中产业结构的调整、劳动力市场的形成和大量流动人口提供的廉价劳动力，使得被征地农民在就业上面临巨大的竞争，对于就业的农民来说，工作的不稳定性较强。短期失业成为就业中的主要问题。

调查显示，最近一次失业时间为半年的约占37%，半年到一年的达22%，亦即失业时间在一年之内的已经达到了59%，而一年以上失业的人口占了13%，只有1/4多的农民没有失业。

造成就业不稳定问题的原因有农民自身的问题，也有就业渠道的问题。从被征地农民在求职过程中遇到的困难调查可见，认为自身文化水平低，不能够在社会上找到稳定工作的占了约40%，由于其他劳动力竞争导致就业难的占了20%。据番禺社保局调查，总体从业人员62.72万人中，仅外商投资和私营企业两项从业人员就占了42万多人，占总量的67%。而这些从业人员中的95%是外来劳工。换言之，在基本单位从业的本地农村劳动力只有20万人左右，约占总量的31%，由此可见本地农民工安置就业的难度。

在样本中，约15%的农民苦于没有熟人介绍（见图A.10）。实际上，被征地农民找工作的途径主要通过"亲友或朋友介绍"的占了绝大多数，达到了424次。这显示出面对不是太熟悉的非农业外部世界，农民找工作中最可信赖的是自己周围以亲戚朋友关系结成的圈子，但由于亲友和朋友本身大都处于工作的不稳定状态，自然介绍成功率就会降低。

　　面对就业的难题，被征地农民表现愿意参加就业培训的愿望，在对是否愿意参加政府组织的就业培训的调查中显示，有45%的人愿意参加政府组织的就业培训。这表明，被征地的农民对自己找工作中的劣势是非常清楚的，他们希望能够通过再就业的培训使他们具有某种技能去适应变化着的外部条件，另外有39%的人表示如果不交钱就愿意参加，他们认为就业培训是政府在征地后应该担当起来的责任，而且相比就业培训，他们有更需要花钱的地方，因而如果不交钱（或者只交很少的钱）的话他们就愿意参加就业培训。最后还有16%被访对象表示不想参加政府组织的就业培训（见图 A. 11）。

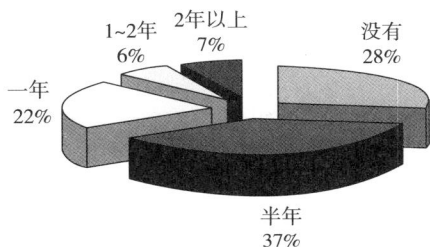

图 A. 10　最近一次失业时间　　　　　图 A. 11　农民是否愿意
参加培训

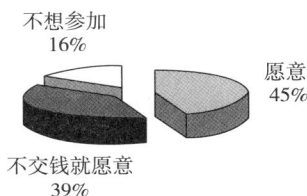

　　从征地后农民就业的稳定性来看，农民的短期失业现象较为严重，这与农民自身较低的文化水平有关系，也与农民缺乏社会就业信息有关系。在快速城市化地区，劳动力供给可以说是较充足的，但由于农民长期被束缚在土地上进行务农，自身的文化素质没有得到有效的提高，也没有在非农产业中建立起个人的信息网络，当快速城市化迫使他们不得不放弃长期的务农经验和务农的社会网络的时候，他们面临着很大的就业困难。

　　● 征地与农民生活变化趋势

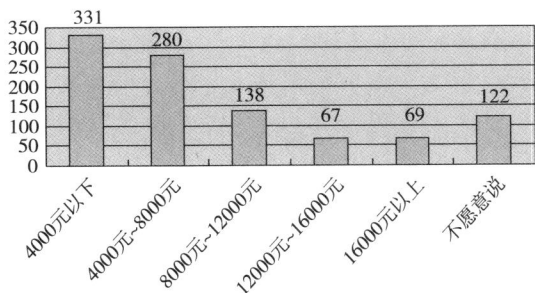

图 A. 12　被征地农民家庭征地前的年纯收入　　图 A. 13　被征地农民个人征地前的年纯收入

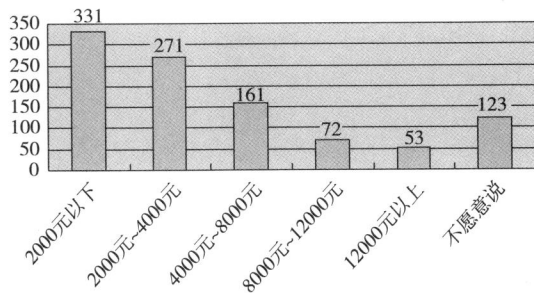

　　征地给农民带来的是失去了通常赖以安身立命的土地，他们中的大多数将被迫面临由农业人口向非农业人口的转变。这种快速城市化的转变不仅是形式上的，离开了土地而进入工厂工作，更是生活方式上的，应该体现在生活收入的提高和生活质量的改善。

　　首先分析被征地农民个人征地前后的年纯收入的变化。调查显示，被征地以前农民个人年收入低于 2000 元的有 331 人，约占 32.7%，2000 元到 4000 元的约占 26.8%，4000 元到 8000 元的有 161 人，约占 15.9%。最少的是 12000 元以上的，共 53 人，仅占 5.2%（见图 A.13）。

　　被征地农民家庭征地前的年纯收入情况与个人年纯收入的调查呈现出相同的分布规律，4000 元以下收入的家庭有 331 户，约占 32.7%，越往上依次递减，最少的是年收入在 12000 元到 16000 元的家庭，约占 6.6%（见图 A.12）。

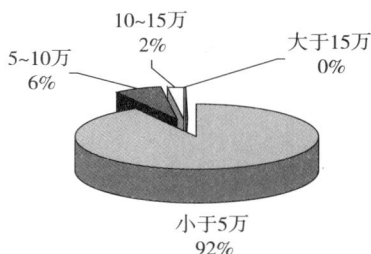

图 A.14　个人曾获得的征地
补偿款总额

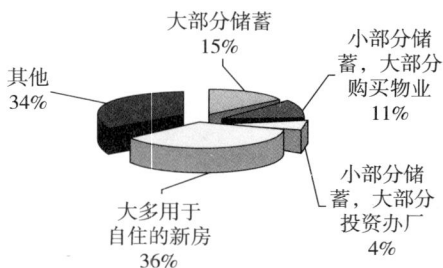

图 A.15　征地补偿款使用情况

　　被征地以后，农民家庭年纯收入发生较大变化（见图 A.16），收入有了成倍的增长，从调查中显示，征地以后家庭纯收入在 4000 元到 8000 元的最多，占 37%，如果以 8000 元作为划分的话，约有 66% 的人在此收入线以下。因此，如果把征地看成城市化开始的标志，那么城市化在征用了农民土地以后，也给农民带来了收入的提高。而这种提高的第一步是把农民在土地中的长期收益通过补偿的形式一次性支付给了农民。而这笔补偿款大约在 5 万元以内，图 A.14 显示被征地农民获得的征地补偿款总额的分布。其中征地补偿款少于 5 万元的占绝对多数，达 92%，征地补偿款总额大于 15 万的仅 3 人。虽然征地补偿款在数量上来看并不多，但为被征地农民生活条件的改善提供了机会。在对征地补偿款的使用情况调查中，有 36% 的农民选择把征地款大都用于自住的新房，34% 的人用于其他用途。26% 的人一部分储蓄、一部分购买物业。只有 4% 的人选择投资办厂，进行生产性再投资。值得注意的是，约有 26% 的被征地农民部分储蓄、部分购买物业，只有少数的人进行生产性再投资，说明他们明白自身素质、资金状况无法应对市场的风险，而选择较为稳定的储蓄形式和物业投资，确保这笔征地补偿款的保值和升值，这是被征地农民规避城市化带来的市场风险的自然行为。

　　总的来看，城市化带来的对农民土地的征用，虽然使得部分农民失去原来长期赖以生存的土地，但获得了一笔不多的征地补偿款，把长期的实物收入转化为短期的现金收入，对多数农民而言，这笔收入首先带来的是居住条件的改善，然后通过部分储蓄、部分购买物业和生产性投资实现资本的长期收益。从这个角度来说，城市化为农民生活状况的改变带来了机会。

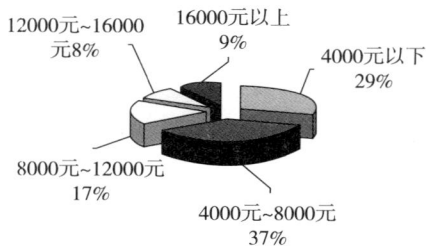

图 A.16　征地以后的家庭年纯收入

● 征地农民社会保障状况要求

征地带来农民生活的一系列变化，其中一个重要的变化就是农民失去了原有的生活保障——土地。传统意义上，土地对农民来说不仅是生产资料，生活方式，而且是长期生活来源的保障，只要土地在，那生活就还有最后的保障。现在征地以后，农民失去了能够持续产生农作物的土地，他们的生存保障、社会保障问题值得引起关注。

从样本来看，被征地农民约有 61% 没有参加任何社会保险，农民的基本社会保障程度很低，是征地以后导致的不稳定是其中的重要因素。农民得到土地补偿款后，首先考虑的是改善当前生活水平，而对是否纳入社会保障制度持观望态度。

对于已经参加保险的人，参加社会医疗保险的比例最高达到 55%，其次是社会养老保险占了 38%，社会失业保险占了 16%，其他商业保险占了 6%。这里反映出传统社会保障在农村社会保障体系中的重要地位。传统的社会医疗保险、养老保险和失业保险成为农民失地后主要的生活保障系统。

社会医疗保险是征地农民最为关心的问题，因病致贫即使在富裕的地区也是一个较大的社会问题。在样本比例中，社会医疗保险比例较高与番禺政府自 1998 年以来大力推行社会保障制度有关。番禺把农业户口的灵活就业社会人员和自由职业者纳入到区的社会养老和医疗保险体系。参加社会养老保险的农民工，统一按照《广东省社会养老保险条例》的规定缴纳养老保险费，1998 年 7 月 1 日前参加养老保险，达到法定退休年龄，缴费年限累计满十年；1998 年 7 月 1 日后参加社会保险，达到法定退休年龄，缴费年限累计满十五年，按月领取养老金，直至死亡。被保险人在职死亡，个人账户储存额退还给其法定继承人。被保险人退休后死亡的，发给丧葬费、抚恤金、供养直系亲属救济费。参加城镇基本医疗保险的农民工，按照《广州市番禺区城镇职工基本医疗保险暂行办法》的规定缴纳基本医疗保险费和重大疾病补助金，参保人员可以在足额缴费次月享受基本医疗待遇。参保人在患病时可享受住院和门诊特定项目起付标准以上，封顶线以下的医疗费用，按照医疗《三大目录》范围，按比例报销相关医疗费用。个人账户金额属于参保人个人所有，可以用于支付门诊医疗费用、住院起付标准以下医疗费用和住院个人自付费用。个人账户在参保人停保后可以继续使用，死亡后由法定继承人继承。

从保险费用的来源来看，保险费用来自个人的占绝大多数，达到 58%。其次是集体，达到 33%。用征地补偿款来缴纳保险费用的不多。这里反映出，征地补偿对于农民、农村社会保障体系建立的帮助不是很大，因为来源于征地补偿款的保险资金并不多，所以不能认为征地补偿款返还农民了就相当于建立了农村社会保障体系。根据对番禺区经济发展水平和人口平均寿命的统计，依照有关政策法规，测算出参加社会保障的人员缴费标准，未达到退休年龄的农民需要缴纳养老保险和医疗保险费约 12 万元，达到退休年龄的农民需要缴交费用约 11 万元。番禺区征用土地补偿款为每亩约 7 万元，人均占有耕地面积约

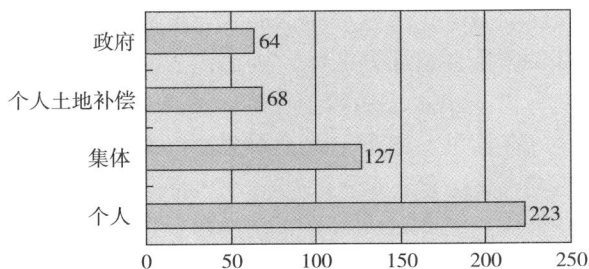

图 A.17　保险费用的来源

为 1 亩多，征地补偿款难以足额支付保险费。因此，要切实保证返还农民的征地补偿款的一部分能够投入社会保险渠道，成为农村社会保障体系建立的基础，取代土地相对于农民来讲的保障职能。

- 农民征地意愿分析

农民征地意愿分析   表 A.1

征地后的态度 家庭年收入	希望征地人数 （占同等收入比重）	不希望征地人数 （占同等收入比重）	希望部分征地人数 （占同等收入比重）	不置可否人数 （占同等收入比重）
4000 元以下	50（20%）	111（44%）	71（28%）	19（8%）
4000～8000 元	62（20%）	90（29%）	135（42%）	27（9%）
8000～12000 元	19（13%）	43（29%）	70（48%）	14（10%）
12000～16000 元	17（23%）	17（23%）	35（47%）	4（7%）
16000 元以上	29（38%）	14（18%）	24（32%）	9（12%）

从对征地后家庭年收入和是否愿意征地的交叉分析中可见，被征地农民对于征地的态度与其被征地以后家庭年收入紧密相关。从构成来看，在年收入 4000 元以下的家庭中，不希望征地的占大多数，达到了 44%。但是随着收入的增长，这个比例逐步下降，到年收入 16000 元以上的家庭中，这个比例已经下降到 18%。与此相反，希望被征地的比例随着家庭年收入的提高而提高。从 4000 元以下的 20% 上升到 16000 元以上的 38%。从不同层次收入的被征地农民对征地的态度可以看出，征地对于不同收入的农民的影响是不同的。对于低收入农民，他们由于收入来源有限，土地收入占他们收入来源的很大比重甚至是唯一来源，因此，失地对于他们来说意味着失去了收入来源，且一般低收入农民自身寻求其他工作的技能也比较低，因此，当征地把他们长久的收入来源转化为一笔固定的征地款而他们又基本没有其他的收入来源时，他们的生活状况变差了，至少没有变好。因此他们不希望征地。

从以上分析，政府在征地过程中应该更加重视失地的低收入家庭，一方面保障他们的最低生活水平，同时积极通过再就业培训等帮助他们找到收入来源的新途径。

- 被征地农民安置满意程度和政策调整意向

以上分析可以看出，土地被征用是城市化对农民来说最为直接的标志，他们被动地进入到了城市化的过程中，那么，他们对征地的态度是如何的呢？在样本中，有 38% 的被访对象选择希望部分征地，这也代表了大多数人的意见。另外有 32% 的人表示不希望征地，只有 25% 的人表示希望征地，另外 5% 的人表示无所谓。

在这里，城市化的矛盾显示出来。一方面，农民希望征地，通过征地加快或实现农村的城市化进程；而另一方面，大部分农民也知道目前政策环境下征地会带来的对个人的消极影响。因此，大部分人在这两者之间做了权衡而选择部分征地。而也有很多人已经适应了有土地的生活方式，不想改变这种传统的生活方式，或对征地给他们带来的变化不满意，因此他们抗拒征地。对于希望征地的农民，从样本的分布来看，大多为城市化程度不高的村，他们希望通过城市化的征地，可以为他们的发展带来机会。

在我国农村土地集体所有制的前提下，村镇一级的集体所有制单位也是征地以后的补偿款的提留者，形成村镇集体资产，并折算成股份，由村镇政府代表农民经营，并每年向农民分配利润。

被征地农民对这部分资产经营状况的评价如何呢？大约一半的村民认为村集体资产经营状况一般，认为好的和比较好的共占35%，认为不好的占13%（见图A.19）。在这种情况下，对于以何种形式经营这部分资产，有72%的被访者希望由村委会来经营管理村集体资产，期望委托专业人士或公司或者其他的人占24%。

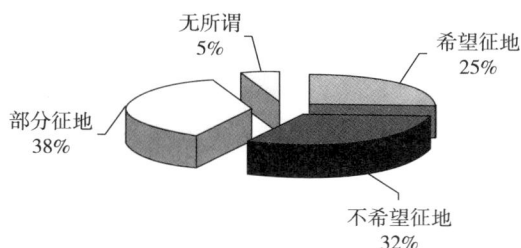

图 A. 18　是否希望征地　　　　　图 A. 19　村集体资产经营状况评价

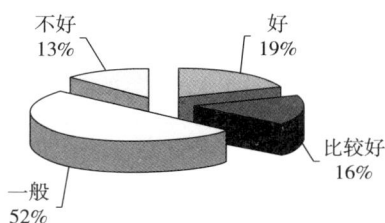

从中可以看出，即使在大多数农民认为村集体资产经营状况一般的情况下，他们仍然支持由村委会来管理这部分资产，显然这是由于作为直选产生的村民自治机构，村委会在农村基层组织中占有重要的地位和作用，在村民中有着较高的支持率和信任度。村民委员会和他们的日常生活有明显的关系，他们可以看得见和摸得着，绝大多数的村民放心把村集体资产交由村委会来经营。

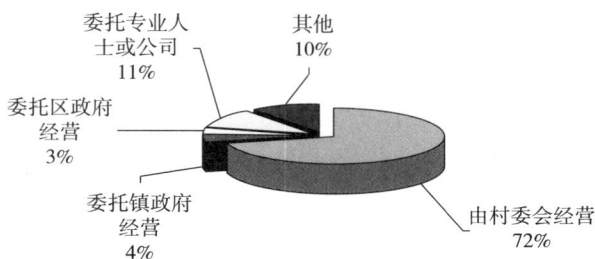

图 A. 20　期望的村集体资产经营方式

其次，农民也明白他们自身无法经营这些集体资产，受到文化素质、对市场的认识程度和专业经验不足的影响，农民愿意委托专业人士或公司经营这些资产，他们常常采用的是使用权定额出租的形式，把市场的风险由管理人士或公司来承担。事实上，村一级政府对集体资产的经营，大多数是采用委托或出租形式的。

对安置政策调整的期望，在国家、政府的安置政策方面，农民期望最高的是希望更多地考虑就业安置问题，这部分占总体的47%。寻找其他工作是农民失地以后面临的首要问题，直接关系到农民的生活状况，其成为首要考虑问题也是理所当然的。其次是期望健全

以土地批租
实际价格补
偿农民
14%

完全城市居
民待遇
2%

认真执行国
家政策
3%

明确提出改革
征地安置制度
2%

安置政策要
公开
6%

更多考虑就
业安置
47%

必须配社会
保险
26%

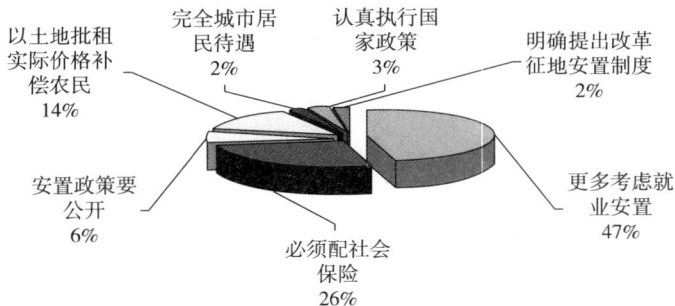

图 A. 21 对安置政策调整的期望

社会保险制度，这部分占总体的26%。社会保障制度同样是失地农民所必须考虑的重要问题之一。再次就是希望政策透明公开，说明农民厌恶了黑箱操作，希望公平、公正。仅有2%的农民提出，希望改革征地制度。现行的征地制度才是造成当前农民问题的深层次根源所在。

3. 小结

- **征地以后，就业成为农民最关注的问题**

随着改革的深入和社会的转型，在中国城市化的过程中，大多数的农民将失去赖以安身立命的土地，自觉或不自觉、自愿或非自愿地面临由农民向市民、农业向非农业、农村向城市的转变，更面临着公有制经济向多种经济成分转变以及由产业结构调整所引起了的就业结构调整的生产力和生产关系的重大变革。改革开放以前自上而下的城市化进程中的就业安置模式面临巨大挑战，就业成为影响征地农民生活状况的主要因素。在调查中我们发现，征地导致很多农民由务农转为进入工厂、企业就业，但是由于农民自身素质、条件的限制，他们的工资收入低、工作量大，这导致他们不是很愿意进入工厂就业。从政府方面来讲，首先，政府应该在提高被征地农民就业的文化素质和技能水平方面应该做出更多的努力，通过有效的激励机制培养农民就业、自主创业的积极性，推广切实有效的就业培训以帮助他们顺利再就业；其次，大力发展非农产业和第三产业，尤其是服务业，以缓和就业矛盾，同时加强劳动保障监管，为农民工提供最基本的劳动保障。

- **征地以后，农民生活质量有所提高，但是生活水平变化不大**

当前，无论是学术界还是政府决策层都越来越认识到，单一的城市化率不能反映国家或地区真实的城市化水平，而更应该包括就业率、社会保障水平、受教育率和环境污染指数等反映城市化质量的指标。城市化带来农业生产、生活结构向城市生产、生活结构的转变，促成农民生活方式的转变，这在一定程度上提升了被征地农民的生活水平。但同时，调查显示，征地对于大多数农民来说，只是把长期的以农产品为产出的生产资料——土地，一次性换成了一笔货币收入，而这笔收入，对大多数农民来说，除了重新安置房产等基本生活资料外已所剩无几，更不用说进行生产性再投资了。被征地农民就业难也限制了他们的收入来源。另外，目前还不完善的全面社会保障体系使得被征地农民抗风险应变能力较差，对他们来说被征地意味着生活陷入贫困。这样被征地的农民既不是市民也不是农民，社会定位十分尴尬。

- 失去土地保障又没有被纳入完整的社会保障体系，被征地农民被"边缘化"

土地是传统上农民最基本的保障手段，为农民提供劳动对象和生活资料。征地以后，被征地农民失去了土地作为最后的生活保障，而市民的基本养老、失业与医疗等生活保障又没有完全建立，因此，被征地农民处于既没有保障又没有土地的高风险状态，从而被"边缘化"了。

虽然征地款是农民社会保险资金的主要来源，但是由于征地款数额不是很大，而且农民没有购买社会保险的概念，对社会保险的重要性认识不足，因此，把征地款一次性完全发放给农民的做法并不就一定意味着农村社会保障制度的建立。政府应该从整体利益出发，从最大化整体农民利益的角度可以规定征地款中一定比例用于农村社会保障体系的建立。

同时，尽管大多数征地农民指望政府为自己安排好养老和医疗保险，还有约40%的被征地农民没有工作，但是仍有相当数量的被征地农民预期通过各种途径以各种方式为自己设保。因此，对于被征地农民来说，就业与提高收入水平是拥有稳定生活的基础，设计科学、合理的被征地农民社会保障体系比在征地时把他们的养老和医疗保障一揽子包下来更重要。

- 农民被征地意愿与地区水平呈正相关

改革开放的发展，南方农村中各村的经济发展差距开始拉开，被征地农民收入的群体差距与地区经济发展呈正相关关系。调查显示，经济相对落后的村，农民更不愿意被征地，越是经济相对发达的村，农民越希望被征地。这显示，至少在农民自身看来，征地对于经济发展相对落后的村的农民来说的结果比经济发达村的要差得多。经济落后的村，农民大部分还是靠土地吃饭，对土地以外的谋生方式没有认识，而经济发达的村的农民，对于农业与非农产业，对于就业都有了较高的认识，他们更加看到的是征地带来的好处，因此比较愿意被征地。

- 农民更加信赖村委会，对自己能经营好集体资产信心不足

村民自己充分认识到自身在城市化过程中，面对市场的脆弱性，希望通过一个信得过的委托代理人，在市场中寻找能使他们的资产不断增值或保值的企业。自然按照《村民自治法》选举产生的村委会成为村民的首选。但是，村民仍然对经营的结果不满意，而又没有更好的办法。因此，在这种情况下，上级政府的辅导和培育就十分重要。

附件 B：

番禺区委区政府关于进一步加强新时期"三农"工作的若干意见

中共广州市番禺区委员会文件

番发〔2004〕7号

中共广州市番禺区委 广州市番禺区人民政府
关于进一步加强新时期"三农"工作的若干意见

主题词：农村工作 意见 三农问题

为贯彻落实党的十六大和十六届三中全会精神，进一步促进农业增效、农民增收和农村社会经济发展，加快我区率先基本实现现代化进程，现就加强新时期"三农"工作提出如下意见：

一、深刻认识进一步加强新时期"三农"工作的重要性

改革开放以来，我区大力推进农业产业化和农村工业化、城市化进程，农村社会经济发展取得了令人瞩目的成就。但随着经济社会的不断发展，"三农"工作面临着农村经济社会发展不平衡、农民就业形势严峻、农村基层组织建设有待加强等新情况、新问题。对此，各级党委、政府和职能部门必须从贯彻"三个代表"重要思想，维护改革发展稳定大局，全面建设小康社会、率先基本实现现代化的高度，充分认识"三农"工作的极端重要性，切实把"三农"工作抓紧抓好。

当前和今后一段时期，我区"三农"工作的指导思想是：以邓小平理论和"三个代表"重要思想为指导，深入贯彻落实党的"三农"工作方针、政策，紧紧围绕提高农民生活水平和促进农业、农村全面发展的目标，按照统筹城乡发展和率先基本实现现代化的要求，坚定不移地推进工业化、城市化和农业产业化，促进农村富余劳动力向二、三产业和城镇转移。大力推进农村精神文明建设和社会各项事业发展，加快建立农村社会保障体系，进一步加强农村基层组织和民主政治建设，加强和改善党的领导，确保农村社会大局的稳定和经济社会的繁荣。

二、稳步发展农村集体经济

（一）大力推进工业化进程。贯彻落实我区《关于加快工业集聚，促进支柱产业发展的若干意见》，加大招商引资力度，扶持壮大民营经济，根据各镇的区位及经济发展的特点，培育支柱产业和特色产业；统一规划，加快工业园集聚点的基础设施建设，根据土地利用总体规划和城镇建设规划的要求，通过集体建设用地流转、土地置换等方式，按程序将分散的居住点和工业小区逐步迁移到城镇建设规划区和集聚型工业区内，提高农村的整体工业化和城市化水平。

（二）积极探索农村集体资产增值的有效途径。农村集体经济要以低风险、长效性、股份制为主要发展方向。要充分利用村集体建设用地和土地补偿款，按照统一规划、统一开发、统一管理的原则，在依法办理用地报建审批手续的前提下，探索有效规范的村集体土地流转办法，发展厂房、商铺、农贸市场、员工村等租赁型物业经济，实现投资主体的多元化和管理运营的市场化。有条件的可试行成立镇级农村集体资产经营服务和管理的非赢利机构，指导、协助各村经营和管理集体资产。

（三）加强农村集体资产和财务管理。强化村级集体经济组织管理集体资产的职能，逐步理顺村委会与村民小组的各种关系。严格执行会计核算、工程招投标、土地公开发包等制度；规范财务开支审批程序，日常小额开支应由村党组织、村民委员会负责人联合审批；数额较大的开支，须由村党支委、村委联席会议同意（各镇、街根据本地实际，统一制订本地区的财务开支分级审批标准），提交村民委员会议或村民代表会议决定，并报镇结算中心备案。村集体土地补偿费必须实行专账专户管理，有条件的可由镇（街、区）设银行专账代管，涉及征地补偿费分配使用事项，须报镇政府（街道办事处、开发区管委会）备案。各镇（街、区）要强化审计监督作用，设立审计小组，负责对村委会及其集体资产管理机构财务的审计。

（四）完善农村会计委派制和会计代理制，强化委派会计的监督力度。提升农村财务管理电算化水平，区、镇按 1∶1 的资金配套，今年内全面实施镇（街、区）村会计信息电脑联网。

三、大力推进农业产业化

（五）大力扶持农业龙头企业，积极培育优势农产品基地。对能带动我区优势主导产业发展，自营种、养基地 1000 亩以上，辐射带动本区农户 500 户以上（花卉及养殖业 100 户以上），安置本地农民就业 100 人以上或年销售 1000 万元以上、且 50% 以上的原材料在本区收购等各类优质种子种苗繁育、优质产品生产企业，农产品加工、流通、出口企业，技术咨询、服务实体等农业龙头企业，以及香蕉、花卉、蔬菜、畜牧、水产养殖等各类区域化生产基地，每年在区财政列支不少于 2000 万元进行立项及配套上级项目扶持。加大投入，用 3 年时间健全区农产品质量标准与检测体系、农产品流通及市场信息体系建设。

（六）加快农机化发展进程。按照《番禺区农业机械化发展八年规划》的要求，以区农机推广服务中心为依托，区财政每年投入不少于 200 万元扶持农业机械化发展，到 2010 年实现全区拥有农机总动力 65 万千瓦、机耕率达 98%、机电排灌率达 100%、经济作物机械化率达 80%、水产养殖机械化率达 65%、农业机械化总体水平达 80% 的目标。

（七）不断加大对农业科技的投入。区、镇财政要增加对农业技术推广机构的经费投入，改善工作条件，强化技术培训；在区财政科技三项费用资助的科技成果重点推广计划项目中，保证每年有一定数量的农业科技项目；继续安排执行好专门针对农业和农村的星火计划项目；优先支持农业和农村信息化项目、生物工程在农业领域的应用项目、出口农产品的科技项目、带动作用较强的农业龙头企业科技项目。

（八）加快水产养殖业基础设施建设，对连片鱼塘进行标准化整治，进一步发挥我区水产养殖的规模优势。争取上级的支持，依照"统一规划、连片整治、分期实施"的原则，优先整治困难村及承包期满鱼塘，资金按市、区 80%，镇、村 20% 的比例投入，到 2008 年全区基本完成标准化鱼塘的整治任务。

（九）继续加快水利堤围达标及水闸、排灌站建设，全面开展排灌系统整治。扶持中心镇水利设施建设，确保按时按质完成广州市下达我区的"水利三大会战"工程任务，力争提前一年完成省的要求。

四、切实减轻农民负担

（十）落实农村税费改革措施。根据省有关精神，从今年起全区免征农业税。另村级公益性"五费"除民兵训练费继续由区政府负担，计划生育费改由镇政府负担外，其余"三费"（农村义务教育费、优抚经费、五保户供养费）的支出，按照村级经济的承受能力，对年可支配收入在 200 万元以下的村（不含 200 万元），由区、镇（区）财政分档次、按比例进行补贴。补贴办法：村收入 50 万元以下的，"三费"由区、镇（区）财政 100%负担；51～100 万元的补贴 80%；101～150 万元的补贴 60%；151～200 万元的补贴 40%。此外，按村人口规模折实补贴金额。即对 2000 人以下的村补贴 80%；2001～4000 人的村补贴 100%；4001 人以上的村补贴 120%。补贴依据：以上述村 2002、2003 两年"三费"开支平均数 15 万元为基数设定补贴上限，"三费"开支高于基数的按基数补贴，低于基数的按实际发生数补贴。以上补贴金额，均由区、镇（区）财政以 1：1 的比例分担。

（十一）加强村级资金的监管，从严控制各种开支，特别是非生产性开支。兴办公益事业要量力而行，量入为出，防止发生新债。继续推行涉农收费公示制，坚决取消不合理的收费。严格执行农村"一事一议"每人每年可收取 15 元为控制上限的规定，有条件的村应免收。

（十二）区、镇（区）对困难村实行必要的财政补贴，保证困难村正常运作。在实施税费改革补贴后，以 2002、2003 年两年村级收入平均数为依据，并在依法退还农民利益后计算，对 2000 人以下、村集体年可支配收入（含税费改革补贴金额）不足 40 万元，2001～4000 人、收入不足 50 万元，4000 人以上、收入不足 60 万元的，分别补足差额（6000 人以上的特大困难村，日常运作确有困难的，另行酌情解决）。实施补贴要经年度考核（标准另定），补贴金额由区、镇（区）财政以 2：1 的比例分担。补贴期限一定 3年，脱贫即止。区、镇（区）两级财政对村的补贴款项，均由区财政局、镇（区）财政所实行专项管理。

（十三）探索建立城乡一体的社会保障制度。依照政策正确引导被征地较多的村和农民把一定比例的土地补偿费用于购买社保。分步解决全区农民的养老、失业、医疗等生活保障问题。加大区、镇（区）财政的投入，大力发展农村合作医疗，解决农民基本医疗保障问题，落实好农民享受最低生活保障的待遇。

五、积极推进农村股份固化工作

（十四）妥善处理村集体"机动田"（即经济田）问题。从今年起，各村对超出规定总面积 5%的"机动田"，原则上实行以经济利益返还的形式，返还给农民。充分尊重农民意愿，积极引导推行土地承包经营权入股。土地入股后，可根据各地的实际，依法由当地村民民主讨论决定承包方式。

（十五）大力推进农村股份固化工作。以固化股权形式，量化村级（自然村）集体资产，完善集体分配制度。从现在起，全区要在三年内基本完成股份固化改革工作。根据农村经济发展状况，沙湾、大石、石基、钟村、南村、新造、市桥、沙头、东环、桥南等 10

个镇（街），从现在起两年内完成股份固化工作，其中第一年要完成 50% 以上。其余各镇三年内完成股份固化工作，其中第一年要完成 30% 以上。

六、加快中心镇村建设

（十六）做好中心镇村的规划建设。加快沙湾、石楼、大岗、榄核 4 个中心镇的总体规划编制和建设工作。中心村的规划建设要着重解决村民的居住及农村经济的发展问题，应在编制镇总体规划的同时统筹考虑，根据镇总体规划的要求编制实施。

（十七）积极推进镇村社区建设。借鉴城市社区建设的基本经验，抓好试点，逐步推进。今年之内，有条件的镇（街、区），要建立一个以上综合性、多功能的社区服务中心；鼓励有条件的村逐步建立各种服务机构；各级要加大扶持力度，投入适当资金协助农村社区服务的基础设施建设。大力推进镇改街、村改居委工作。凡土地全征的村都要逐步向居委过渡。今年先抓试点，明年全面铺开。

（十八）加快"城中村"改造的步伐。重点是对旧村土地的处理和完善公共配套设施，增加绿地面积，改善社区环境和管理。今年之内确定一至两个"城中村"作为区级试点，编制改造规划，分阶段实施，取得经验后再行推广。

七、切实解决农村富余劳动力就业

（十九）加强对农村富余劳动力转移就业工作的宣传，进一步提高对农村富余劳动力转移就业工作重要性的认识，强化"劳动光荣"的意识，引导农民转变就业观念，营造扩大就业、积极就业的良好社会氛围。

（二十）加强镇（街、区）劳动保障工作平台建设，加快建立村（居委）劳动保障服务工作站，积极推进就业服务向村（居委）延伸，逐步建立和完善区、镇（街、区）、村（居委）三级劳动就业服务体系。为农村富余劳动力提供求职登记、职业指导、职业介绍、政策咨询、劳动事务代理等"一站式"服务。

（二十一）强化农村富余劳动力的非农职业技能培训，有计划、有针对性地举办职业技能培训，为农村富余劳动力免费提供一次服务性基本劳动技能的培训机会，力争三年内实现培训农村富余劳动力 5 万人的目标，并努力促其就业。

（二十二）加强组织领导。各镇（街、区）要成立工作领导小组，建立起农业、劳动、宣传、工业和经济管理部门等相关单位共同参与的农村富余劳动力转移就业工作体系。各村要成立劳动保障服务工作站，指定一名村级干部负责本村农民就业工作，实行层级责任制，明确相关单位和工作人员的职责和任务。

（二十三）落实各项扶持就业政策。鼓励企业优先招聘具有番禺户籍的村（居）民。凡用人单位招用本区劳动力，并签订 1 年以上劳动合同的，由区再就业专项资金给予一年的工伤保险补贴，补贴标准以区上年度职工月平均工资的 60% 为基数，按 0.5% 的比例计算。各镇（街、区）要以解决当地富余劳动力出路为着眼点，因地制宜组建保安、清洁、绿化维护等各种类型的专业服务公司，鼓励当地企业在同等条件下优先雇请此类公司。积极扶持能带动家庭手工业发展的私营"龙头"型工贸企业，扩大农民的就业门路。

八、加强农村基层组织建设

（二十四）充分发挥村党组织的领导核心作用。村民委员会和村其他组织必须在村党组织的领导下开展工作。村级组织的选举必须在村党组织的领导和监督下进行。对村级重大事项的决定，应当本着先党内后党外的原则进行，凡涉及贷款、租赁、承发包、招投标、签订合同、利益分配调整等重大问题的决策，须经村党支委和村委联席会议讨论同意后，方可提交村民会议或村民代表会议决定。

（二十五）关心农村基层干部的福利待遇。村党组织换届选举要继续实行"两推一选"的办法，力争村"两委"成员的交叉任职率达到省提出的70%的要求。今后村"两委"换届选举，凡村支书、村长一身兼，经年度考核为称职以上的，其本人享受由区、镇根据村的人口规模下拨的岗位补贴。其中2000人以下的村，每人每月补贴300元；2001～4000人的补贴400元；4001人以上的补贴500元。关心农村老党员的生活。对农村年满60周岁，党龄满20年或曾任村"两委"职务以上、党龄满10年，没有享受各种退休待遇的老党员，由区、镇按每月80元的标准发给生活补贴（村"两委"成员若在职期间曾受"党内严重警告"以上处分的，其补贴按一般党员的标准执行）。以上两项费用原则上由区、镇按1：1的比例，在基层组织建设专项经费列支。街辖村的补贴，由区全额负责。

（二十六）加强农村党员队伍建设。加大对村"两委"干部的培训。重视在村级入党积极分子中发展新党员，切实改善农村党员队伍结构。入党积极分子提出入党申请后，本村党组织应委派党员负责考察培养，如无正当理由不予考察培养的，追究有关责任人的责任，拒不改正的，应调整其职务。展党工作完成情况要与村党支部的评先、奖励挂钩。对无特殊原因一年无确立建党对象、两年无发展新党员的村党组织，其上级党组织要及时对支部书记职务进行调整或免职，并取消支部及支部书记的评先和奖励资格。

（二十七）加强村委会建设，完善村民自治机制。力争2005年实现村民自治模范村达到50%的工作目标。进一步规范村级各项制度的建设，根据国家法律法规和政策，切实做好《村民自治章程》、"村规民约"的修订和完善，对违反国家现行法律法规和政策的条文，要坚决予以纠正。要强化村委会任期目标责任制，以村经济增长率、计生合格率、劳动力就业率、治安案发率及村民越级上访宗数为主要考核指标对村委工作进行年度考核。凡考核不合格的，取消区、镇财政补贴，不得参加各种评先和奖励。

（二十八）积极开展创建文明村镇（街、区）和创建高标准文明示范镇活动，结合城乡建设和生态建设的总体要求，根据广州市创建文明生态村的部署，下半年将在部分镇、村进行创建文明生态村试点工作。对被评为广州市文明生态村的单位，市、区均给予奖励。要把创建文明村镇同发展农村经济、帮助农民脱贫致富结合起来，不断提高农民的思想道德、科学文化和健康素质。

九、加强领导，精心组织

进一步健全农业农村工作责任制和监督机制。区成立工作领导小组，统筹协调全区的"三农"工作，对各镇（街、区）工作落实的情况实行定期检查和监督。要继续完善领导干部包点挂村、联系农户的制度。区五套班子领导成员要按照联系镇（街、区）和困难村的分工，指导、督促检查农村各项工作的开展。各镇（街、区）党政也要明确分工，抓好落实。区属各部门要结合自身职能，努力做好促进农村经济和社会各项事业发展的工作，为加快我区率先基本实现现代化进程作出更大的贡献。

参考文献

［1］吴良镛．"人居二"与人居环境科学［J］．城市规划，1997（3）：13．

［2］吴良镛．人居环境科学导论［M］．北京：中国建筑工业出版社，2001．

［3］［印度］苏布拉塔·加塔克，肯·英格森特．农业与经济发展［M］．北京：华夏出版社，1987．

［4］王小鲁，樊纲．中国经济增长的可持续性［M］．北京：经济科学出版社，2000．

［5］中国社会科学院社会政策研究中心课题组．失地农民"生计可持续"对策［N］．经济参考报，2004 – 12 – 22．

［6］Christopher Wilson，．Urbanization，in Christopher Wilson（ed）．The Dictionary of Demography［Z］．Oxford：Basil Blackwell Ltd，1986．

［7］崔功豪，王本炎．城市地理学［M］．南京：江苏教育出版社，1992．

［8］许学强，朱剑如．现代城市地理学［M］．北京：中国建筑工业出版社，1988．

［9］Lewis，W. A. Economic Development with Unlimited Supply of Labour. The Manchester School，1954（5）．

［10］谭崇台．发展经济学［M］．山西：山西经济出版社，2000．

［11］高珮义．中外城市化比较研究［M］．天津：南开大学出版社，2004．

［12］赵燕菁．中国城市化道路评述．选自叶维钧等主编．中国城市化道路初探［M］．北京：中国展望出版社，1988：398 – 410．

［13］陈雯．试论我国的城市发展方针［J］．地理研究，1996（3）：16 – 22．

［14］路遇，赵锋．论中国城市化战略与经济发展［J］．人口与经济，1994（4）：3 – 12．

［15］叶裕民．中国城市化之路［M］．上海：商务印书馆，2001．

［16］毛泽东．关于农业合作化问题．毛泽东选集第5卷［M］．北京：人民出版社，1977．

［17］刘传江．中国城市化的制度安排与创新［M］．武汉：武汉大学出版社，1999．

［18］王琼．我国城市化道路的新制度经济学分析［J］．经济体制改革，2003（2）：9 – 13．

［19］刘应杰．中国城乡关系演变的历史分析［J］．当代中国史研究，1996（6）：2．

［20］葛笑如．中国二元户籍制度的宏观分析［J］．湖北社会科学，2003（9）：67 – 69．

［21］王延中．关于中国城市化的政策检讨［N］．中国经济时报，2001 – 09 – 19（5）．

［22］阎小培，林初升，许学强．地理、区域、城市［M］．广州：广东高等教育出版社，1994．

［23］张敏，顾朝林．农村城市化："苏南模式"与"珠江模式"比较研究［J］．经济地理，2002（4）：483．

［24］张庭伟．对城市化发展动力的探讨［J］．城市规划，1983（5）：59 – 62．

［25］马润潮，范明．自下而上城市化：中国江苏小城镇的成长［J］．城市研究，1994（10）：25 – 45．

［26］谢晋宇，于静．中国计划城市化人口与自发城市化人口对比研究［J］．中国人口科学，1992（3）：6 – 12．

［27］邹兵．小城镇的制度变迁与政策分析［M］．北京：中国建筑工业出版社，2003．

［28］薛凤旋，杨春．外资：发展中国家城市化的新动力［J］．地理学报，1997（3）：193 – 206．

［29］桑东升．珠江三角洲地区农村——城市转型研究［J］．城市规划汇刊，2003（4）：20．

［30］崔功豪，马润潮．中国自下而上城市化的发展及其机制［J］．地理学报，1999（2）：106 – 115．

［31］宁越敏．新城市化进程——90年代中国城市化动力机制和特点探讨［J］．地理学报，1998（5）：470 – 477．

［32］仲小敏．世纪之交中国城市化道路与对策构思［J］．经济地理，2000（3）：54－57．

［33］薛德升，郑莘．中国乡村城市化研究：起源、概念、进展与展望［J］．人文地理，2001（5）：24－28．

［34］周加来．城市化·城镇化·农村城市化·城乡一体化——城市化概念辨析［J］．城市 2002（1）：51－53．

［35］傅晨．农村城市化的评价——以珠江三角洲为例［J］．广东社会科学，1995（4）：33－37．

［36］郑艳婷，刘盛和，陈田．试论半城市化现象及其特征——以广东省东莞市为例［J］．地理研究，2003（6）：760－770．

［37］林先扬，陈忠暖．珠江三角洲城市群经济整合模式及策略研究［J］．经济前沿，2003（1）：32－34．

［38］叶嘉安，黎夏．珠江三角洲经济发展、城市扩张与农田流失研究——以东莞市为例［J］．经济地理，1999（1）：67－72．

［39］姜作培．城市化进程中农民市民化推进方略构想［J］．深圳大学学报，2003（2）：24－29．

［40］周大鸣．外来工与"二元社区"——珠江三角洲的考察［J］．中山大学学报，2000（2）：107－112．

［41］陈阿江．中国城市化道路的检讨与战略选择［J］．南京师大学报，1997（3）：10－14．

［42］李树基，朱智文．"三农"问题研究综述［J］．甘肃社会科学，2003（4）：68－71．

［43］吴敬琏．农村剩余劳动力转移与"三农"问题［J］．宏观经济研究，2002（6）：6－9．

［44］温铁军．"三农问题"的症结在于两个基本矛盾［J］．群言，2002（6）：12－14．

［45］陆学艺．走出"城乡分制 一国两策"的困境［J］．读书，2000（5）：3－9．

［46］周批改．二元体制与"三农三化"——关于中国三农发展的宏观思路［J］．湘潭大学学报，2002（4）：57－59．

［47］文贯中．中国的农村土地制度、就业与城市化．中评网/学者社区/文贯中/思想文论［Z］．

［48］邓大才．解构"三农"［J］．科技导报，2002（10）：3－7．

［49］林光彬．社会等级制度与"三农"问题［J］．读书，2002（2）：30－36．

［50］周其仁．城市化、农地转让权和征地制度改革［J/N］．北京大学中国经济研究中心有关"中国征地制度改革"国际研讨会主题报告，CCER政策性研究简报2004年第4期（总420期）．

［51］卢海元．实物换保障：完善城镇化机制的政策选择［M］．北京：经济管理出版社，2002．

［52］陶然，徐志刚．城市化、农地制度与迁移人口社会保障［J］．经济研究，2005（12）：69－71．

［53］孙良．中国制度变迁理论研究述评［J］．经济学动态，2002（2）：50－52．

［54］周业安．关于当前中国新制度经济学研究的反思［J］．经济研究，2001（7）：19－27．

［55］［美］罗纳德·哈里·科斯．论生产的制度结构［M］．上海：上海三联书店，1994．

［56］曾小华．文化、制度与社会变革［M］．北京：中国经济出版社，2004．

［57］伊恩·罗伯逊．社会学［M］．北京：商务印书馆，1990．

［58］棚濑孝雄．纠纷的解决与审判制度［M］．北京：中国政法大学出版社，2004．

［59］道格拉斯·诺思．制度、制度变迁与经济绩效［M］．上海：上海三联出版社，1994．

［60］林毅夫．诱致性制度变迁与强制性制度变迁．载于盛洪．现代制度经济学（下册）［M］．北京：中国经济出版社，2003：254．

［61］张曙光．论制度的均衡和制度的变革［J］．经济研究，1992（6）：30－36．

［62］李萍．经济增长方式转变的制度分析［M］．成都：西南财经大学出版社，2001．

［63］道格拉斯·诺思．制度、制度变迁与经济绩效［M］．上海：上海三联出版社，1994．

［64］陈云．陈云文选 1949－1956［M］．北京：人民出版社，1984．

［65］张曙光．1994 中国农业改革：国家和所有权关系的变化［J］．中国经济学，1994（3）：35．

［66］孙宪忠．论物权法［M］．北京：人民大学出版社，2001．

［67］毛育刚．中国农业演变之探索［M］．北京：社会科学文献出版社，2001．

［68］刘斌．中国三农问题报告［M］．北京：中国发展出版社，2004．

[69] 林广，张鸿雁．成功与代价——中外城市化比较新论 [M]．南京：东南大学出版社，2000.

[70] 沈玉．论英国圈地运动与工业革命的劳动力来源 [J]．浙江大学学报，2001（1）：96 – 101.

[71] 聂洪辉．英国农村劳动力转移研究 [J]．理论文革，2004（1）.

[72] 王章辉等．欧美农村劳动力的转移与城市化 [M]．北京：社会科学文献出版社，1999.

[73] 李仙娥，王春艳．国外农村剩余劳动力转移模式的比较 [J]．中国农村经济，2004（5）：69 – 75.

[74] 边防军．广东顺德农村集体土地流转改革调查：为集体土地打造入场券 [N]．中国房地产报，2004（4）：16.

[75] 国务院发展研究中心课题组．南海模式：让农民以土地权利参与工业化 [J/OL]．http://www.ccrs.org.cn，2003 – 05 – 15.

[76] 邓鸿勋、陆百甫．走出二元结构——农民工、城镇化与新农村建设 [M]．北京：中国发展出版社，2006. 5.

[77] 韩俊．中国：由城乡分割走向城乡协调发展 [J/N]．"2004年中国发展高层论坛"背景报告之二．中国经济时报，2004 – 3 – 19.

[78] 卢福营．农民分化过程中的村治 [M]．海口：南方出版社，2000. 43.

[79] 陆学艺主编．改革中的农村与农民 [M]．北京：中央党校出版社，1992. 35 – 36.

[80] 卢福营．转型时期的大陆农民分化 [J]．中国社会科学季刊（香港）2000年春季卷．

[81] clittlefly 韩国的新农村运动 [OL]．http://www.gongfa.com/ribennongcunxiandaihua.htm.

[82] clittlefly 日本农村的现代化 [OL]．http://www.gongfa.com/ribennongcunxiandaihua.htm.

[83] 李先德．法国农业的公共支持政策 [J]．研究简报，2003（12）：30 – 35.

[84] 李水山．韩国新村运动对农村社会发展的影响 [J]．当代韩国，2001（2）：25 – 29.

[85] 刘文俭，陈玉光．关于统筹城乡发展的战略思考 [J]．中国城市化，2004（4）.

[86] 程汉臣．二十世纪上半叶的中国土地制度与土地改革 [M]．北京：中国档案出版社，1993.

[87] 顾德宏．中国近现代的土地问题 [M]．青岛：青岛出版社，1993.

[88] 姚洋．农地制度与农业绩效的实证研究 [J]．中国农村观察，1998（6）：1 – 10.

[89] 姚洋．非农就业结构与土地租赁市场的发育 [J]．中国农村观察，1999（5）：35 – 36.

[90] 李实，赵人伟．中国居民收入距离的现状及原因分析 [J]．经济活页文选，1999（8）：9 – 20.

[91] 秦晖．田园诗与狂想曲——关中模式与前近代社会的再认识 [M]．北京：中央编译出版社，2001.

[92] 张乐天．告别理想：人民公社制度研究 [M]．北京：东方出版中心，1998.

[93] 折晓叶．村庄的再造——一个"超级村庄"的社会变迁 [M]．北京：中国社会科学出版社，1997.

[94] 周其仁，刘守英．湄潭：一个传统农区的土地制度变迁．载中共贵州省委政策研究室、中共贵州省湄潭县委编．土地制度建设试验监测与评估 [M]．贵阳，1997.

[95] 文贯中．中国的地方性土地租赁市场、农业保护与世贸组织 [C]．海口：中国实行长期而有保障的农村土地使用权国际研讨会，1998.

[96] 傅晨．论农村社区型股份合作制度变迁的起源 [J]．中国农村观察，1999（2）：1 – 8.

[97] 恭启圣，刘守英．农户的制度偏好 [C]．北京：中国农地制度与农业绩效国际研讨会，1998.

[98] 丁远康．湄潭实验区土地制度建设1990年1200农户问卷调查监测分析报告．载中共贵州省委政策研究室、中共贵州省湄潭县委编，土地制度建设试验监测与评估 [M]．贵阳1997.

[99] 道格拉斯·诺斯．制度、制度变迁与经济绩效 [M]．上海：上海三联书店，1994.

[100] North, D. and R. Thomas. The Rise of the Western World [M]. London：Cambridge University Press，1973.

[101] John Rawls. A Theory of Justice. Cambridge, Massachusetts：The Belknap Press of Harvard University，1999.

[102] John Rawls. Social Unity and Primary Goods [M]. In Utilitarian and Beyond. edited by A. Sen and B. Williams. Cambridge：Cambridge University Press，1982.

[103] Feder G. The Relationship between Farm Size and Farm Productivity [J]. Journal of Development Economics, 1985, 18 (2), 297 – 313.

[104] Feder, Gershon, Lawrence J. Lau, Justin Y. Lin, and Xiaopeng Luo. The Determinants of Farm Investment and Residential Construction in Post-reform China [J]. Economic Development and Cultural Change. 1992, 41 (1): 1 – 26.

[105] Hayami Y. and M. Kikuchi. Asian Village Economy at the Crossroads: An Economic Approach to Institutional Change [M]. Baltimore: Johns Hopkins University Press, 1981.

[106] Hayami Y. Development Economics: From the Povertyto the Wealth of Nations [M]. Oxford: Clarendon Press, 1997.

[107] Justin Yifu Lin. Endowments, Technology, and Factor Markets: A Natural Experiment from China's Institutional Reform [J]. American Journal of Agricultural Economics, 1995, 77: 231 – 242.

[108] Dong, Xiaoyuan. Two-tier Land Tenure System and Sustained Economic Growth in Post – 1978 Rural China [J]. World Development, 1996, 24 (5): 915 – 928.

[109] Hsiung, Bingyuang and Louis Putterman. Pre-and Post-reform Income Distribution in a Chinese Commune: The Case of Dahe Township in Hebei Province [J]. Journal of Comparative Economics, 1989, 13 (3): 406 – 445.

[110] Jacoby H. , G. Li and S. Rozelle. Hazards of Expropriation: Tenure Insecurity and Investment in Rural China. American Economic Review, 2002, 92 (5): 1420 – 1447.

[111] Kung, J. K. Egalitarianism, Subsistence Provision and Work Incentives in China's Agricultural Collectives [J]. World Development, 1994, 22 (2): 175 – 188.

[112] Putterman, Louis. Effort, Productivity and Incentives in a 1970s Chinese People's Commune [J]. Journal of Comparative Economics, 1988, 14 (1): 88 – 104.

[113] Putterman, Louis. Ration Subsidies and Incentives in the Pre-reform Chinese Commune [J]. Economica, 1988, 55 (218): 235 – 247.

[114] Turner R. , L. Brandt and S. Rozelle. Property Rights Formation and the Organization of Exchange and Production in Rural China [C]. International Symposiumon Land Tenure and Land Productivity in Rural China, Beijing, May 1998.

[115] World Bank. Southwest China Poverty Reduction Project: Labor Mobility Component. In China: Southwest China Poverty Reduction Project, World Bank Staff Appraisal Report No. 13968 – CHA, May 1995.

[116] Rozelle S. , G. Li and L. Brandt. LandRights, Farmer Investment Incentives, and Agricultural Production in China [C]. InternationalSymposium on Land Tenure and Land Productivity in Rural China, Beijing, May 1998.

[117] Yang, Dennis. Knowledge Spillovers and Labor Assignments of the Farm Household [D]. University of Chicago, 1994.

[118] Yao, Yang. Rural Industry and Labor Market Integration in Eastern China [J]. Journal of Development Economics, 1999, 59: 463 – 496.

[119] Ruttan, Vernon W. and Yujiro Hayami. Toward a Theory of Induced InstitutionalInnovation [J]. Journal of Development Studies, 1984, 20 (4): 203 – 223.

个人简历、在学期间发表的学术论文与研究成果

个人简历

1960年1月生于安徽，1981年11月加入中国共产党，1983年7月参加工作。1978年3月后在清华大学建筑系学习；1983年7月留校工作，历任清华大学建筑系学生工作组副组长、辅导员、系党委委员、学生工作组组长、建筑学院院长助理、党委副书记、讲师、副教授（1984年9月~1989年12月在清华大学建筑学院建筑学专业在职攻读硕士研究生，获工学硕士学位；1987年11月~1988年6月在波兰华沙工业大学建筑系进修，1991年12月任副教授）；1993年2月任广州市番禺市副市长（挂职）；1995年8月任广州市增城市副市长（1996年12月~1998年11月在中国社会科学院研究生院投资系投资管理专业在职攻读硕士研究生）；1998年1月任广州市建设委员会村镇处处长；1998年9月任广州市城市规划局副局长；2000年11月任广州市城市规划局副局长兼市城市规划编制研究中心主任；2001年6月任广州市城市规划局局长兼市城市规划编制研究中心主任；2003年1月任广州市番禺区委副书记、区长；2004年5月任广东省汕尾市委副书记，代市长；2004年7月任广东省汕尾市委副书记、市长；2008年8月至今任广东省云浮市委书记、市人大主任。

发表的学术论文

[1] 王蒙徽．广州城市总体发展概念规划的探索与实践．城市规划，2001（3）：12-15.
[2] 王蒙徽．广州城市总体发展概念规划咨询专家研讨会综述．城市规划，2001（3）：17-20.
[3] 王蒙徽．在快速发展中寻求均衡的城市结构——广州城市总体发展概念规划深化方案简析．城市规划，2001（3）：25-27.
[4] 王蒙徽．广州珠江口地区城市设计国际咨询方案介绍．城市规划，2002（1）：45-49.
[5] 王蒙徽．广州大学城规划咨询及发展规划综述．城市规划，2002（5）：31-35.
[6] 王蒙徽．对广州大学城发展规划的思考．城市规划，2002（5）：11-15.
[7] 王蒙徽．对近期建设规划编制内容与方法的探讨．城市规划，2002（12）：19-24.
[8] 王蒙徽．规划广州．北京：中国建筑工业出版社，2006（3）．

致　谢

感谢导师吴良镛先生，在跟随吴先生学习的时间里，耳濡目染，受益良多。吴先生强调学习中要高屋建瓴，强调学习的系统性，要求我们建立自己的知识系统。吴先生刻苦、勤奋的学习与工作作风，严谨求实的学风，为我树立了良好的楷模。

感谢毛其智、吴唯佳、左川教授、吴廷海副教授，中山大学李郇老师及老同学梁勤先生对论文和学习给予的指导和帮助。

感谢广州市城市规划局陈勇、王俊、赖建州，广州市番禺区小谷围街道办事处王保森、番禺区规划分局孙玥、增城市城市规划局刘卫等同志及广州市城市规划局、广州市城市规划编制研究中心、番禺区政府、番禺区小谷围街道办事处等在论文和调研中给予的支持与帮助。

感谢我的妻子、父母对我的支持与帮助。